U0517820

"十三五"国家重点出版物出版规划项目

 转型时代的中国财经战略论丛 ◢

市民化进程中新生代农民工收入增长的长效机制研究

周 平 著

中国财经出版传媒集团

经济科学出版社
Economic Science Press

图书在版编目（CIP）数据

市民化进程中新生代农民工收入增长的长效机制研究/
周平著 . —北京：经济科学出版社，2020.2
（转型时代的中国财经战略论丛）
ISBN 978 - 7 - 5218 - 1288 - 6

Ⅰ.①市… Ⅱ.①周… Ⅲ.①民工 - 经济收入 -
研究 - 中国 Ⅳ.①F323.6

中国版本图书馆 CIP 数据核字（2020）第 022818 号

责任编辑：于海汛 冯 蓉
责任校对：杨 海
责任印制：李 鹏 范 艳

市民化进程中新生代农民工收入增长的长效机制研究

周 平 著

经济科学出版社出版、发行 新华书店经销
社址：北京市海淀区阜成路甲 28 号 邮编：100142
总编部电话：010 - 88191217 发行部电话：010 - 88191522
网址：www. esp. com. cn
电子邮件：esp@ esp. com. cn
天猫网店：经济科学出版社旗舰店
网址：http://jjkxcbs. tmall. com
北京季蜂印刷有限公司印装
710 × 1000 16 开 18 印张 280000 字
2020 年 4 月第 1 版 2020 年 4 月第 1 次印刷
ISBN 978 - 7 - 5218 - 1288 - 6 定价：62.00 元
（图书出现印装问题，本社负责调换。电话：010 - 88191510）
（版权所有 侵权必究 打击盗版 举报热线：010 - 88191661
QQ：2242791300 营销中心电话：010 - 88191537
电子邮箱：dbts@ esp. com. cn）

本书为国家社会科学基金项目"市民化进程中新生代农民工收入增长的长效机制研究"（项目编号：13BJY035）的研究成果。

本书出版得到了"2019 年山东财经大学学术专著出版计划"的资助。

总　序

　　山东财经大学《转型时代的中国财经战略论丛》（以下简称《论丛》）系列学术专著是"'十三五'国家重点出版物出版规划项目"，是山东财经大学与经济科学出版社合作推出的系列学术专著。

　　山东财经大学是一所办学历史悠久、办学规模较大、办学特色鲜明，以经济学科和管理学科为主，兼有文学、法学、理学、工学、教育学、艺术学八大学科门类，在国内外具有较高声誉和知名度的财经类大学。学校于 2011 年 7 月 4 日由原山东经济学院和原山东财政学院合并组建而成，2012 年 6 月 9 日正式揭牌。2012 年 8 月 23 日，财政部、教育部、山东省人民政府在济南签署了共同建设山东财经大学的协议。2013 年 7 月，经国务院学位委员会批准，学校获得博士学位授予权。2013 年 12 月，学校入选山东省"省部共建人才培养特色名校立项建设单位"。

　　党的十九大以来，学校科研整体水平得到较大跃升，教师从事科学研究的能动性显著增强，科研体制机制改革更加深入。近三年来，全校共获批国家级项目 103 项，教育部及其他省部级课题 311 项。学校参与了国家级协同创新平台中国财政发展 2011 协同创新中心、中国会计发展 2011 协同创新中心，承担建设各类省部级以上平台 29 个。学校高度重视服务地方经济社会发展，立足山东、面向全国，主动对接"一带一路"、新旧动能转换、乡村振兴等国家及区域重大发展战略，建立和完善科研科技创新体系，通过政产学研用的创新合作，以政府、企业和区域经济发展需求为导向，采取多种形式，充分发挥专业学科和人才优势为政府和地方经济社会建设服务，每年签订横向委托项目 100 余项。学校的发展为教师从事科学研究提供了广阔的平台，创造了良好的学术生态。

习近平总书记在全国教育大会上的重要讲话，从党和国家事业发展全局的战略高度，对新时代教育工作进行了全面、系统、深入的阐述和部署，为我们的科研工作提供了根本遵循和行动指南。习近平总书记在庆祝改革开放 40 周年大会上的重要讲话，发出了新时代改革开放再出发的宣言书和动员令，更是对高校的发展提出了新的目标要求。在此背景下，《论丛》集中反映了我校学术前沿水平、体现相关领域高水准的创新成果，《论丛》的出版能够更好地服务我校一流学科建设，展现我校"特色名校工程"建设成效和进展。同时，《论丛》的出版也有助于鼓励我校广大教师潜心治学，扎实研究，充分发挥优秀成果和优秀人才的示范引领作用，推进学科体系、学术观点、科研方法创新，推动我校科学研究事业进一步繁荣发展。

伴随着中国经济改革和发展的进程，我们期待着山东财经大学有更多更好的学术成果问世。

山东财经大学校长

2018 年 12 月 28 日

前　言

市民化进程中，新生代农民工收入增长策略是一项系统工程，它涉及经济学、社会学、政治学、人口学等学科的基本理论和方法，其研究的理论起点源于发展经济学。其中，重要的理论思想来源于现代经济增长理论、包容性经济增长理论、二元经济理论、劳动力市场理论、社会收入分配理论以及收入增长机制理论等。本书在借鉴已有研究成果基础上，运用理论分析与经验研究相结合、定性分析与定量分析相结合以及系统分析的研究方法，遵循"提出问题→现状描述→理论分析→实证分析→出路探寻"的研究框架，进行理论和实证分析研究。使用的数据资料主要来源于中国经济社会发展统计数据库数据、政府大规模调查数据以及自主社会调查结果。本书的研究内容主要包括以下五个部分。

第一部分：把新生代农民工市民化设定为逐步实现缩小与市民群体特征差异的过程。以此为切入点，从职业特征差异、人力资本特征差异和心理特征差异的内源性因素视角以及社会资本特征差异和权利特征差异等外源性因素视角，论证了新生代农民工收入影响因素及其理论特性。

第二部分：通过大量数据调研，明确市民化进程中新生代农民工收入结构的理论特性。按照收入构成因素基准，根据群体特征属性，从劳动性因素和非劳动性因素对影响其收入水平的控制因素进行分类和分析。根据经济增长理论和国民收入分配理论，评估新生代农民工收入结构的影响预期。

第三部分：内源性因素与收入结构作用形成内生性因素，外源性因素与收入结构作用形成外生性因素。通过对内生性和外生性因素基准的调整和优化，实现可持续收入增长的目标。对此，从群体特征与收入结构耦合视角，完成增收影响控制因素的实证研究。

第四部分：收入增长的长效机制是一种经济机制，它是新生代农民工在就业环境以及经济社会等因素综合作用下，确保其收入持续稳定增长的内部机理和外部作用原理。从内外部两个方面，明确增收长效机制的主要构成内容、机制特点以及构建原则。在此基础上建立新生代农民工增收长效机制。

第五部分：实现市民化，缩小和消除其收入影响控制因素，是实现其稳定收入及可持续增长的最基本的目标手段。对此，在区域经济学等相关理论基础上，借助系统分析法，以新生代农民工增收长效机制为实践依据，针对现行收入状况以及增收公共政策，提出实现收入可持续增长的有效途径和对策。

按照以上主要研究内容，全书共分为以下13章。

第1章，导论。包括研究背景、研究意义、研究目的和研究内容等。第2章，相关研究综述。包括概念界定和相关研究述评等内容。第3章，市民化及收入增长问题理论分析。包括论述和分析市民化及收入增长相关理论等内容。第4章，新生代农民工收入群体静态特征。包括群体静态特征描述性统计分析、收入基础群体特征分析等内容。第5章，新生代农民工收入群体动态特征。从流动人口视角考察和阐明新生代农民工群体动态特征。第6章，市民化中新生代农民工收入的外部因素分析。包括市民化效应、城市融入效应、增收基础障碍以及收入特征等市民化进程中的增收背景分析内容。第7章，市民化中新生代农民工收入的内部因素分析。从劳动者资本价值和市民化中收入作用机制视角，对增收内部环境进行理论分析。第8章，新生代农民工收入属性实证分析。对收入基础属性结果进行描述性分析。第9章，新生代农民工收入因素实证分析。从收入影响因素视角，考察收入水平变化，分析各属性中外源性影响因素结果。第10章，新生代农民工增收长效机制探索的分析。从感知特定因素和感知综合因素两个视角，对市民化中的收入增长变化进行实证研究。第11章，构建新生代农民工增收长效机制。在以上研究结果基础上，分析增收长效机制基石，提出长效机制的基本内容，探讨基于SD模型的市民化增收长效机制运行方式。第12章，增收长效机制的作用保障。在国外经验借鉴基础上，构筑增收机制保障施策。第13章，结论与结语。

借助以上研究，获得以下主要研究结果。

第一，收入背景的总体特征主要表现在新生代农民工成为外出农民工的主要力量，农民工负担系数逐年降低，其自身城市融入能力增强。流向分布特征上，偏好于大中城市的流动趋势明显，规模变化具有一定波动性，外出规模增速放缓，出现明显的拐点，呈现特征化趋势。从业结构特征上，择业以制造业为多，存在明显的择业意识转变。生活特征上，消费观念、消费水平更接近于城市居民等。

第二，收入的决定性来源为工资性收入。收入来源结构及其变动，揭示新生代农民工务工中拥有资源的配置状况及其利用效率情况。并且，收入职业构成的最大特征在于群体内部分化，其结果构成其收入水平差异的内生性因素。市民化过程中，新生代农民工表现出教育、从业等方面的优势特性，城市融入愿望强烈。增收基础障碍除内部人力资本和社会资本价值不足之外，还存在城镇化发展困境，以及由社会体制结构、城镇住房制度、社会保障制度、土地制度、城市劳动用工制度等形成的不合理制度障碍。

第三，人力资本、社会资本、从业特征和城市融入是市民化视角下最重要的收入影响因素，且互为影响。由于新生代农民工在性别、年龄、受教育程度等个人一般属性方面具有一定均质性，从个人特征和人力资本变量看，收入影响因素主要源于其从业持续性和稳定性。个人感知视角上，制度因素、个人动力因素和个人精神因素均从正面影响其市民化进程中的收入水平。新生代农民工主体从制度层面感受包容程度越高，且具有积极心态，努力提高自身价值，个人发展动力和城市融入动力越强，其收入水平越高。

第四，对市民化期望度较高的新生代农民工群体来说，政策包容、就业环境的改善以及职业技能培训的实施等人力资本提升手段的运用结果，对提高其收入水平具有重要意义。在不断强化市民化举措和政策保障下，新生代农民工如何发挥优势、回避劣势、建立社会网络以及更好地积累工作经验是提高其收入水平的重要条件。即使市民化意愿不确定，但政策包容、就业环境的改善以及职业技能培训的实施等提高人力资本的结果，也可以提高发展动力和能力，带来收入水平提高。同时，可以较好地融入城市，实现市民化目标。在控制个人特征和人力资本变量条件下，内生动力越强，精神诉求响应程度越高，其收入水平越高。

以上说明，需要在市民化进程中强化自身内在发展动力，合理表达市民化正当诉求，明确市民化目标，并实现自身目标。

第五，按照整体性、动态性、公平性和可持续性原则，建立新生代农民工增收长效机制系统。系统由内力系统、中观组织机制、宏观调控机制组成，三者相互作用，形成内部和外部增收力量的聚合和扩散，构成动态结构。从增收目标导向看，关键性要素、基础性要素和可持续性要素是长效机制外层结构的主要内容，包括微观发育机制、中观组织机制和宏观调控机制等三个机制。内层结构则通过动力机制、运行机制、调节机制和评估机制的作用以及四种机制的交互作用产生机制效应。在市民化背景下，由 SD 模型中提取新生代农民工增收长效机制建模方程基本要素，形成四个主要正反馈环和三个主要负反馈环。

第六，借鉴国外经验，提出新生代农民工增收机制作用保障措施。首先，通过职业培训、职业教育、成人教育、义务教育等方式，增加劳动资本价值。其次，明确户籍制度等制度属性特征，解决制度附属属性问题，加快推进人口户籍管理制度的全面改革。再次，科学选择社会保障项目，健全和完善社会保障机制，提高新生代农民工社会保障水平。最后，完善劳动保护机制，创新农村土地制度、劳动就业制度和公共服务制度等社会公共制度。

总之，在中国，由于二元社会结构等制度原因，需要经历从农民—农民工—市民的中国市民化路径。这个过程中，新生代农民工是一个与之前不同的具有高度同质化的新社会群体，其市民化过程中的收入问题，是新生代农民工面临的重要社会命题，它涉及中国国情下建设和谐社会、保障公平社会权益等重大社会问题。推进新生代农民工群体向市民转化，是从根本上解决"三农"问题的关键，是推动工业化和城镇化的必然选择，也是解决城镇化质量问题的重要途径。而新生代农民工增收是有效解决问题的切入点和实现途径之一，它对于缩小群体间收入差距，提高中国城镇化水平，实现真正意义上的经济发展具有理论价值和应用意义，在推进公平社会建立、助力"三农"问题有效解决、促进工业化和城市化建设方面也具有重要作用。

周　平

山东财经大学

2019 年 5 月

目　录

第1章 导　　论

1.1　研究背景和意义

1.1.1　研究背景

农民工是中国改革开放后经济社会发展中的特殊社会群体，随着时代发展，其数量规模由迅速扩大到逐渐稳定。改革开放以来，经济发展使集中于传统农业部门的农村劳动力开始被工业部门所吸收，从地理区划上，工业部门多位于城市，因此，劳动力部门之间的移动结果表现为人口从农村流入城市，这个流动主体被称为农民工，其流动具有鲜明的时期特征。20世纪80年代为"离土不离乡"时期，由于农村实行生产责任制、农产品收购价格提高、农业劳动生产率上升等原因，农业收入有所增加。但是，农业用地规模缩小、农民外出限制减少、发展乡镇企业政策等原因，农民向工业部门的移动急剧增加，当时流动方向多以布局于农村地区的乡镇企业为主，为劳动生产要素自身的转移。20世纪90年代为"离土又离乡"时期，国内总流动人口达到12759万人，80%为农民，占当时农村劳动人口的25%，数量为20世纪80年代后期的3.77倍。2000年之后为"离乡又背井"时期，农民工流动成为常态，出现定居化倾向，伴随人口管理制度改革，出现"举家迁移"的市民化趋势（严善平，2005）。进入2010年后，农民工数量规模扩大趋势趋于平稳，至2016年，全国农民工数量规模达到28171万人，其主体为青壮年农民工，即新生代农民工（国家统计局，2017）。

2009 年 12 月，政府报告中首次使用"新生代农民工"的称谓，与此相对应的是"上一代农民工"。2010 年 1 月，中央 1 号文件《中共中央国务院关于加大统筹城乡发展力度进一步夯实农业农村发展基础的若干意见》中第一次明确提出着力解决新生代农民工问题，通过推进农民工市民化，实现国家经济发展战略中的城镇化目标。以新生代农民工为主体的农民工市民化需要经历一个非常艰巨的社会变革过程，在充分认识到农民工问题和农民工市民化面临的社会经济背景前提下，它需要科学运用现代经济发展理论，政府、社会、农民工自身多方努力，有效解决所面临问题，实现农民工市民化目标。这个过程中，需要对农民工尤其是新生代农民工所面临的群体性问题进行认真对待，探索解决各种问题的良策。其中，新生代农民工可持续性收入增长①就是其中重要的解决途径之一。当前看，长期以来存在的农民工问题本身还没有完全从根本上得到有效解决，随着新生代农民工的壮大，其存在受到各个方面的高度关注。在社会经济背景下，在理解工业化、城市化等现代化发展时期的中国特征基础上，解决相应问题变得十分重要。如果一味追求工业化等现代化发展形式，忽略人口市民化和农民工问题，将违背科学发展观原则。同时，也是一种不可持续的发展模式。

社会经济发展过程中，新生代农民工已成为劳动人口的重要力量，他们离开家乡，进入城市工作和生活，并努力成为当地居民的一员，其市民化趋势已成为主流趋势。同时，这个群体也在深刻影响着中国的社会变迁和经济发展模式。这个过程所出现的问题，既包括他们工作和生活中面临的收入问题以及相关联的稳定就业、从业条件、从业环境等问题，也会涉及如何有序融入城市，并在相对有利的条件下最终实现自身市民化的目标。促进新生代农民工有序地融入城市，其符合中国国情，也是现阶段中国经济社会发展的必然举措，它反映了新生代农民工的意愿，也是农村劳动力转移中必经的发展阶段。

为实现上述目标，作为实现市民化中的权益保障，如何建立长效机制、有效解决新生代农民工增收问题是一项重要的社会任务，这项社会任务也是破解以下两个重要社会命题的现实对策之一。①如何建立现代经济下的和谐社会。首先需明确什么是纯粹市场经济，即通过市场交换

① 除特定语境要求外，以下文中部分表述中，将"收入增长"简称为"增收"。

来协调利益关系的经济发展机制。非纯粹市场经济下建立的生产管理和收入分配关系的社会即和谐社会（裴小革，2014）。另外，借助其他经济学理论，譬如经济核定理、福利经济学第一定理及结果公正定理等理论，均阐明现代市场经济体制下可以建立和谐社会（李刚，2011）。现实中，市场制度可提高效率，但无法自行提供社会福利。正如在中国，由于社会政策变革滞后于经济政策变革，作为农村转移劳力的农民工群体，在城市务工期间，不同程度地缺少相应的社会保障，其生计存在较大风险和不确定性，其结果会影响社会稳定。因此，纯粹的现代市场经济体制无法完全成为建立和谐社会的必要充分条件。②如何建立追求发展下的公平社会。亚洲开发银行的研究结果表明，共享增长模式可以促进社会和谐，中国群体间收入不平等问题，可以在市场机制促进经济增长时，通过推进机会平等和公平参与方式进行解决（林毅夫等，2008）。为此，政府需要强化基本社会服务的投入，包括基础教育投入、基本医疗卫生投入等，建立社会保障机制，兼顾经济增长和减少收入不平等问题。以上可看出，建立和谐社会的关键点在于，在代表效率的经济自由和代表公平的社会均衡之间，打通连接路径，达成经济增长过程与其成果分享之间的社会和解（杨春学，2009）。其核心贯彻了一个重要的经济发展理念即包容性发展理念，中国社会经济发展中特殊群体的收入增长便是其中的实践形式（林毅夫等，2005），它是思想实验和经验研究的结合。

农民工是改革开放后特有二元经济结构体制下形成的特殊社会群体，新生代农民工市民化及收入增长中，存在着诸多社会矛盾与冲突，需要从维护效率与公平的统一着手，构建新的机制和制度，并制定对应策略（裴小革，2011）。实现和谐社会和公平社会的目标，其关键取决于社会群体尤其是特殊社会群体所面临的特定群体问题，例如收入问题的解决程度。党的十八大报告中明确提出，到2020年实现城乡居民人均收入翻一番的约束性指标，同时指出实现这个目标的关键在于解决好规范收入分配秩序以及提高特殊社会群体收入水平问题。现在，从数量规模和社会贡献度看，新生代农民工已经成为农民工中的最主要力量，随时间推移所占比重不断上升，其在农民工乃至社会经济发展的核心作用不断突出，其收入问题具有极强的时代性和特殊性，是中国经济社会发展中亟待解决的重要理论问题和实践问题。

1.1.2 研究意义

以上所述问题为国家经济发展中所出现的现象。那么，何谓经济发展？在经济理论上，经济发展有以下层次的含义：首先是指社会经济发展总量指标的增长，代表性指标有 GDP 总量、人均 GDP、三产 GDP 等；其次是指经济结构优化调整，从国民经济发展视角的经济结构优化调整看，主要有产业结构、分配结构、交换结构等结构性优化，有效控制经济外部性、经济效率提升等，包括增加就业、降低贫困、缩小贫富差距、实现绿色发展等；最后是通过政治、经济、社会等制度完善和创新，坚持"以人为本"的发展理念，实现"人的发展"的核心目标。"人的发展"是一个全新的经济发展理念，其核心内涵倡导和保证机会平等，贯彻经济增长成果惠及大众的发展理念，是既包括经济增长，也包括权利获得、机会平等、福利普惠等基本要义的理论体系，同时作为一种目的和手段，在中国经济发展实践中，具有较强的实用性和针对性。

前有所述，农民工是改革开放之后，中国社会中凸显出的具有历史特殊性的社会群体，其历史特殊性最为突出的表现在于它是在长期的特定二元经济结构体制下形成的。现在，在农民工群体中，新生代农民工比例占到46.6%（国家统计局，2016），这是一个与以前不同的具有高度同质化的农民工新群体。因此，对其市民化过程中的收入问题，需要以全新视角从可持续发展战略高度进行研究和解决。研究新生代农民工的收入问题，其意义不但在于明确和解决相关社会问题，还在于通过进一步认识中国经济社会发展特征和规律，并为构建相关理论提供切入方向和视角。虽然发达国家也经历过农村劳动力转移中的市民化、外来劳动者收入等问题，但他们多是经历十分短暂的农村劳动力转移阶段后，几乎是由农民到市民的跳跃式一步到位，完成农村人口城市化（国务院发展研究中心，2012）。而中国农村劳动力规模巨大，且由于长期存在城乡二元社会结构等制度性原因，农业部门相对隔离，这也构成新生代农民工市民化过程中收入问题的特定社会背景。

市民化视角上看，与发达国家不同，中国农村劳动力转移无法实现从农民到市民的直接转变，而是至少需要经过两个阶段。第一个阶段：

时间较长，为农民工转化阶段，即农村劳动力从农业部门向工商业部门的移动，从空间上说，是农村向城市的移动，由农村劳动者或农业户籍者进入城市，完成向城市劳动者（农民工）的转变。第二个阶段：农民工获取一定收入等必要生活保障后，完成由农民工向市民的转变。这是中国特有的农村人口市民化路径即中国路径。同时，在中国农民工市民化中会面临如何提高其收入水平等实践过程，需要探索和建立新观念、新模式和新理论，这样，通过对解决农民工问题的实践指导，使其实现相应社会目标。因此，研究新生代农民工在融入城市实现自身市民化过程中的收入问题，是农民工问题在农村劳动转移理论以及现代经济发展理论方面的延伸。

因为新生代农民工的输入地为城市，以中大城市为主，它是新生代农民工的物质载体。其承载力相对有限，随着城市人口的增加，城市社会要素和城市资源会趋于相对稀缺，一旦超过临界值，将影响城市机能，使城市生活质量和环境恶化。新生代农民工进入城市，一方面，分享城市社会资源，如果承载资源相对稀缺时，会产生矛盾，这是新生代农民工问题的本源，也是中国社会经济转型发展中的战略性问题，具有长期性；另一方面，中国社会经济转型发展、城市工商业发展需要劳动力规模保证，基于历史方面原因，在一个较长时期内，农村劳动力处于相对无限制供给状态。因此，农村劳动力转移问题会持续存在一个较长时期。鉴于上述原因，作为农村转移劳动力核心力量的新生代农民工其所面临问题会成为社会的焦点问题，其中包括收入状态、生活状况、社会状态等。由于问题具有历史性和复杂性，需要新的问题认识和解决策略。

因此，市民化进程中，以新生代农民工作为研究对象，从其收入问题入手，以新视角和新方法，站在可持续发展战略高度，从理论上揭示其群体特征差异演化及其收入结构特性，从应用上实证新生代农民工收入演变及其影响控制因素，进而探索建立新生代农民工收入增长的长效机制框架，在建设新型特色工业化和城镇化背景下，借鉴国外经验，探讨新生代农民工收入可持续增长的有效路径及实施对策。通过对以上研究目标的价值贡献，力求在农民工问题的理论和应用研究上有所突破。

总之，本书对缓解和解决上述社会问题，促进社会和谐稳定（欧阳力胜，2013），具有一定意义。问题导向上，对于缩小农民工群体与市民的收入差距，促进收入稳定增长，提高中国城镇化水平，推动科学发展，努力实现社会和谐和分配公平，在一定程度上改变国民收入分配格局，完成党的十八大中提出的收入倍增的战略目标，实现真正意义上的经济发展，具有一定的理论价值和应用意义。

1.2 研究目的和基本假设

1.2.1 研究目的

基于对研究背景和意义的认识，本书的基本目的在于根据相关统计数据资料和调查问卷资料，从群体和个体视角，通过对农民工尤其是新生代农民工的现实状况和个体体验，从工作、生活以及社会视角探寻和研究影响新生代农民工市民化过程中的收入影响因素及其产生原因，剖析新生代农民工收入问题的根源，建立新生代农民工收入增长的长效机制，探索市民化进程中新生代农民工收入增长长效途径，构建和谐社会和公平社会的发展策略。研究结果以期通过解决新生代农民工群体的收入问题，构筑提高新生代农民工收入水平的机理和长期策略，为有效解决农民工问题、缩小城乡差别和工农业差别、提高城市化水平并促进城市化健康协调发展起到借鉴和启示作用。

1.2.2 基本研究假设

（1）新生代农民工市民化进程中的收入增长结果取决于内生性因素和外生性因素的控制效果。新生代农民工向市民转化具有趋势性和必然性，这是一个逐步实现缩小拟合与市民的群体特征差异的过程，即群体特征差异演化过程。同时，群体特殊属性决定了此过程具有特殊性。新生代农民工相对于市民，其收入不稳定，收入水平较低，其根源在于尚不存在有效的制度和政策设计，使内含于市民化过程中的新生代农民工收入增长性和稳定性等内外环境影响因素无法得到有效控制。

（2）新生代农民工在收入水平和收入结构与目标群体之间的差异及其程度决定其收入影响因素。新生代农民工收入水平影响因素包含于收入视角下其市民化过程的群体差异因素，它们属于收入函数自变量，包括内源性和外源性因素。同时，新生代农民工的就业结构和收入结构趋于复杂化，并从劳动性因素维度扩展到非劳动性因素维度，影响新生代农民工收入水平和收入稳定。

（3）调整和优化新生代农民工收入控制因素是增收的必要条件。收入视角下的收入结构因素和群体特征差异演化因素组成耦合下的长效机制基本构件。与市民群体相比，新生代农民工群体存在决定收入水平和收入稳定的收入结构和群体特征差异，其群体内部，相同收入结构下，市民化程度越高，则收入增长越快；相同市民化程度下，收入结构决定收入增长的程度。

（4）借助长效机制和有效实施路径，实现新生代农民工可持续增收的政策目标。在制度和政策框架下，存在系统化长效增收机制。其作用基础条件的有效性在于建设新型特色工业化和城镇化的政策背景，作用目的是通过内生分化和外生保障，改善收入内外部环境条件，探索在一个较长时期内，其收入增长的有效途径及政策策略，实现市民化进程中的收入稳定持续增长。

1.3　研究内容和研究框架

1.3.1　研究内容

（1）基于群体特征差异演化的新生代农民工收入背景研究。在述评相关研究成果的基础上，界定新生代农民工及其市民化的概念和基本内涵，确定其主要理论特性。把新生代农民工市民化设定为逐步实现缩小与市民群体特征差异的过程。以此为切入点，从职业特征差异、人力资本特征差异和心理特征差异的内源性因素视角，以及社会资本特征差异和权利特征差异等外源性因素视角，论证新生代农民工收入影响因素及其理论特性。

（2）市民化进程中的新生代农民工收入结构因素特性分析。通过调研新生代农民工的收入实际状态，明确其收入结构的理论特性。按照收入构成因素基准，从收入来源构成、收入行业构成、收入区域构成、收入性质构成和收入形式构成等五个方面，对其收入结构进行多属性分类。根据群体特征属性，从劳动性因素和非劳动性因素，分类和分析影响其收入水平的控制因素。根据经济增长理论和国民收入分配理论，评估新生代农民工收入结构的影响预期。

（3）群体特征演化与收入结构框架下的新生代农民工收入实证研究。实证研究的主要逻辑基础：内源性因素与收入结构作用形成内生性因素，外源性因素与收入结构作用形成外生性因素。通过对内生性和外生性因素基准的调整和优化，实现可持续收入增长的目标。对此，从群体特征与收入结构耦合视角，通过统计调研和横断面扩展型 Likert Scaling 法调查，利用市民化水平、收入结构与收入水平的关联分析及回归方法，对增收的影响控制因素进行实证分析。

（4）新生代农民工收入增长长效机制研究。收入增长的长效机制是一种经济机制，它是新生代农民工在就业环境以及经济社会等因素综合作用下，确保其收入持续稳定增长的内部机理和外部作用原理。可以从内外部两个方面，明确增收长效机制的主要构成内容、机制特点以及构建原则。内部机制的关键要素设定为内生性因素，外部机制的关键要素设定为外生性因素。在此基础上，建立新生代农民工增收长效机制。

（5）新生代农民工收入可持续增长的有效途径及实施对策研究。新生代农民工已经成为中国经济社会发展中最重要的社会力量，实现市民化、缩小和消除其收入影响控制因素，是实现其稳定收入及其可持续增长的最基本的目标手段。对此，在区域经济学等相关理论基础上，借助系统分析法，以新生代农民工增收长效机制为实践依据，针对现行收入状况以及增收公共政策，提出实现收入可持续增长的有效途径和对策。

根据以上研究内容，构建本书的研究框架（见图 1 - 1）。

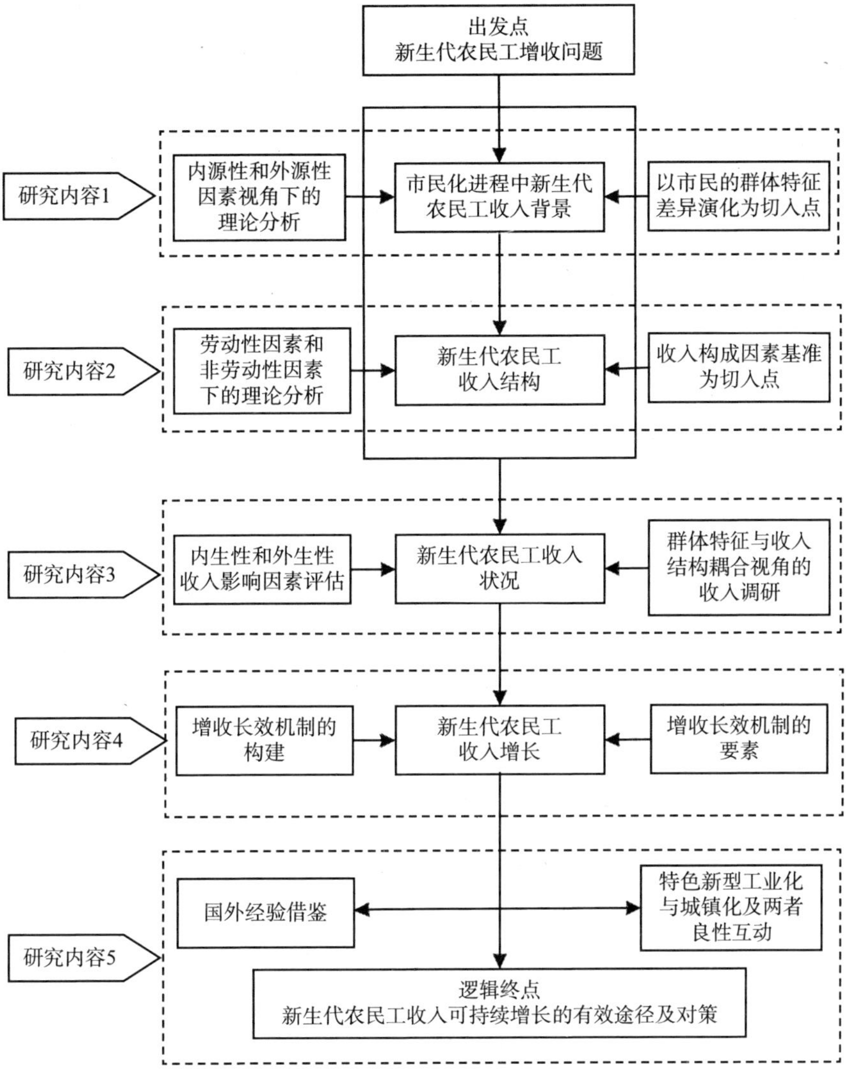

图 1-1 研究内容的基本框架

1.3.2 研究框架

1. 研究思路

本书遵循"提出问题→现状描述→理论分析→实证分析→出路探

寻"的基本思路。在追溯相关研究成果基础上，考察新生代农民工市民化进程中的收入状况，通过理论和实证分析，揭示群体特征差异和收入结构中的收入影响控制因素，设计和制定增收长效机制，探寻新生代农民工收入可持续增长的制度安排和政策措施（见图 1 - 2）。

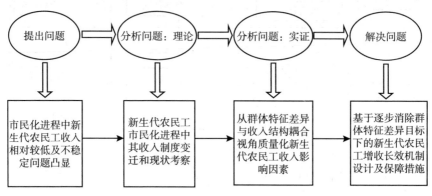

图 1 - 2　主要逻辑思路

2. 研究方法

（1）理论分析与经验研究相结合的方法

将理论研究与具体实际相结合，并在实践中丰富和完善，力求获得具有科学性和实用性的成果。采用规范研究和实证研究相结合的方式，利用经济学、社会学、人口学等理论与新生代农民工的实际情况结合，从基本逻辑和经验证据两方面进行检验，探索市民化进程中新生代农民工收入问题。

（2）定性分析与定量分析相结合的方法

在概括性和思辨性定性研究基础上，使用统计数据、问卷和访谈资料，借助 SPSS 22.0、PASW Statistics 18.0、EViews 7.0 等统计软件以及 Vensim 系统动力学分析软件等分析工具，进行回归分析、系统动力学等数据资料的计量分析。定性与定量相互依存和补充，对新生代农民工收入影响要素的数量界限进行量化，探寻增收长效机制的构建要素。

（3）系统分析方法

把新生代农民工收入持续稳定增长作为一个复杂系统，运用多学科理论和方法展开系统研究，通过系统原则、系统要素、系统目标等方面的分析，揭示问题起因，分析影响新生代农民工收入的内生性和外生性因素，研究影响因素间内在联系，确定其重要度，建立系统反馈结构，设计增收长效机制，探求有效路径和实施对策。

3. 主要数据来源

本书采用的数据资料主要有以下三个来源。

（1）中国经济社会发展统计数据库数据

以相关年度和相关区域的政府统计数据为主，如《劳动统计年鉴》《城市统计年鉴》《农村统计年鉴》等。同时，参考每 10 年进行的全国人口普查数据以及每 5 年进行的全国 1% 人口抽样调查数据。数据对应章节主要为第 4、5 章。

（2）政府定期发布的大规模调查数据

主要包括中华全国总工会负责实施的《全国总工会关于新生代农民工问题研究报告》、国家统计局实施的《新生代农民工专项调查》以及国家统计局各年度发布的《农民工监测调查报告》。数据对应章节主要为第 4 章至第 7 章。

（3）新生代农民工实地调研数据

按照外部社会经济环境的相似性以及可实施性等因素考虑，选定山东省枣庄市薛城区为输入地调查田野地，问卷调查设定为总体的 10% 调查，设定调查人数为 1200 人，共发放问卷 1200 份，回收问卷 1121 份，回收率 93.4%，通过对问卷再确认及整理，剔除主要询问项缺损且无法补救的无效问卷后，确定有效问卷为 1082 份，有效回收问卷率 90.2%。数据对应章节主要为第 8 章。

4. 技术路线

根据前述内容，本书按照图 1 - 3 的主要技术路线实施研究。

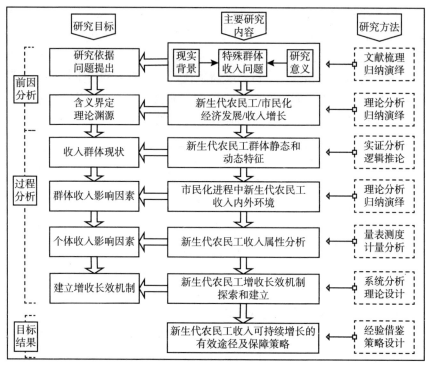

图 1-3 技术路线示意

1.4 研究重点、难点和创新点

1.4.1 研究重点

（1）论证新生代农民工在市民化进程中的收入增长结果取决于内生性因素和外生性因素的控制效果。

（2）论证新生代农民工在收入水平和收入结构与目标群体（市民）之间的差异及其程度决定其收入影响因素的特性。

（3）论证调整和优化新生代农民工收入控制因素是增收的必要条件。

（4）借助长效机制和有效实施路径，构筑新生代农民工等社会特殊群体的可持续增收目标及其政策保障。

1.4.2 研究难点

现阶段看，国内学术界对新型城镇化中市民化约束下以新生代农民工为例的社会特殊群体增收机制的关注和研究尚不深入。究其原因，这是因为对于新生代农民工市民化等特殊群体的增收问题，其问题本源的探究、研究客体要素实际测度的复杂性以及理论基础的高度交叉性和融合性为研究带来较大困难有关。

1.4.3 研究创新点

（1）界定与识别新生代农民工群体特征演化及其收入结构的理论特性，即在市民化给定条件下，从收入视角探索新生代农民工的内源性和外源性群体特征差异演化特性以及特质性收入结构的理论特性，并使其成为新生代农民工收入增长长效机制的构建基础。

（2）解析市民化进程中新生代农民工收入演变及影响控制因素。使用各类数据资料，从市民化的内源性和外源性因素与收入结构的耦合视角，系统分析新生代农民工收入水平偏低以及增收障碍的各种因素，以质量化视角从应用上实证新生代农民工收入演变及其影响控制因素。

（3）探索市民化进程中新生代农民工长期增收的有效路径。把新生代农民工收入增长及其完成市民化转变作为长期给定目标，在经济机制框架下，力求完成具有政策指导性的系统化长期增收路径设计，并提出实施对策及保障措施。同时，其机制效应结果对社会特殊群体收入问题产生重要政策意义。

1.5 本 章 小 结

本章为绪论，包括研究背景、研究意义、研究目的、研究基本假设和主要研究内容等。

从研究背景和意义看，如何有序融入城市，并最终实现自身市民化的目标是新生代农民工面临的重要社会命题，它涉及中国国情下和谐社会和公平社会的建设。其中，新生代农民工增收是有效解决问题的切入点和实现途径之一，它对于缩小群体间收入差距，促进收入稳定增长，提高中国城镇化水平，实现真正意义上的经济发展具有一定的理论价值和应用意义。

本书的主要内容：①基于群体特征差异演化的新生代农民工收入背景研究；②市民化进程中，新生代农民工收入结构因素特性分析；③群体特征演化与收入结构框架下的新生代农民工收入实证研究；④新生代农民工收入增长长效机制研究；⑤增收的有效途径及施策保障研究等。

针对以上研究内容，做出如下基本研究假设：①新生代农民工市民化进程中的收入增长结果取决于内生性因素和外生性因素的控制效果；②新生代农民工在收入水平和收入结构与目标群体（市民）之间的差异及其程度决定其收入影响因素特性；③调整和优化新生代农民工收入控制因素是增收的必要条件；④借助长效机制和有效实施路径，实现新生代农民工可持续增收的政策目标。

研究过程遵循"提出问题→现状描述→理论分析→实证分析→出路探寻"的基本思路，运用综合性研究方法，进行理论和实证分析。主要研究数据来源于中国经济社会发展统计数据库数据、政府大规模调查数据以及社会调查结果等。

第 2 章 相关研究综述

2.1 概 念 界 定

2.1.1 新生代农民工的内涵

何谓农民工，广义上，指在非农产业就业的农村户籍者，其从业地为户籍所在地以外的城镇或户籍所在地乡镇；狭义上，指在户籍所在地以外的城市务工者，每年累计在务工城市居住六个月以上者。另外，因投亲、经商、投资、婚嫁等外来人口，他们有条件获得输入地户籍，属于城市户籍制度内群体（国研中心，2009）。新生代农民工归属于农民工群体，多指年龄为 16~36 岁的 80 后农民工（以 2016 年为基准），为农村户籍，学历多为高中、中专技校，不具有务农经验，以城市务工为业。

新生代农民工具有新特质，例如，受教育程度较高，缺乏农业生产技能，思想观念、生活方式的城市化程度较高等。这里，年龄大于新生代农民工的农民工被称为上一代农民工。与上一代农民工相比，新生代农民工还具有以下不同特性：一是外出务工动机不同，从单纯经济目的转变为生活目的、人生追求目的等；二是劳动权益诉求上，不局限于享受一般劳动权益，更多追求发展机会平等以及劳动环境和条件的改善；三是职业角色认同上，农民意识淡薄，城市劳动者意识强烈；四是从业心态上，非过客心态，更倾向长期性；五是生活追求上，从基本物质保障转变为精神、情感需求满足；六是维权方式上，多为积极主张型，而非被动表达型（中华全国总工会，2010）。

以上也凸显出农村劳动力转移模式的三种蜕变：

（1）亦工亦农型转移模式（旧）→全职非农型模式（新）；

（2）城乡双向流动型转移模式（旧）→城市融入型（新）；

（3）谋生型转移模式（旧）→追求型转移模式（新）。

2.1.2 市民化和城市化的概念界定

根据社会发展史，如果把社会分为社会居住地和社会居住者，农村是人类最早的居住地，而居住于农村的居住者数量规模也远超其他居民。随着城市的建立和兴盛，开始出现城市居民，从此，形成人类生活的两大社区及其居民——农村和城市，农村居民和城市居民，并且，社会发展趋势上，越来越多的农村转变为城市，越来越多的农村居民转变为城市居民，这个农村变为城市、农村居民变为城市居民，并固定下来的过程被称为城市化①。当然，这个过程是复杂的并伴随诸多的社会变化，它不是单纯的农村人口的空间转移，而是一系列变化。譬如，职业的变化，由农业转变为非农产业就业；社会身份的变化，这里的社会身份主要指拥有的经济和社会权利，即进城农民变为城市居民；生活方式的变化，由乡村生活方式变为城市生活方式；还有思想观念、行为方式的变化等。

可以看出，市民化是一种趋势和规律，更是一种变化。从社会角度，城市化是经济社会发展的必由之路，但它还无法完全取代农村和农业。从个体角度，农村居民即使进入城市，最终选择也可能是回归农村。经济社会发展的根本目的是通过创造现代文明，实现城乡共享的目标（国家统计局，2016）。因此，可以把市民化定义为，狭义上，为农村居民进入城市，并按照城市特性，从职业、生活方式、社会身份、思想观念和行为方式等方面完成转变；广义上，为农村人口的现代化。通常，多使用狭义概念②。

市民化是一个过程。理论上，如无制度约束，以上的转变可以自然进行，并可以在较短时间内完成。但现实上，市民化过程有时需要较长时期。譬如，农民进入城市后，工作不稳定，或收入水平较为低下，则

---

① 此处所使用的"城市化"用语，在其含义上，等同于后面章节中官方用语的"城镇化"。

② 本书中，如无特别说明，均使用狭义上的市民化概念。

无法完全完成职业转变、社会身份的转变。市民化过程中，如果说职业转变、社会身份转变、生活方式转变的过程是相对简单和短暂的话，行为方式、思想观念的转变过程则是相对困难和漫长的。究其原因，在于前者的转变多取决于外部因素，而后者的转变则除外部因素外，还要取决于内在因素，即适应性。内在因素的形成时间较长，需要自我重塑和自我完善，但一旦形成就会具有较强的路径依赖。因此，有学者开始使用"城市性"这个概念来表达进城农民的生活方式和行为方式的市民化转型（Louis，1938）。城市性是现代城市的生活方式，其主要表现是非人格、次级、契约型生活方式，在人际关系上，具有匿名和短暂性（Nels，1959），城市性也是一种文化适应过程，这是一种质化的变迁行为，它可以使人的观点、行为模式发生改变，并可以参与组织网络的形成（Saad，1975）。可见，所谓城市性，其实就是进城农民的生活方式和行为方式的现代化，由于历史的原因，需要经历一个相对漫长的时间适应和积累，才能最终实现转变目标，尤其是思想观念和行为方式的转变。

城市化具有两层含义，第一层：从宏观群体角度，指农村人口尤其是农村劳动力移动，离开农村地区进入城镇地区，城市人口规模扩大，城市人口在总人口中占比增加；第二层：从微观个体角度，指由农村居民转变为城市居民的过程（魏后凯，2013）。本书分别从这两个视角考察新生代农民工的市民化。新生代农民工获得城镇居民的身份和权利，即市民化的过程中，需要克服经历中国二元社会结构下存在的制度约束因素，这是中国市民化的特殊性，农民工市民化涉及输出地和输入地两端的关联性因素。同时，还包括城镇居民的权利主体地位、市民化意识程度及相应农村土地政策等方面的因素。通过农村劳动力向城市转移，以农民工形式进入城市，成为市民化对象主体，其市民化成功标志在于破解二元社会结构，享受平等的市民化权益，这个城市化过程也具有鲜明的中国特色。

2.1.3　农民工市民化的概念界定

2011 年 3 月 14 日，在十一届全国人大四次会议审议通过的《国民经济和社会发展第十二个五年规划纲要》中，明确提出"稳步推进农村转移人口转为城镇居民"的市民化战略。2012 年 12 月，党的十八大报告中，首次提出农民工市民化。前有所述，农民工是农村移动人口的主体，而新生代农民工是农民工的核心力量，研究重点也集中于此。其中，远距离务工的外来农民工市民化难度最大。农村移动人口市民化主要指从农村转移到城镇，伴随职业变动以及从农村到城市的迁移，最终在城市永久居住，其结果并非单纯户籍的更改。如上所述，新生代农民工的市民化标志是，拥有与城市居民平等的权利，完成社会身份的转变，以及公共服务全覆盖、经济生活条件改善、综合素质提高以及广泛的社会认同（刘传江等，2008；金三林，2013；金中夏等，2013；张桂文，2013；邱鹏旭，2016）。

根据不同的市民化目标，可以将农民工市民化进程分为三个阶段。

第一阶段：完成职业以及生活方式的转变。在城市获得就业机会和维持一定收入水平是其居住的前提条件，工作条件和内容又决定了其居住条件和居住时间。因此，对于农民工来说，其市民化不单纯是市民身份，而是在城市获得相对稳定的生活保障，完成转变过程。调查结果显示，农民工外出务工时间平均超过 7 年，其中，57% 的人累计超过 5 年，29% 的人累计超过 10 年。在同一个城市的居住时间平均为 5.3 年，其中，41% 的人在现在的城市工作居住已经超过 5 年，18% 的人已经超过 10 年（国研中心，2012）。从上可知，农民工市民化第一阶段已基本结束。

第二阶段：完成社会身份的转变。这一阶段要逐渐消除二元社会结构，使农民工获得经济和社会权利，完成身份转变。譬如，自 20 世纪 90 年代中期以来，国家出台一系列户籍管理制度改革举措，农民工可以通过以下两个途径获得城市户籍（申兵，2011）：（1）按照蓝印户口方式、积分方式等形式，给予符合条件的农民工城镇户籍，并享受相应权利；（2）户籍不变，但给予某些经济社会权利，其子女可以在当地接受与城市居民子女同等的义务教育。调查结果显示，当时，全国已有 20 个省（国研中心，2012）实施城乡统一登记的居民户籍制度，但只是取得城市户籍，公共服务和福利制度并未完全配套。随着户籍管理制度的松动，除特大城市外，第二阶段的市民化目标也已基本实现。

第三阶段：完成行为方式和思想观念的转变。这是具有挑战性的战略目标，虽然农民工获得城镇户籍、享受相应社会保障权益，但还需要维持稳定的收入水平，还要从行为方式、思想观念上有所改变，这是一个需要培养市民化意愿、累积城市性资本的过程。因此，农民工市民化的终极目标是，农民工成为同质城市居民的社会成员（李浩，2014），完全融入城市社会，在主客观认知上实现完全统一。

在中国社会经济发展中，农民工实现市民化具有重要意义。首先，有助于农民工问题的解决。农民工特殊群体的问题即农民工问题，它是现阶段亟待解决的社会问题，其主要表现为从业收入水平较低，社会保障缺失，以及遭遇就业、子女教育等方面的问题。这是经济问题，也是社会问题。因此，农民工实现市民化，可以为这个问题的有效解决提供突破口和途径。其次，有助于"三农"问题的解决。"三农"问题是系统化问题，它关系到全面建设小康社会的重大社会经济发展目标的实现，对其需要综合施策。中国农村人口多、土地负荷重是"三农"问题的重要根源之一（傅晨，2008；吴敬琏，2008）。因此，实现农村劳动力向城镇非农产业的移动，走农民工市民化之路，可以从根本上解决"三农"问题（茅于轼，2003；中华人民共和国国家卫生和计划生育委员会，2012）。最后，有助于统筹城乡发展。统筹城乡发展，就是要改变重工轻农、城乡分治的传统型经济社会发展战略，把农村经济社会发展纳入整个国民经济与社会发展的大局统筹谋划，缩小城乡产业、收入水平、社会发展方面的差距，消除二元社会结构，实现城市和乡村地位平等，共同发展。研究显示，市民化程度与经济增长具有正向关系，以农民工及其家庭成员为市民化对象计算，单位总人口中，市民化人口每年增加 1000 万人，经济增长水平提高约 1%（国务院发展研究中心，2012）。

2.1.4　特殊社会群体的收入增长

农民工作为庞大社会群体，它是特定历史时期产生的，具有特殊性，其收入及增长问题涉及一个现代发展经济学中重要的理论概念，即包容性增长。2004 年，中国学者林毅夫（2008）提出包容性增长的概念。2006 年 12 月，印度政府计划委员会在印度"十一五"规划中使用了这一概念（Planning Commission of India，2006）。2007 年，亚洲发展银行的报告中，对包容性增长理论进行了系统论述（ADB，2007；Ianchovichina et al. , 2009；Ifzal, 2007)。它指出，一个国家的经济增长过程应基于包容平等的基础。基于包容性增长的结果，除创造新的经济机会外，所有社会成员可以参与其中，社会部门可以平等获得这些机会。这种经济增长具有持续和平等属性，它是跨越部门和领域的，具有劳动力包容性，包括对特殊群体具有包容性。这里，包容性指减弱或消除制度性障碍，提高激励力，给予增长风险良好的管理和控制。以上的认识是基于这样的现实，即经济增长带来经济机会，由于制度限制、市场失灵等原因，机会没有平等被分配，或者弱势群体缺乏能力获得这些机会，使其在增长中收益相对较少。当然，完全依靠市场作用，经济增长无法"利弱""利贫"。因此，需要政府参与政策和规划，引导弱势群体面对新经济机会，增加全面参与机会，以具体表现其收入提高等方面(Ifzal et al. , 2007)。

对包容性增长含义的权威阐述还来自世界银行（2006），其指出，包容性增长是经济增长中多数受益的增长，其对于农村转移劳动力的收入增长以及贫困消减，具有实质性意义，它可以带来可持续性经济增长，并具有以下特征：（1）充分利用整体（全球）经济；（2）未来拥有较高的投资率和储蓄率；（3）资源配置中能有效利用市场机制；（4）公共财政具有可持续性，宏观经济稳定；（5）政府值得信赖。此外，虽然包容性增长涉及诸多基本政策要素，概括起来有稳定型政策、累积型政策、分配型政策、创新型政策和就业型政策等五类政策（林毅夫等，2008；世界银行，2006；杜志雄等，2010）。快速的经济增长、可持续性增长，意味着跨越部门之间障碍的良好增长，对绝大部分劳动力来说，使宏观与微观产生直接联系，尤其是在自身收益上，体现为收入水平的增加以及生活条件的改善等。

2.2 研究述评

新生代农民工收入增长问题研究的理论起点主要源于发展经济学和劳动经济学。例如，关于农村转移劳动力收入，刘易斯（Lewis，1954）认为，二元经济结构中存在决定其水平的复杂因素；托达罗（Todaro，1969）指出，迁入动因、城乡收入差距以及城市就业状态决定了其水平。目前，从国内外研究结果看，多从以下视角进行研究。

2.2.1　新生代农民工问题属性视角

关于市民化目标任务研究。王春光（2006）、钟水映等（2007）等将农民工融入城市称为后市民化过程，后市民化远滞后于半市民化，农民工市民化进程缓慢，其问题关键在于存在农民工后市民化壁垒，通过政府主导、农民工主动、社会支持等各方合力推动，需要从宏观、中观和微观三个层面，建立全面协调的衔接机制。陈丰（2007）将农民工未真正融入城市的现象称为"虚城市化"，从"虚城市化"到市民化是农民工城市化的目标。王小章（2009）将农民工市民化的方向和中心内容称之为城市性的养成，即生活方式市民化，这是农民工在经历职业市民化、社区市民化和目前正在经历的身份市民化阶段之后的新方向。张玉鹏（2014）认为，市民化不仅要获得市民身份，还要享有市民的生活，没有市民生活的市民户籍无实质意义。邢千岩（2015）指出，要解决农民工市民化问题并提高其收入水平，需要在工作就业、生活、子女教育以及社会保障等方面寻求对应策略。

关于市民化重点对象群体研究。促进农民工的城市融入，需要注意农民工群体内部的分化。李培林（1996）、刘传江（2004）等将农民工分层，分别归属三个阶层，第一二两个阶层群体收入水平等经济条件相对优越，可以较为容易地完成市民化过程，是市民化重点群体；第三阶层人数多，属于城市社会的边缘特殊群体，生存状况相对较差，其市民化任务艰巨。从代际角度所划分的上一代农民工与新生代农民工之间存在流动意愿、动机以及诸多社会特征上的差异。徐建玲等（2007）认为，农民工市民化中政策关注重点对象是具有中间选民特征的农民工群体。刘小年（2009）认为，农民工市民化只能走渐进与激进相结合的中间道路即适应性市民化，渐进市民化模式强调选择性激励，但违背分配正义。激进则有一定社会风险，但可最小化或完全规避。韩俊（2012）、邢千岩（2015）指出，应依据农民工群体特性，按照分类分层模式，推进新生代农民工的市民化及其收入增长。

2.2.2 农民工市民化视角

简新华等（2007）发现，新生代农民工收入有一定提高，但社会层面上的困难还没有得到根本改变，市民化愿望缺乏实现途径。李强等（2009）认为，对农民工来说，户籍制度是其被归属为特殊社会分层的最主要的制度原因，因此需要对城市排斥政策进行修正。刘传江等（2008）等通过实证农民工移动现状，从农民工城市融入及农民工市民化视角进行分析，得出城市融入过程中，适应性共存是农民工收入增长的心理诉求和行为结果，流动并努力融入城市的最大决策动机是追求收入最大化，并提出弥合和消除层际差距的对策。前有所述，与上一代农民工相比，在生存状态、社会身份等方面，新生代农民工有所不同，其具有较强的市民化意识。但在社会层面覆盖内容上，其独特的社会地位和生存状态与城市居民形成较为鲜明的对照，不同于上一代农民工，既具有一般的"边缘人"特性，也具有特殊性，主要表现于居住分布、社会地位、工作性质、经济地位、社会心态以及家庭模式等方面（中华全国总工会，2010）。农民工融入城市的最大动机为追求收入最大化，但其在"嵌入"城市社会前，收入增长并得不到有效支持（王春光，2011）。同时，面临生存型向发展型的转变，结果取决于农民工收入稳定性和增长性等基本生存条件（卢海阳，2015）。

新生代农民工市民化中存在以下的影响因素。（1）代际特征差异因素。王春光（2011）指出，社会认同是农民工融合城市的重要因素；徐锬（2013）指出，新生代农民工具有与上一代农民工完全不同的社会经济特征和个体特性，在城市融合环节，要解决的核心问题是权利保障的社会化。（2）人力资本条件和制度背景因素。张蕾等（2013）认为农民工的社会资本与人力资本在提高经济力中具有重要作用。农民工可成为城市间移民或职业化移民或"永久居留者"而非"暂住者"，这是一个不可逆转的过程，并且已经证明制度因素在市民化中的巨大影响。（3）农民工市民化障碍特征因素。刘传江（2008）指出，新生代农民工实现市民化，"隐性户籍墙"是其需要穿越和克服的障碍；杨云善（2012）指出，应将农民工纳入城镇社会保障体系，建立城乡社保通道，最终实现城乡一体化；田敬杰（2014）认为，一方面，新生代农民工在心理定位、外出动因、身份认同、职业选择等方面存在根本变化，另一方面，由于社会转型和利益结构调整加快，政府需要制定与其相适应的新生代农民工系列性的市民化政策。

2.2.3　人力资本对农民工收入影响视角

人力资本是农民工就业决策形成及其结果获取的重要决定因素，同时，其对农民工收入水平形成间接影响（Zhao，1999）。社会资本对农民工增收作用的显著性是劳动力市场分割的重要结果（Meng et al.，1999）。本杰明等（Benjamin et al.，2000）研究发现从事非农业生产活动赚取工资性收入的劳动力受教育程度更高些。田中（Tanaka，2001）研究证实不同发展中国家的教育水平与工资性收入之间的关系是显著性的。宗成峰等（2008）采用 MINCER 收入模型对建筑业农民工工资收入影响因素进行回归分析，结果发现是否掌握技能和教育程度对工资收入的影响具有显著性。人力资本对收入有正向显著性，高人力资本回报率决定高收入水平（罗峰，2011）。刘士杰（2014）运用 OLS 估计预测方法和分位回归计量法的实证结果显示，一个人拥有较高的人力资本回报率时，其收入水平也就越高。刘养卉等（2015）采用计量统计法分析兰州市的新生代农民工调查数据，对其收入影响因素进行实证检验。结果表明，新生代农民工的人力资本水平是对其收入水平具有显著正向影响。

2.2.4　社会资本对农民工收入影响视角

农民工收入水平的提升也会受到社会资本的显著影响。蒙等（Meng et al.，1999）证明由于劳动力市场的分割，使得农民工与城市居民在职业选择、工资水平方面存在差异。张等（Zhang et al.，2003）发现，社会网络对农民工就业行为和结果产生显著影响。刘林平等（2007）对农民工工资的研究结果表明，人力资本对其有显著的正向影响，而社会资本和企业特征对其无显著性影响。章元等（2009）发现，社会网络能通过影响农民工的工作类型而间接地影响其工资水平。叶静怡等（2010）发现农民工原始社会网络对于其收入增加无显著影响，而新的异质性社会网络对收入有正效应。王春光（2013）指出，在城市劳动力市场上，农民工面临"进入"歧视和"同工不同酬"的歧视。刘楠（2016）发现，社会网络对农民工就业行为和结果产生显著影响，与城市居民相比，农民工平均报酬低28.9%，差异的43%是由歧视等非生产性的社会资本因素所造成。

2.2.5　农民工收入差异性和收入稳定性研究视角

早在20世纪60年代，美国学者在城市劳工和贫困问题研究中发现，利用边际生产力理论以及社会资本、人力资本等理论无法对社会特殊人群的收入不平等现象做出合理解释。对此，多林格（Doringer et al.，1971）验证了劳动力市场分割理论的观点，认为劳动力市场不是一个连续的统一体的市场，根据劳动力收入、就业条件等因素，可分为两个劳动力子市场，即基本市场（primary market）和次级市场（secondary market）。其中，处于基本劳动力市场中的劳动收入较高，工作条件好，就业稳定，而处于次级劳动力市场中的劳动收入较低，职业流动性较大。国内看，农民工收入研究多缘起于市民的收入差距。人力资本主因（刘养卉等，2015）和社会歧视主因（龚斌磊等，2010）的研究结果并存。群体内部收入差异归因为人力资本差异以及禀赋及其回报率差异，职业稳定性同样影响收入稳定，不稳定者增收缓慢且内部差距较大（黄乾，2010）。就业流动次数存在增收效应（刘林平等，2010）。增收体现于权益保护意义中，实现途径取决于就业稳定和收入增长的权利均等（蔡昉，2010）。对农民工收入的稳定性研究中，田新朝等（2014）对广东省21地市农民工的调查结果发现，农民工之间收入差异较小，人力资本为收入差距的最重要影响因素，其中接受教育程度的差异贡献率最大。张俊（2015）对新生代农民工的调查数据进行相应的马氏距离匹配及偏差校正，发现良好的职业培训效果利于新生代农民工的职业稳定，同时，职业培训对收入的贡献高于教育回报率。

2.2.6　培训从业因素对农民工收入影响视角

布劳等（Brauw et al.，2002）指出，在农村转移劳动力进入城市后，随着务工时间增加，劳动者的教育、培训、经验对其收入变化回报的决定重要性越来越显著。对农民工这个特殊群体来说，黄乾（2010）发现，其进入城市行业内的职业转换与行业转换对其收入影响的作用方向有所不同，与行业特征、企业特征以及职业特征有关。龚斌磊等（2010）指出，新生代农民工收入影响因素中，教育水平为正向作用，工作经验为负向作用。罗峰（2011）认为，正规教育对收入有增长作用，培训只有水平作用。林李月等（2014）认为，流动人口的职业流动及其职业相关特征对其收入水平有一定的影响作用，并存在性别差异。黄莹（2015）通过对新生代农民工的行业、企业、职业等与其收入水平的匹配程度进行度量研究发现，行业、企业及职业的固有特征对新生代农民工的收入水平产生影响，但这种影响在教育程度、社会资本不同水平中的效果并不显著，而新生代农民工的职业经验对其收入的影响具有较为显著的意义。

2.3　本章小结

本章主要内容为概念界定和相关研究述评。

新生代农民工并非严格的学术称谓，特指以 80 后为主的青年农民工群体。与上一代农民工相比，其具有不同的群体特征和市民化特征，群体特征表现在外出务工动机、劳动权益诉求、职业角色认同、从业心态、生活追求等方面，市民化特征表现在市民化条件更充分、动机意愿更强烈等方面。市民化是一个过程，理论上，其可在无制度约束下自然进行。但在中国特殊二元社会结构下，农民工进入城市，其在职业、社会身份、生活方式、行为方式、思想观念等方面的转变，构成市民化过程的主要要素。

从研究综述结果看，新生代农民工收入及其增长问题研究的理论起点源于发展经济学和劳动经济学，二元社会结构中存在决定农村转移劳动力收入水平的复杂因素，概括起来，可以发现目前研究成果中的四个主要倾向性特征。（1）研究对象主要集中于农民工这一更广泛的群体，而不是新生代农民工，且多数研究是把农民工收入增长作为研究结果的解释因素；（2）强调结构性因素对农民工市民化中城市融入及其收入增长的意义，并多从特定单一视角说明市民化中的其他因素对收入的影响；（3）农民工收入结构的设定过于单一；（4）通过制度化路径等外生性框架控制收入影响因素，并以此达到增收目的。

总之，农民工（新生代农民工）在中国经济发展中发挥着巨大作用。同时，这个过程中面临诸多问题，学术界也在致力研究并寻求解决方法。新生代农民工收入及其收入增长问题是农民工问题的深化和延展，它既是理论问题，也是实践问题。因此，在国家经济社会发展目标下，有必要从内生性和外生性视角，对新生代农民工增收问题进行探讨和研究。

第3章 市民化及收入增长问题理论分析

3.1 现代经济增长理论

1776～1870 年的近百年间，古典经济学家建立了经济增长理论研究框架。在随后 50 多年间，经济增长理论研究进入一段"静态插曲"（the static interlude）时期。其后，经济学家关注的是短期"绷紧"（tighten-up）经济，以及如何避免低效经济发展，并逐渐开始研究可持续型经济增长等命题（裴小革，2014）。概言之，一般增长理论逐渐成为社会经济增长尤其是包容性经济增长的基础，现代经济增长理论是一般经济增长要素下社会经济发展的指导性理论，它的理论框架主要有三个代表性理论构成：哈罗德－多马模型（H－D 模型）、新古典经济学的增长理论（外生增长理论）和新经济增长理论（内生增长理论）（杨英杰，2014）。

3.1.1 H－D 模型

以 H－D 模型为例，梳理和归纳包容性增长在现代经济增长理论上的核心理论要点（Harrod，1939）。此模型的主要假设条件：（1）全社会利用一种生产技术，生产一种产品，这种产品兼有消费品和资本品特性，总生产函数具有 C－D 生产函数形式，规模收益不变；（2）生产过程中只使用两种生产要素，即资本（K）和劳动（L），两者按照一个固定比例投入生产，不能相互替代，每单位产量所需要的生产要素数量保持固定，即资本劳动比与资本产出比没有变化；（3）国民收入中的储蓄占比一定，$S_t = sY_{t-1}$，S 为总储蓄率，t 为时间，Y 为国民收入，边际储蓄倾向或储蓄率 $s = \dfrac{dS}{dY}$；（4）劳动 L 按照固定值外生比率 n 增长；（5）无技术进步，无资本折旧，每年新增投资均转化为资本存量，$I_t = \Delta K_t$（I 为投资，K 为资本）。

资本产出比决定经济投资对经济增长的影响：$v = \dfrac{dI}{dY}$，$I_t = v(Y_t - Y_{t-1})$（常数项 v）。达到均衡状态时，总供给 = 总需求，即：$C_t + S_t = C_t + I_t$。此时可以得出：$sY_{t-1} = v(Y_t - Y_{t-1})$，推算出：$\dfrac{Y_t - Y_{t-1}}{Y_{t-1}} = \dfrac{s}{v}$，即：$G = \dfrac{s}{v}$，即为长期增长路径。以上说明，只要储蓄等于投资，收入可以稳定在恒速 s/v 上增长，即增长是有保证的。

投资变动视角看，潜在总支出为 Y_p，则社会投资生产力（潜在）为：$\sigma = \dfrac{Y}{K}$，$\dfrac{dY_p}{dt} = \sigma \cdot I$，得到：$\dfrac{dY_p}{dt} = \dfrac{1}{v} \cdot I$。

根据凯恩斯理论，总需求上的总需求为：$Y = C + I$，可以得到以下的时间全微分式：$\dfrac{dY}{dt} = \dfrac{(1/s)dI}{dt}$，归纳为：$\dfrac{dY}{dt} = \dfrac{dC}{dt} + \dfrac{dI}{dt} = \dfrac{cdY}{dt} + \dfrac{dI}{dt} = \dfrac{(1-s)dY}{dt} + \dfrac{dI}{dt}$，

总供给 = 总需求的均衡状态时，即：$\dfrac{dY_p}{dt} = \dfrac{dY}{dt}$，

$$\frac{1}{v}I = \frac{\left(\dfrac{1}{s}\right)dI}{dt},$$

终式：$\dfrac{dI}{dt} = \dfrac{s}{v}I$。

对上边式子两端积分后得到：$\dfrac{1}{I}dI = \dfrac{s}{v}dt$，$\int \dfrac{1}{I}dI = \dfrac{s}{v}\int dt$，

$\ln I + c_1 = \dfrac{s}{v}t + c_2$，$I = e^{\left(\frac{s}{v}\right)t}e^{c_1 + c_2}$。

给定初始条件为：$I_0 = e^{c_1 + c_2}$，得到：$I_t = I_0 e^{\left(\frac{s}{v}\right)t}$。

以上显示，保障性投资比率 $\left(\dfrac{s}{v}\right)$ 增加，经济出现均衡增长。

$$\int \frac{dY}{dt} = \left(\frac{1}{s}\right)\int \frac{dI}{dt}$$

$$Y + c_3 = \frac{1}{s}I + c_4$$

$$Y = \frac{1}{s}I + (c_3 + c_4) = \frac{1}{s}I + B$$

$$Y_t = \frac{1}{s}I_t + B$$

投资增长率 = 产出增长率时，积分后代入 $I_t = I_0 e^{(s/v)t}$，得到：$Y_t = \left(\frac{1}{s}\right)I_0 e^{\left(\frac{s}{v}\right)t} + B$

假设：$Y_0 = \left(\frac{1}{s}\right)I_0$，有：$I_0 = sY_0$，当 $t = 0$ 时，得到：$Y_0 = \left(\frac{1}{s}\right)I_0 + B = Y_0 + B$

即 $B = 0$，得到：$Y_t = Y_0 e^{\left(\frac{s}{v}\right)t}$。

可以看出，保障性投资比率（s/v）等同于保障性收入增长率。

从以上分析结果知，$H-D$ 模型基本表述：$G = \frac{\Delta Y}{Y} = \frac{s}{v}$。

式中，ΔY、Y、s 和 v，分别为产出变化率、产出、资本积累率（可以是投资率或储蓄率等）和资本产出比。

与收入有关的重要指标是就业。理论上，当 $G = Gw = Gn$ 时，可以实现充分就业均衡增长。但现实中，前提条件过于苛刻无法实现，而只能出现 $G > Gw$、$G < Gw$ 等状态。

$H-D$ 模型中资本对劳动不存在替代，资本与劳动之比一定。若如此，$G = Gw$ 时的国民收入（Y）保障性增长条件为下面三个条件的任何一项。

条件 1：存在尚未就业的剩余劳动力，譬如，流动入城市的农村剩余劳动力。

条件 2：人口或劳动供给与储蓄或投资以同样的速度增长。

条件 3：发生劳动节约型的技术进步。

3.1.2　外生增长理论和内生增长理论

外生增长理论的主要含义。外生增长理论又被称为新古典经济增长理论。20 世纪 50 年代，由索洛（Solow）和斯旺（Swan）提出新古典经济增长理论，即索洛 – 斯旺模型（Solow – Swan model），它是著名经济增长问题的研究成果，是在对 H – D 模型修改基础上提出的。其基本形式：$K = sf(k) - nk$。其中，$sf(k)$ 表示人均储蓄量，它决定人均资本拥有量变化率，简言之，资本存量增加的速度快于劳动力增加速度。索洛 – 斯旺模型的基本研究假设：投资规模收益一定，投资边际收益率呈现递减趋势；投资全部来自储蓄；用柯布 – 道格拉斯函数进行资本和劳动替代，修正经济增长率与人口增长率不能自发相等（H – D 模型中出现的问题）。该模型指出，经济增长相对稳定，储蓄率、人口增长率、技术进步率为外生变量，投资则为内生变量（Solow，1956）。该模型的主要理论意义在于，人均收入增长率在长期内趋向等同于技术进步率，如技术进步率不变，长期增长率则不会受到经济状态影响；当其资本密集度上升时，一国的增长率随时间而下降；当其资本密集度下降时，一国的增长率随时间而上升；在进行跨国比较中，有更高资本密集度的国家增长较慢。

内生增长理论的主要含义。内生增长理论又被称为新经济增长理论。以索洛—斯旺模型为代表的新古典增长理论存在局限性，其主要表现在以下两个方面：（1）假定规模报酬不变，其既不符合实际，也缺少技术水平上的可行性；（2）一方面，把经济增长的外生变量视为技术进步，另一方面，技术进步具有较大偶然性，且需要成本付出，这削弱了其作为经济增长主要动力的理论解释力。对此，需要建立以技术进步为内生变量的新理论。罗伯茨和塞特菲尔德（Mark Roberts & Mark Setterfield，2007）根据近现代增长模型和理论的进展，将内生增长理论定义为：（1）增长模型决定增长率，且由其内部内生变量决定，忽略了外生变量；（2）将技术进步要素纳入增长模型；（3）采用发展演化观点，设定时间为唯一的外生变量。从内生增长理论发展过程看，阿罗（Arrow，1962）突破了新古典增长理论，建立"干中学"（learning by doing）模型，创建以技术进步为经济增长内在因素的研究框架。宇泽（Uzawa，1965）的生产率改进模型，较好解释了内生技术变化，这个理论观点也是罗默和卢卡斯理论的重要思想源泉（Arrow，1962；Uzawa，1965）。保罗·罗默（Paul M. Romer，1986）、罗伯特·卢卡斯（Lucas J. R.，1988）为新增长理论的代表者，其把技术进步内生化，分析技术进步的实现机制，指出经济增长中技术进步具有的决定性作用。

从主流经济增长理论的基本观点可知，只要不断创造知识，技术就会进步，经济就会增长。经验表明，许多发达国家经济增长的同时，会伴随出现城市人口密集、资源耗竭、环境污染、生活质量下降等问题；发展中国家则贫富分化严重、社会分化加剧，导致一些国家陷入"中等收入陷阱"，甚至引起社会动乱。因此，人们逐渐认识到，经济增长必然带来生活水准的提高、社会的和谐稳定以及可持续发展这一观点存在很大局限性。对包容性收入增长理论来说，以上理论是其基础，通过对传统经济增长理论的纠偏，引导经济增长从关注增长工具理性向关注增长价值理性过渡（刘琳娜，2013）。

3.2 包容性收入增长理论

3.2.1 基本思想

包容性经济增长是包容性收入增长的基础，他们的理论支点在于包容性增长模式本身所带来的效果，也可以用包容性增长模式来解释包容性收入增长的作用机制。因此，以下概要性阐述包容性增长的主要理论思想。

包容性增长非单纯利贫和共享，而是强调增长与利贫统一。关注某些特殊群体（例如新生代农民工）经济利益，但不是单纯利贫和共享，更多时候，它是强调相对意义上的平等和收入再分配的重要性，创造就业机会，提高生产率，扩大经济规模，关注经济增长中投资和生产性就业机会的增加，相对增长中，控制平均收入增长率低于特殊群体收入增长率（刘琳娜，2013）。因此，制定增长政策时，强调增长和消贫两者之间存在的统一关系，既包括增长速度，还包括增长模式。尤其是对待某个特殊群体，作为增长战略的重要部分，保证有效的社会保障，追求条件公正和机会公平，避免和消除系统性不公平因素。

时间上，包容性增长为长期视角，其关注事前分析结果，为长期视角下的经济增长路径，对特殊群体，关注焦点为其生产性就业、社会保障等方面。以农民工问题为例，在理论上，即使包容性收入增长也不可能在这个规模非常庞大的群体中，单纯依靠收入分配策略来解决其市民化中增收问题。从发达国家经验可知，收入再分配策略不是其市民化过程中特殊群体增收的主要政策选择（刘琳娜，2013）。关于事前分析，主要体现于，利用特殊群体特性，将经济增长与群体发展有效结合，在此基础上，构筑相应政策策略，在完成市民化过程中，提高其收入水平。尤其是在城乡劳动力市场被分割情况下，需要在事前控制，将城镇基础建设、公共服务供给、就业扩大等错综复杂因素置于市民化及增收过程中（李刚，2011）。

3.2.2　包容性收入增长的理论框架

1. 共享和参与

从理论框架主要结构看，主要由参与和共享组成——平等参与经济活动，并共享经济发展成果，对新生代农民工群体市民化过程中的增收问题来说，这也是促使其获得公平发展权利的必要条件。1995 年，李普顿和拉韦林（Lipton and Raveline）对巴西、科特迪瓦、摩洛哥、突尼斯、孟加拉国、印度、印度尼西亚、尼泊尔这 8 个发展中国家的研究发现，当人均消费年增长率达到 2% 时，会导致特殊群体（例如，类似新生代农民工群体）消费差距扩大 3% ~ 8%。政府通过创造更多就业机会，让特殊群体可在参与经济活动中提高收入，还可以通过共享经济保障政策来维持或提高其收入。消费水平的提高也可以使这些群体获取经济发展带来的切实利益，使社会消费水平提升（林毅夫等，2008）。

因此，在农民工务工实践及伴随的市民化过程中，政府可以通过实施一系列政策，如增加公共投入、税改政策、户籍管理制度改革、财政分配政策等，使其有序融入城市，社会消费水平得到提高，实现参与共享。

在此，以公共投入和税收政策为例，论证其策略理论意义。假设，政府提供一个公共投入 G（比如一些基础设施），居民提供劳动 L 来生产国民产出，政府最大化其收益为：$[tF(G, L) - G]$。

其中，t 是税率，F（＊）为一个具有通常性质的生产函数，t 和 G 被视为给定。假设居民有机会在其他方面使用其部分劳动力，并获得给定工资 W，则居民获得的收益为：

$[(1-t)F(G, L) + W(1-L)]$，居民通过最大化其收益决定 L 投入量。

这里，可得到一个一阶导数，居民收益最大化时的导数：

$[(1-t)F'_L(G, L)] - W = 0$。

这就定义了隐函数 $L^*(t, G)$，但同时也说明由征税带来劳动力配置的扭曲，也就是劳动力边际产出 $F'_L(＊)$，其大于劳动力的机会成本。那么政府在面对这种情况时应如何选择其行为？

政府的最大化目标为：

$\max[tF(G, L) - G]$，其中的约束条件是 $L = L^*(t, G)$。

t 的一阶导数条件为：

$$F'_L \frac{(-\theta L^*/\theta t)}{F} = \frac{1}{t}。$$

以上意味着扭曲效应在实际产出中的占比与政府选择税率的倒数相等。因此，对一个理性政府来说，其选择税率小于最大可能税率时，可以纠正劳动力供给减少带来的扭曲，因此，既利于包括市民化过程中的外来群体居民，也利于国家资源配置。如果结果中的偏交叉导数 $F''_L(G)$ 为正，则意味着劳动力边际产出随公共投入（G）的增加而上升，此时，政府会不断增加公共投入（G）的规模，以提供社会更多的公共产品，特别是基础公共产品。例如，公共交通、公共休闲场所、教育场所等，如此，对特殊群体来说，其消费生活状况得到了改善。

2. 可持续性

解决如何缩小收入、生活等方面差距问题的主体对象是同代人的话，可持续发展则是处理代际间的问题，代际间只有获得和保持公平合理的发展机会，才能使这个问题得到长久解决。同样的道理，如果说在新生代农民工市民化进程中，其增收作为一个优选结果的话，这中间还需要诸多包容性结果，如新生代农民工融入城市、收入水平在当前基础上有所提高等，这些结果都是可持续性包容发展的前提。

以下可做一个简单的假定推断。设定经济社会发展的主体为两代人，分别被称为上一代和新生代，其中，上一代人的获取效用（U_{old}）与新生代的效用不同，这是由于上一代与新生代经历着不同的生活时期。这里，假设新生代的效用预期为 $E(U_{new})$，其效用预期现值可以表示为 $\dfrac{E(U_{new})}{(1+d)}$。如果假定新生代的效用预期值不变，则其现值的大小取决于代际贴现率 d。如果上一代不考虑新生代的利益，则可得到：

$$d = +\infty \text{ 或 } \frac{E(U_{new})}{(1+d)} = 0 \text{。}$$

即：上一代预期效用现值等于零。反之，如果上一代认为新生代利益至高无上，那么，在无法通过投资给予新生代补偿的前提条件下，可得到：

$$d = -1 \text{ 或 } \frac{E(U_{new})}{(1+d)} = +\infty \text{。}$$

如进一步提出假设，即如上一代认为新生代的利益至高无上，但可以通过投资对新生代进行相应补偿，设投资补偿的市场预期收益率为 r，理论标准形式为：d = r。

在补偿相同条件下，新生代的效用和福利水平随 r 变动而变化，可得到其预期效用现值：

$$E\left\{U_{new}\left[\ \sum X_j,\ R_{new},\ I\right]\right\}\frac{1+r}{1+d} \text{。}$$

式中，新生代的效用和福利水平的影响因素为商品和劳务，其总和为 $\sum X_j$；可利用资源为 R_{new}，即上一代为新生代留下的资源，可包括自然资源和环境资源。

如果假设 $\sum X_j$、R_{new} 是固定不变的话，则 $E(U_{new})$ 取决于上一代的投资 I 以及代际投资预期收益率 r 的水平，由于 d = r，贴现率与代际投资预期收益率关联，后者可以决定前者。从上可以看出，根据上述原理，市民化进程中，为提高新生代农民工收入水平，需要在保护社会经济环境的基础上，建立包容性社会环境及增加对相应特殊群体的公共投入。

3. 增长价值观

经济发展模式转变的同时，还要对经济行为价值观进行反思和调整，摒弃和减少价值观中的非理性部分，并对其进行重构，使之成为新的正确价值观，将有助于确保经济增长运行在一个正确的发展轨道上。增长价值观应有本质是社会、文化、生态等因素的协调共同发展之上的经济增长，并追求同质价值观的多元化以及异质价值观的协调统一。只有这样，增长价值观才能够使经济增长保持相对稳定且有序的发展，这也是增长价值观在取向上的价值跃迁。而经济增长的价值跃迁其实现前提条件为经济增长的三个维度（经济价值维度、生态价值维度和人文价值维度）之间形成的关系结构具有合理性，异质价值取向之间更多表现为统一性，支持和促进社会的全面进步和人的全面发展，实现与人文价值维度的和谐统一（杨英杰，2014）。

综合上述，包容性增长的形成与提出，必然预示着一种新的与之相适应的增长价值观，其本质是新的经济增长价值观。一方面，其形成源自对原有增长价值观中所体现出的人与人之间、人与自然之间的价值取向的反思和纠正；另一方面，新的增长价值观为润滑剂，可缓解和消除经济发展中的一系列矛盾，将矛盾和冲突控制于一个可控或可承受范围之内，并防止和避免其激化，保证经济有序、持续运行。同时，包容性增长内含的增长价值观为人类经济平稳发展提供保障，它规定人们在经济活动中的权利与义务，使经济增长处于稳定平衡状态。这样的价值观在新生代农民工市民化过程中，构成其增收机制的价值基础。

3.2.3　包容性收入增长的实现途径

根据亚洲发展银行的研究结果，包容性收入增长的主要实现途径如下（Ifzal et al.，2007）。

（1）提高生产力，创造就业机会。提高社会包容度，通过向社会提供更多生产性工作机会，消除制度性障碍，克服 GDP 增长、就业没有增加的无就业增长缺陷，以及就业扩大后伴随的劳动生产率下降等缺陷，使特殊群体既可以获得机会，也可以得到增长成果的公正分配，使群体平均收入水平提高。

（2）提高个体资本价值。提高个体人力资本和社会资本价值，增加其资财获取能力。通过加大基础公共服务投入，在发展人的能力的同时，保障基本社会服务供给，提高教育、社会保障、健康医疗等方面的公共供给质量，保证可持续增长。对新生代农民工来说，其市民化过程是提升自身资本价值的过程，同时，也是保证其收入水平可持续性增长的重要策略。

（3）规避社会性风险。在市民化过程中，会面临诸多社会性风险，包括外部打击、脆弱性风险等，这些风险首先是影响经济发展成果的共享，而新生代农民工群体控制和规避这些风险的能力相对较弱。因此，需要构建社会安全网，对特殊群体进行目标干预，把风险管理纳入包容性增长路径，通过社会公共制度创新，规避市民化风险，提高增收效率。

（4）完善制度，强化公共治理。以上三种路径的导向实施基础是制度及其治理，因此，需要完善制度和公共治理，保障包容性增长的有效实施。与单纯的经济资源短缺相比，特殊群体面临剥夺性问题，尤其是实现公平路径方面，需要建立更具有包容性的法律规则和司法系统，保障群体参与权利和公平可得权利。

根据世界银行的研究结果，包容性收入增长的主要实现途径如下（世界银行，2006）。

（1）促进生产性就业。以生产性就业扩大就业规模，创造就业岗位，可以通过来自就业部门收入增加的途径，也可以是通过新就业部门创造新收入途径，使劳动力总体收入水平有所提高。同时，提高劳动生产率，则意味着薪资或利润的增加。某些特殊群体收入水平低，主要为就业不充分或错位就业的原因。

（2）开发人力资源。个体视角上，生产性就业程度取决于其是否可以有机会利用人力资源和社会资源。劳动力供需双方上，供给侧需要强化生产性资源能力，如这种能力缺失，就无法获取就业机会。而需求侧关注就业机会规模数量。如果劳动力市场上的主要问题是劳动生产率低下、劳动力需求不足，并由此引起的雇佣机会缺乏时，则需要对劳动力市场进行分析和改造。

（3）策略安排。包容性增长理念转化为政策策略时，在不同地区，策略和实现途径有所不同。经济增长相对缓慢、收入水平较低的地区，实施路径多涉及关注增长、解除群体弱势等方面。经济增长较快，但存在贫困问题的地区，实施路径可多从个体入手，以消除个体收入增长影响因素为重点，构筑增收对策。新生代农民工市民化过程中，需要考量制度改革（如户籍管理制度改革）以及财政制度与其他管理制度之间的协调问题，适合配套性决策。

3.2.4 包容性增长的测量

理论上，麦金利（McKinley，2010）使用包容性增长指数测量经济增长的包容性（于敏等，2012）。

首先，在选择维度和指标上，设定包容性增长指数的评价维度集：

$$U = \{u_1, u_2, u_3, \cdots, u_i\}。$$

其中，可以用下式表示评价领域集：$U = \{u_{j1}, u_{j2}, u_{j3}, \cdots, u_{ji}\}$。

评价指标集则可以表示为：$U = \{u_{j11}, u_{j21}, u_{j31}, \cdots, u_{jim}\}$。

上式中，i 代表评价领域，j 代表评价维度，m 代表评价指标。

其次，设定指标权重。权重的确定方法，可采用德尔菲法、专家座谈法、AHP 法等。假设 W 为权重集，则：$W = \{w_1, w_2, w_3, \cdots, w_i\}$。

再次，对单因素进行标准化处理。设置评价指标后，量化处理每个评价指标，即单因素条件下的评价指标对各级模糊子集隶属度，计算所有指标隶属度，可以获得 UR 矩阵：$UR = \{r_{111}, r_{112}, r_{113}, \cdots, r_{11m}\}$。

最后，通过加权汇总，获得包容性增长指数（IGI）。$IGI = \sum_{j=1}^{n} U_R \cdot w_i$。其中，UR 表示单项指标标准化得分，$w_i$ 表示在该层次下单项指标的权重。当将包容性增长指数其总目标值设定为 100 时，评价结果越接近 100，表明经济增长包容程度越高。

3.2.5 包容性收入增长的政策指向与选择

包容性增长的政策指向既包括为实现社会成员机会均等参与经济活动、共享增长成果、最终提升生活状态，还包括持续发展和构建和谐社会等内容。如果这个过程以后人赖以生存环境和价值观破坏为代价的话，这种增长方式不具备真正意义上的包容性。虽然经济增长是否能惠及所有群体往往取决于资源的最初分配、市场的完善程度、增长模式、技术的要素偏向以及政府政策等（李刚，2011）。通常说，通过经济增长解决收入和贫困问题的最重要途径是增加就业机会，使弱势人口获得工作。因为只有弱势群体分享经济增长带来的好处，才是经济增长的目标。为此，需要政府采取改善资源使用和配置效率的政策，使那些拥有低技能、又缺乏资本的群体被纳入经济活动中去。

另外，还可以通过再分配政策来降低特殊群体所面临的各种约束，并改善其生存条件来促进经济增长。当然，这会涉及公平与效率的权衡问题，正如奥肯（Okun，1975）所指出的那样，再分配会在一定程度上损害效率。不过，许多学者（Dasgupta and Ray，1986；Grossman，1992）指出，这种权衡可能并不存在或至少是被严重夸大。再者，良好的再分配政策能够纠正市场失灵，但也可能给弱势群体带来负面影响。例如，由于信息不对称造成的道德风险、逆向选择和合同实施问题。这些市场的不完善所导致的高昂交易成本，往往是弱势群体难以逾越的障碍，并使其被锁定于贫困陷阱中。增加这些群体信贷机会，利于他们加大对子女教育、技能培训的投资，扩大生产规模，摆脱贫困陷阱。因此，在一定程度上，对整个社会来说，良好的再分配政策有重要的正外部效应（杨英杰，2014）。

在中国，首先，从资源对经济支撑条件看，只有优化经济结构，提升产业的核心竞争力，才能保障经济的可持续发展。其次，对特殊社会群体，如新生代农民工，包容性增长需要体现于改善生存条件、给予公平的社会权利上。由于基础条件的差别、政策支持力度的不同，城乡发展的不平衡性问题突出，这种系统的整体性不平衡，从单一的经济因素遍及到社会的各个领域。最后，消除政策扭曲、市场扭曲，并解决发展不平衡以及体制和政策障碍等问题，使其建立在更加广泛基础上，使经济机会惠及每个个体，有效减少城乡和全国范围内的收入差距。包容性增长为确保每个公民获得公平的机会，需要不断增加在教育和医疗方面的投入，提升人的生存能力，并构建有效的安全保障网络，满足弱势群体需求。它既要解决机会均等，更要解决结果不平等的问题。例如，快速城镇化中弱势群体利益被剥夺、收入分配不均等问题。经验表明，不考虑公平和谐，只注重社会资源的利益群体汇集，会在经济增长中出现"黑洞"，损害公平，引起社会矛盾和制度危机。据此，在新生代农民工市民化中，为构建一个长效的增收机制和途径，要避免和消除"黑洞"，倡导和谐公平，实现其增收目标。

3.3 结构主义理论

结构主义的代表性理论有刘易斯的二元经济理论、拉 – 费理论与推拉理论、人口转变理论、赫尔希曼的不平衡增长理论、"中心 – 外围"结构理论等。

3.3.1 二元经济理论

发展经济学重要的研究领域之一是发展中国家的人口转移问题，即劳动力从一个区域向其他区域移动问题。1954 年，美国学者刘易斯提出发展中国家劳动力转移二元经济模型，即刘易斯模型，其理论核心是阐明农业部门和工业部门之间的劳动力流动规律，解决经济发展中如何合理配置生产要素的问题。

刘易斯模型关于劳动力移动，在于经济部门之间的移动，其构成农村劳动力流动的基本理论框架，从传统部门移动出来进入现代部门，不是单纯的区域空间位移。这种移动看作置换关系，当农村置换传统部门、城市置换现代部门时，其形成区域间人口流动模型，其流动主体的绝大多数为劳动人口。当然，发展中国家现状中，存在一种特殊情况，即农村存在非农产业，如中国的乡镇企业。另外，在发达国家中，其经济主体趋于多元化，多种经济主体并存，也无法完全只用现代部门和传统部门来说明其经济主体结构。

从理论框架上看，变量可以使用区域生产总值（GRP）等，结合利用列昂节夫生产函数，假设劳动力规模与人口规模之比一定，在不考虑资本制约对生产率影响的前提下，人口数量决定地区 GRP，可导出差分方程。

先假设，$G(y)$ 表示为 y 年 GRP，y = 0，1，2，…，$P(y)$ 表示当地人口数量；$M(y)$ 表示人口转移规模数量。还有，城市为 u，农村为 r。譬如，$Gu(y+2)$ 表示 2 年后城市地区 GRP。

再假设，在一个时间序列中，在 y 时期，农村人口有 $M(y)$ 进入城市，转移规模与城乡人口收入差分之间的比例关系一定，当用 ISD 表示感应度系数时，可以得到下式：

$$M(y) = ISD[Gu(y)/Pu(y) - Gr(y)/Pr(y)] = ISD \cdot Q(y)。$$

如果进一步考虑政策变化同样是人口转移影响因素时，在此可增设政策关系变量 PV(y)，以便有助于确定转移到农村的收入在城市收入中的比重关系。因此，其取值在 $0 \leqslant PV \leqslant 1$ 的范围之内。

举例说明。如新生代农民工进入城市务工，获得务工收入，其在城市（输入地）所创造价值占城市生产总值的 20%，其中 30% 以各种形式（转账等）输送至农村（输出地），即城市生产总值的 6% 流向农村，由此可知，PV(y) = 0.94。

同期的城市生产总值为 $Gu(y) \cdot PV(y)$ 时，则城市生产总值被扣除 6% 后，农村生产总值变为，$Gu(y) \cdot [1 - PV(y)] + Pr(y)$。

因此，标量乘以向量得到向量内积，并据此求证人口转移数量，得到下式：

$$M(y) = ISD \cdot \left[\frac{Gu(y) \cdot PV(y)}{Pu(y)} - \frac{\{Gu(y) \cdot \{1 - PV(y)\} + Gr(y)\}}{Pr(y)} \right]$$

$$M(y) = ISD \cdot \left[\frac{Gu(y) \cdot PV(y)}{Pu(y)} - \frac{\{Gu(y) \cdot \{1 - PV(y)\} + Gr(y)\}}{Pr(y)} \right]$$

$$= ISD \cdot v(y) \cdot w(y)。$$

由于二元经济理论存在局限性，其后被修正和扩展。其中，具有代表性的修正理论有，来自柯布 – 道格拉斯生产函数等分析工具的修正理论、拉 – 费理论、乔根森模型等（Jorgenson, 1961）。另外，新的研究结果表明，二元经济发展机制较为复杂，刘易斯模型的理论核心不是对机制的探究，而是更倾向于揭示发展中国家经过怎样的发展过程向发达国家过渡和进化的（森岛通夫, 2004）。这个过程中，即使就业机会有限、收入相对较低，但仍然会发生农村劳动力转移，其决策边际在于预期收入与实际收入之间的收入净值（Todaro, 1997）。

3.3.2 拉 – 费理论与推拉理论

拉尼斯和费景汉提出拉 – 费理论（1964）。在刘易斯模型基础上，该理论指出，传统经济向现代经济发展，在工业化过程中，当农业现代化与工业现代化形成同步发展趋势时，可以产生农业剩余，而农业剩余对农村劳动力转移具有决定意义，它决定了农村劳动力转移的方式。

（1）农村边际生产率＝0，如农业总产出不变，农村可为工业部门提供无限劳动力供给。随工业生产规模扩大，农村劳动力转移规模扩大。

（2）0＜农业边际生产率＜农业平均固定收入时，农村劳动力转移可引起农业总产出减少，农产品价格提高，使工业扩大再生产规模缩小，农村劳动力转移速度放缓。

（3）农业边际生产率≥农业平均固定收入时，农村剩余劳动力全部转移至工业部门，农工收入差别被极度缩小，城乡结构由二元变为一元。

根据以上过程，假如设定农业生产只拥有土地要素和劳动要素。其中，土地要素固定不变，劳动要素按照边际生产力递减原则，当就业人口超过人口规模 P^* 后，劳动力边际生产力为零，产生过剩劳动力，出现隐蔽失业，再假设技术进步为内生性。根据 C－D 生产函数：

$$A = e^{\theta t} p^{1-\beta}, \quad \theta \geq 0, \quad 1 < \beta < 0。$$

式中，A 为农业部门产出，θ 为技术进步率，P 为人口。

人均产出方程如式：$a = \dfrac{A}{p} = e^{\theta t} p^{-\beta}$。当农业部门（传统部门）的就业人数大于 P^* 时，劳动力边际生产力变为零。

即 β＝1 时，

$$a = \frac{A}{p} = e^{\theta t} p^{-1},$$

$$\frac{da}{dt} = \theta e^{\theta t} p^{-1} - \frac{dP}{P^* dt} e^{\theta t} P^{-1}。$$

从上可知，当 $P \geq P^*$ 时，农业部门（传统部门）人均产出增长率：

$$g_a = \frac{dx}{a^* dt} = \theta - \rho。$$

其中，ρ 表示人口增长率，$P > P^*$ 的条件下，θ－ρ＞0，即当技术进步率大于人口增长率时，将出现农业剩余。

农村劳动力转移中，劳动力从农业部门（传统部门）转向工业部门，并居于城市并获得以工资性收入为主的制度收入，其面临两个转折过程，一是转移初期，影响农业部门产量，同时，工业部门工资收入较农业上升，可以用 $P \leq P^*$ 表示；二是当 $P^{**} < P^*$，农村劳动力继续减少的同时，边际生产率有所提高，由于农业劳动边际生产率逐渐趋同于制度工资水平，一方面，工业部门进入成熟经济，另一方面，其收入水平增长趋缓。

推－拉理论（E. S. Lee，1966）分析了形成迁移的原因，论证了各种因素，包括输出地因素、输入地因素、输出地和输入地之间的障碍因素以及迁移者因素等，其研究结果对包括农村劳动力移动在内的人口迁移研究有较大贡献。在各个领域都有无数的行为因素影响迁移决策。其中，有利因素标记为"＋"，不利因素标记为"－"。同时，还存在中性影响因素，即对迁移决策没有影响，把这些因素标记为"0"。通过比较输出地和输入地的各种影响因素，通过"＋"和"－"判定迁移动机。但动机不能决定迁移是否发生，因为迁移决定还要克服自然惯性（naturalinertia）因素，即"微不足道"与"无法逾越"两者之间的干预因素（障碍）。例如，输出地与输入地之间的空间距离、迁移成本等。输出地因素、输入地因素、迁移者因素影响自然惯性因素的评价结果。

3.3.3 人口转变理论

在阿道夫·兰德里（Adolphe Landry）、弗兰克·诺特斯坦（Frank Notestein）的研究结果基础上，由沃伦·汤普森（W. S. Thompson）建立起人口转变理论。经典人口转变理论特性为：（1）其虽具有一定普适性，但更多的是经验（欧洲18、19世纪人口演变经验）推论而来。（2）其为描述性理论，理论阐述缺少微观层面上的行为结果阐释。20世纪80年代以来，尤其是进入21世纪，现代人口转变理论的创立及其发展，提出新的人口转变理论，制度因素或制度分析成为研究要素（原洋之介，2002），人口转变函数最重要的内生变量是制度变迁，而人口制度创新的核心内容实际上就是创新支配人口行为和相互关系的规则，其直接结果是激发人口的创造性和积极性。现代人口转变理论与经典人口转变理论的不同之处在于，它从更广视野研究分析现代人口转变转移过程，更接近于广义人口移动转变的实质，对现代人口转移特质转变具有更强解释力，这些成果都成为农村劳动力转移及其收入增长研究提供的理论基础。

3.4 新迁移经济理论

新古典经济学中，劳动力转移理论认为，劳动力转移的主要动机来自城乡收入差距。新迁移经济学理论（new economic of labor migration）指出，迁移决策并非来自孤立个体，而是来自相互关联的人组成的社会组织单元，例如，家庭（Stark et al.，1991）。尤其是在发展中国家，往往由家庭集体做出外出或迁移的决定。这里，作为生产、生活的基本单位，家庭拥有共同的资源和财产，一般情况下，其经营决策来自家庭成员共同的决定，以追求福利最大化。农业生产行为是一个经济再生产与自然再生产相互交织的过程，如果遇到自然灾害或者市场失灵等重大问题时，在发达国家，由于保险和信贷体系相对健全和完善，可以从中得到帮助，但发展中国家，相对的制度短缺以及保险市场、信贷市场的不完善，使其面临重大损失。这时农民工需要向城市转移，其决策安排则源于家庭理性的制度安排。与新古典经济学下的劳动力转移理论不同，它认为，由于收入非同质性，其具有不同效用，因此，迁移的家庭决策并非单纯追求收入最大化，同时也注重收入来源的多元性。因此，本理论的重要假设是，增加绝对收入并非家庭决策下的流动或迁移目的，更多时候，它是改善收入相对低下以及"被剥夺地位"（Stark et al.，1991）。

从新生代农民工市民化及其增收视角看，与其他迁移理论不同，新迁移经济学理论的推演结果具有重要的理论价值和政策含义，主要表现如下：迁移决策的决定因素不仅仅是迁移个体的收入因素，还要考虑家庭因素以及其他组织单元因素。如果家庭存在收入上的生存风险，或输出地劳动力市场缺损或无法获得正常收入、输入地劳动力市场有较大发展空间等因素影响下，迁移动机增加。当输出地收入水平得到提高后，迁移动机降低。另外，影响劳动力市场、收入分配、劳动者权益保障等方面的政府政策也会影响迁移动机、移动效率等。

事实上，农村劳动力转移规模、速度还会受到贫困人口数量的影响。在政府政策干预下，即使输出地平均收入水平有所提高，但由于相对贫困者并未从中受益，且存在较大贫富差距，依然会刺激劳动者的移动。因此，新制度经济理论中的制度创新供给与需求理论、制度均衡理论以及制度变迁理论对政府、制度的作用做出理论界定和阐述，制度影响政策，而制度变迁尤其是强制性变迁的主体是国家或政府（康芒斯，2013）。

3.5 劳动力市场理论

3.5.1 产业结构演进理论

经济社会进步源于人类生产活动，其重要特征是出现产业结构的有序演变，这是一个从单纯劳动到产业化生产的过程。从产业结构演进过程看人类生产活动，它可以被分为三个过程。第一个过程是农业和畜牧业的生产活动阶段；第二个过程是工业生产阶段，但多以钢铁、纺织等制造业为主，这个阶段为投资和就业创造了较多机会；第三个过程开始于20世纪初，劳动和资本的规模逐渐扩大，并逐渐进入文化、艺术、服务等行业。有序演变过程中，前一个过程会成为后一个过程的发展基础。

有关产业结构演进的代表性理论有配第·克拉克定理、库兹涅茨法则等（迈克尔等，2014）。早在17世纪末期，英国经济学家威廉·配第（William Petty）根据对当时英国的三类劳动者即农业劳动者、工业劳动者与商业劳动者的收入（工资）水平研究发现，农业劳动者收入水平最低，工业劳动者收入水平较高，而商业从业人员收入最高。根据这项研究结果，其进一步明确指出：由于工业利润远高于农业利润、商业利润远高于工业利润，因此，为获得更多的收入（工资利益），产业劳动力人口会通过移动变换从业领域，其方向是农业领域→工业领域→商业、服务业领域。进入20世纪50年代，科林·克拉克（Colin Clark）调查了40余个国家，对已经形成的三次产业形式，通过时序或者截面统计分析，得出以下研究结论："随着人均收入水平的不断提高，劳动力首先会从第一产业转移至第二产业；当人均收入水平进一步提高后，劳动力便从第二产业转移至第三产业。"在此研究结果基础上，西蒙·库兹涅茨（Simon Kuznets）研究欧美发达国家的市场，通过收集和整理大量统计数据，从劳动力分布、国民收入等方面，分析经济结构变化以及这种变化与经济发展的关系，指出随着经济发展的推进，经济结构发生梯次转变和优化，其结果又会促进经济发展。其研究结果进一步丰富和发展了产业结构理论。同时，在明确产业结构演变的阶段性和有序性基础上，提示农村劳动力转移需要适于产业结构的演进规律和过程（迈克尔等，2014）。

3.5.2　劳动力市场分割理论

城乡劳动力市场分割是中国劳动力市场分割的最主要形式。劳动力市场分割理论（labour market segmentation theory），也被称为"双重劳动力市场理论"，由美国学者多林格尔和皮奥里于20世纪60年代提出。该理论指出：社会和制度性因素的作用，导致劳动力市场不是统一的，而是划分为不同部分的，不同市场之间难以流动。劳动力市场分割导致不同人群在就业部门、职业及收入模式上存在明显差异。劳动力市场分割理论强调制度和社会性在就业及劳动报酬上的重要性，具有较强的现实解释力。

进一步说，双重劳动力市场具有特殊含义，指城市区域中劳动力市场被分为两个层级。劳动者视角看，位于第一层级的劳动者需要拥有较高的人力资本和社会资本价值，包括受教育程度、劳动技能等，他们处于较好劳动环境中，可取得较高收入（薪酬待遇），这是一个基本劳动力市场。与此相对照，第二层级的劳动者价值较低，劳动环境和收入水平较差，是一个次级劳动力市场。由于基本劳动力市场的劳动者竞争激烈，而且，本地劳动力具有获取这个市场劳动资源的天然便利性。因此，基本劳动力市场经常出现劳动力供给剩余，而次级劳动力市场会出现结构性供给不足，这个市场也是农村劳动力转移的主要目标市场（杨萍萍，2012）。

随着中国经济的发展，城乡收入差距存在扩大趋势。改革开放后，特别是20世纪80年代中后期以来，在一定程度上，农民具有自由流动和就业选择权，农村劳动力进城务工规模不断扩大，但双重劳动力市场特性依然显著，进入城市的新生代农民工，多数进入体制外部门（次级劳动力市场）或体制内临时性用工岗位，获取较低的收入。这种显著的

45

劳动力市场分割状态，是中国经济发展中需要面对的特殊问题。因此，也导致新生代农民工不甘于劳动力市场中的位置，通过不断变换工作，寻找收入较高、较体面的工作，换工次数增加还会因为换工存在就业空档期而影响就业稳定性（肖红梅，2015），影响劳动力价值的积累及新生代农民工收入水平的提升（李永友等，2011）。

3.6 社会收入分配理论

3.6.1 国民收入分配理论

主流经济理论认为，在很大程度上，国民收入分配中，第一次分配多依赖劳动者的数量、劳动者的资金、劳动者的土地等因素，这也说明生产力三要素能够决定生产力强度。第二次分配中，生产力起着重要作用，以劳动决定分配的按劳分配原则，是一种合理分配制度。同时，生产要素决定分配的制度也会与之并存。决定收入分配性质、内容和数量的因素主要由生产关系构成，生产力的构成要素对收入分配也产生重要影响，并且生产力与生产关系所决定的领域有所不同。

在国民收入分配实施原则上，中国坚持初次分配和再分配都要处理好效率和公平的关系，实施内容上主要考虑国家、集体和个人三者之间的相互关系，寻求关联与独立之间的平衡。首次分配中，特别注重效率问题，第二次分配中，更加关注和体现公平原则，并利用反馈和控制，对二次分配进行调节。中华人民共和国成立初期，在工业化建设初期，依赖农业产品和工业产品的差额定价方式，获取工业利润，实现价值提升。随着工业经济的发展，为获取更多的资金支持，利用农业服务工业的理念，通过农业税收等形式，把农业作为一个重要资金来源，形成工农业收入分配的不均衡，农业部门的劳动收入较低。由于户籍管理制度等限制，农业劳动者无法自由移动。因此。改革开放之后，随着农村劳动力向外迁移，出现以农村劳动者为主的大规模人口移动的"民工潮"现象。

3.6.2　收入均等化理论

为进一步解读当代收入分配理论，增加对收入差距的理解，学者们引入了收入均等分配理论。最早提出收入均等化分配理论的是英国学者亚瑟·庇古，其主要理论观点如下。①收入规模与分配方式决定经济体的福利水平，其中，收入规模是福利基础，收入的分配方式则是福利规划的前提条件。收入规模较小时，即使有完善的分配制度及社会福利规划，此经济体内部成员的福利水平也无法得到较大提升或提升缓慢。反之，当一个经济体的国民收入规模相对较大时，通过有效的制度规划，其整体福利水平可得到较大幅度提升。②在一定条件下，收入均等化有助于经济社会福利提升。依据边际效用递减原则，收入较高者单位收入的边际效用远低于收入较低者，因此，收入转移，即由高向低的移动，以收入较高者的效用小幅下降为代价，收入较低者效用水平有大幅提升，其结果增加了社会整体效用。③收入转移方式的多样化。主要存在自愿转移和强制转移，自愿转移由被转移者即收入较高者发起，强制转移由政府或管理者发起，强制转移不影响收入较高者的资本增值和积累，即不影响整体国民收入增长，追求的是收入均等化。

3.7　收入增长机制理论

3.7.1　机制与长效机制

从希腊文的"机制"词源本义看，机制指机械机器的构造及其动作原理，具体可以从两方面来说明。首先是机械机器的组成以及组成构造的内在原理原因，其次是机械机器正常运作的原理原因。随后，在不同的学术领域，关于机制的理论解释被延伸和扩展，从而形成相应的理论界定。经济学视角上，机制是指在一个由多个子系统构成的系统中，内部各个子系统之间以及子系统所包含的各要素之间，其关联和制约关系下的相互作用形式、作用原理及内在运行方式。譬如，对社会群体收

47

入机制来说，其包括收入结构下的多属性以及劳动性因素和非劳动性因素下的群体特征属性，这些因素之间产生相互作用的结果，对群体收入水平带来了不同影响和变化方式（马强等，2011）。

长效机制含义中的长效，是指时间意义上的稳定性和久远性，在较长时期内保证事物正常运行并发挥预期功能，具有长期效果，是相对于短效而言。一般说，长效机制是一种制度化的体系，它可以保证某一制度正常运行，并长期有效，它是长期维持制度运行并取得成效的一种机制。长效机制不是静态的，它可以随时间、条件及外界环境的变化而变化，即处于动态之中，它也是各种制度的组合形式，并通过长期实践不断完善。长效机制所包含的要素之间存在融合协调关系，其运行的方法手段有着可持续性、长效性的特性，始终会保持一个完整的有机体系，不会因事因人而兴废。这个制度体系还涉及各方责任和义务，需要由主体方承担设定、构建和执行责任，还需要组织和个体成为推动方和监督方，维护制度正常运行。从范畴上说，机制大于制度，制度只是机制内部子因素所表现出的外在形式，当执行一项制度时，还需要其他制度的保障和支持，某一制度在多项制度及其实施的方式方法共同保障下正常运行，这就是该制度的机制。当然，没有任何制度可以完全孤立于其他制度而独立存在并持续正常运行。因此，机制也是被称为"制度的制度"。

譬如，社会特殊群体——新生代农民工的增收长效机制问题，是指设问主体在其融入城市、逐步实现市民化目标转变的过程中，根据其群体特征，以及内外环境因素条件，构建一个随着经济社会发展并不断完善、保持长期稳定的各因素组成的有机整体，以保障收入长期、稳步的提高，这个整体所有部分是一个长期有效运转的有机体。构建这个长效机制，就是在新生代农民工市民化进程中，构建适应群体特征以及内外环境条件的实现收入预期目标的系统。

3.7.2 收入贫困循环理论

低水平均衡陷阱理论、贫困恶性循环理论和最小临界努力理论构成收入贫困循环理论的理论基础。纳克斯（R. Nurkse，1953）指出，在一些贫困地区或发展中国家，存在某些特定社会群体长期处于低收入贫困状态，其主要原因在于，经济中存在诸多相互联系和相互作用的所谓"恶性循环力量"，其中，贫困恶性循环是其直接原因。

供给面看贫困恶性循环的主要表现：因为人均收入水平低下，生活消费占比高，储蓄水平低，严重阻碍资本形成，无法满足资本形成条件或资本形成严重不足，以上会影响生产率提升，生产规模得不到有效扩大，导致产出水平偏低。这些结果影响社会群体尤其是弱势群体的收入，使其收入水平较低或无法提升。

需求面看贫困恶性循环的主要表现：可以看作是供给面贫困恶性循环结果的延续，由于人均收入水平较低，社会消费和社会购买力相对较弱，处于低消费、低购买的社会消费状态，市场需求严重不足，市场无法扩大，影响投资诱导力，投资相对不足，造成资本形成不足，从而导致低生产率、低产出，结果是收入水平一直停留于低水平状态。

针对收入贫困循环问题，纳尔逊（Richard Nelson Jones，1956）指出，在大多数发展中国家中，存在快速人口增长而导致人口基数较大的现象，形成收入增长"陷阱"。如果要克服这个"陷阱"，需要推进大规模资本形成，只有在投资增长和产出增长快于人口增长时，才可能摆脱这个"陷阱"，提高人均收入水平。同样，莱宾斯坦（H. Leibenstein，1957）也提出，摆脱"陷阱"的最佳时机是其出现的早期，通过大规模投资，获得最小临界努力，当增收合力远大于拉低收入水平的力量时，才能使社会经济有效地从这个"陷阱"中摆脱出来，并带动社会群体收入的提高（迈克尔等，2014）。

3.7.3　工资收入理论

新生代农民工工资收入水平是综合因素的影响结果。除自身因素外，还存在其他外部因素的影响。一方面是制度环境带来的工资收入水平预期，如农业制度工资、最低工资制度以及流迁模式等；另一方面是雇佣者如企业、部门等作为相关利益主体，基于经济理性，权衡成本与收益，可能会对其工资收入水平产生负面影响（李哲君，2016）。

古典经济学的代表人物威廉·配第认为，工资是作为劳动价值分割的重要组成部分存在的，是维持劳动者生活所必需的生活资料的价值。他将生产产品的劳动的价值分成三部分，第一部分用来补偿已消耗的生产资料；第二部分用来维持劳动者及其家庭的生活；第三部分为剩余部分，即纯收入。工资和利润即纯收入此消彼长（季陶达，1978）。而亚当·斯密认为，工资水平在同一地区内应该是完全或趋于相等的。这是因为在劳动力市场处于竞争状态、劳动力资源可以自由流动的情况下，不同地区不同行业间工资水平出现较大差异，会使劳动者在不同地区和行业间流动，从而使工资水平趋同。同时，斯密也注意到货币工资在不同地区之间或同一地区内事实上存在着较大的差异，原因在于，一是由于工作本身的性质不同，包括工作是否令人愉快、劳动技能掌握的难易程度及职位的责任等；二是政策对劳动者转换职业的限制，如政策限制或增加某些职业中竞争人数，使从业者低于或超过这些职业实际需要的人数，又如政策限制资本和劳动跨行业、跨地区自由流动，使从业者不能由一种职业转入另一种职业，从一个地方转移到其他地方（季陶达，1978）。19世纪末期，美国经济学家克拉克提出边际生产力工资理论，该理论认为工人的工资实际上是由他产生的边际收益决定的（鲁友章，1979）。马歇尔认为，在现代复杂的技术条件下，客观上，各种劳动存在着较大差异，每一种劳动的供给价格决定于培养、训练和保持有效率的劳动所用的成本。因此，每一种劳动都有其不同的价格均衡点（马歇尔，1964）。

效率工资与人力资本理论为工资理论发展做出了重要贡献。效率工资理论认为企业或雇佣者支付比市场出清工资更高的工资，劳动的总成本可能会更小，企业可以获得更多的利润。这一理论的核心是工资和生产率之间存在正相关关系，即劳动者生产率、劳动者努力程度取决于工资水平。舒尔茨等经济学家提出的人力资本理论认为，资本有物质资本和体现在劳动者身上的人力资本，后者由知识、技能、体力、健康状况等构成。人力资本是通过人力资本投资形成，它包括教育支出、保健支出等，其中以教育支出为主。拥有较高人力资本的劳动者，其工资水平一般也较高。随着对工资研究的不断深入，制度学派立足于自身理论基础提出对工资决定的新解释，即现代制度工资决定理论，制度学派否认劳动力市场是完全竞争的市场，以及劳动力市场的一般特征会降低供求两种力量在市场中的调节功能。而且认为劳动力市场被分割为二元劳动力市场，基本劳动力市场的工资收入高，劳动环境好，培训机会多；次级劳动力市场则相反，劳动力市场类型决定工资水平（曾湘泉，2013）。

一方面，上述理论在一定程度上解释了新生代农民工工资收入问题，在上一代农民工中尤为突出，由于其人力资本等因素的影响，其边际生产率较低，因而其需求价格较低，出现劳动力市场供大于求，这也决定了市场均衡的工资水平不高。同时，广大农民工游离于工会组织之外，与雇佣者谈判力量较弱。另一方面，人力资本理论还强调提高人力资本投资、增强劳动者素质是现代经济发展的需要。

3.7.4　劳动歧视理论

劳动歧视为一种社会现象，因此受到社会科学的关注。从经济学视角看，早期的劳动歧视研究，其焦点集中在不同特征群体的收入水平问题上，根据劳动力市场运行机制以及对产生歧视的根源与作用机制的观点不同，劳动力歧视理论可分为劳动力市场竞争性歧视理论、劳动力市场非竞争性歧视理论、统计性歧视理论和前劳动力市场歧视理论等四种类型。

1. 劳动力市场竞争歧视理论

此理论把歧视看作歧视实施者的一种偏好或偏见，所出现的歧视可以使用歧视系数进行相应的货币计量，并在完全竞争均衡分析框架下解释这种现象。研究者中贝克尔（Beeker，1957）最具代表性，他基于偏好假设，建立个人偏好分析模型，根据歧视实施者的不同，具体分析雇佣者歧视、雇员歧视、政府歧视、消费者歧视等歧视类型。模型为歧视问题研究提供重要方向的同时，也存在一定局限性，如无法准确解释现实劳动力市场中的真实状况等。为此，有学者对其进行修正，如阿罗（Arrow，1972）的雇员歧视模型。它在原模型基础上，从现实劳动力市场出发，验证劳动者歧视会引起收入差别，且差别难以消除（Arrow，1972）。再如克鲁格（Kruges，1963）的经济动机歧视模型，其认为歧视不仅因个人偏好所致，经济利益动机下也会产生歧视。还有，梭罗（Thurow，1969）的个人偏见模型，其假设中增加了劳动力需求弹性，当需求弹性一定时，供给弹性为零，雇佣者为受益者；供给弹性无限大，雇佣者则为受损者；介于两者之间时，受益和受损皆有。

2. 劳动力市场非竞争歧视理论

该理论又被称为垄断歧视理论。它认为，劳动力市场不存在完全竞争，劳动力供给者是非匀质的，歧视动机归因于经济利益，因为垄断群体的歧视行为可以带来歧视利润，因此它们利用自身的垄断能力控制劳动力市场价格，造成受歧视者的歧视性收入。

此理论有以下代表性学说。（1）修罗多歧视类型相互作用模型。歧视存在雇佣歧视、工资歧视、职业歧视、人力资本歧视、垄断势力歧视、资本歧视、价格歧视这7种类型，垄断者依据现状以不同歧视方式达到提高利润收入的目的，不同类型之间存在相互影响。例如，受人力资本歧视的群体，因其教育和技能水平相对较低，容易产生雇佣歧视、工资歧视等，造成低收入，低收入又加重人力资本歧视，进入恶性反复中（Thurow，1969）。（2）伯格曼的拥挤假说。主要论述和阐释性别歧视现象。（3）二元劳动力市场歧视理论。描述和解释劳动力市场的分割，形成基本劳动力市场和次级劳动力市场等两大非竞争性市场后，前者具有稳定就业、良好就业环境以及良好的发展机会，后者则相反，并较难摆脱于此（Thurow，1975）。（4）搜寻成本歧视理论。在（2）和（3）理论基础上，说明职业领域间的流动受到搜寻成本限制。该理论认为只要存在歧视行为的雇佣者，受歧视群体为避免遇到他们，就会增加搜寻次数，导致工作搜寻成本上升。现实中，受歧视群体为减少搜寻成本，不得不接受歧视性收入（谢嗣胜，2015）。

3. 统计性歧视理论

费尔普斯（Phelps，1972）提出统计性歧视理论，其认为，雇佣者不存在偏见，也不具有垄断的能力，但由于在劳动力市场中信息不对称，或信息获取成本较高，雇佣者为追求利润最大化，购买被雇佣者劳动时，忽略劳动力的个体特征，以劳动力群体特征作为评价标准，不考虑个体差异，并由此做出雇佣决定，对相对不利群体造成统计性歧视。

4. 前劳动力市场歧视理论

根据累积性因果原理，由于进入劳动力市场受到歧视，被歧视群体出现低生产效率特征，歧视主要体现于人力资本投资差异上。与上述理论不同，在歧视行为效果的判定上，其他理论中，假设劳动力生产率特征一定，通过收入报酬比较，判定歧视程度，以雇佣者依据人力资本特征等差异，决定其收入差异。前劳动力市场理论强调，劳动群体在进入劳动力市场之前，存在人力资本投资歧视（黄莹，2015）。

3.8　本章小结

本章从理论上论述和分析市民化及收入增长相关理论，包括现代经济增长理论、包容性收入增长理论、结构主义理论、劳动力市场理论、社会收入分配理论以及收入增长机制理论等，为新生代农民工市民化进程中增收问题研究提供经济发展视角下的理论基石。其中，现代经济增长理论是一般经济增长要素下社会经济发展的指导性理论，它的理论框架主要由 H－D 模型、新古典经济学的增长理论（外生增长理论）和新经济增长理论（内生增长理论）构成。

在现代经济发展中，与推动长期经济增长、实现经济发展目标相比，经济发展到一定阶段时，更需要关注避免经济低效发展以及不公平发展问题。特别是发展中国家，劳动力转移现象是发展经济学视角下重要的研究课题。中国的经济体制和经济制度无法完全使用西方现代经济发展理论进行诠释，需要在对新的人口转移机制进行探索和积累中，发展和修正理论框架。在这个过程中，包容性增长理论得以发展。包容性增长的基础和前提是一般性增长，关于一般性增长的经济发展理论中，现代经济增长理论占有决定地位，它是包容性收入增长理论的基础。而包容性经济增长是包容性收入增长的基础，他们的理论支点在于包容性增长模式本身所带来的效果，也可用包容性增长模式来解释包容性收入增长的作用机制。

人口移动与经济增长理论中，尤其受到关注的是刘易斯二元经济理论以及由此发展起来的经济理论。首先，在刘易斯模型基础上，拉－费理论更加清晰地阐述经济发展过程中工业部门与农业部门之间的关系，强调在传统经济向现代经济转变中，农业剩余对工业部门以及农村劳动力转移的决定意义。如果说，新古典经济学的劳动力转移理论强调城乡收入差距是迁移的主要动机，新迁移经济学理论则认为迁移决策不是由相互孤立的个人行为主体单独做出的。其后，二重劳动力市场理论指出，由于基本劳动力市场的竞争限制，本地劳动力又具有天然便利性，因此，基本劳动力市场出现劳动力供给剩余的同时，次级劳动力市场存在结构性供给不足，这也是农村劳动力转移的对象市场。

根据社会收入分配理论，国民收入分配中，第一次分配多依赖于生产力三要素，第二次分配则是一种合理分配制度，它按照劳动决定分配的按劳分配原则，决定收入分配性质、内容和数量的因素主要是由生产关系构成的，生产力的构成要素对收入分配也产生重要影响，且生产关系和生产力所决定的领域有所不同。为进一步论述当代收入分配理论，增加对收入差距的理解，则需要引入收入均等分配理论，其主要观点：一个经济体的福利水平取决于国民的收入规模与分配，其中收入规模是福利基础，收入的分配方式则是福利规划的前提条件；在一定条件下，收入均等化有助于经济社会福利提升以及收入转移方式的多样化。

第4章 新生代农民工收入群体静态特征[*]

4.1 总体规模特征

4.1.1 农民工总体规模

如表 4-1 所示，2016 年，全国农民工总数量 28171 万人，比 2015 年增加 424 万人，增长 1.5%。其中，在户籍所在乡镇地域以内从业的农民工，即在本地务工的农民工 11237 万人，比上年增加 374 万人，增长率为 3.4%。在户籍所在乡镇地域以外从业 6 个月以上的农民工，即外出农民工[①] 16934 万人，比上年增加 63 万人，增长率为 0.3%。本地非农从业 6 个月以上的农民工，即本地农民工在农民工规模总量中的占比持续上升，2015 年的占比为 39.2%，较 2014 年上升 0.6%。在外出农民工中，不以家庭为单位的外出农民工，即非举家外出农民工 13243 万人（2014 年），较 2013 年增加 158 万人，增长率为 1.2%，举家外出农民工 3578 万人（2014 年），较上年增加 53 万人，增长率为 1.5%。

---

* 如无特别说明，本章数据资料均来源于国家统计局《2010 年新生代农民工专项调查》、全国总工会《关于新生代农民工问题的研究报告（2010）》国家统计局 2009~2016 年各年度《全国农民工调查监测报告》，详见参考文献（国家统计局，2017；国家统计局 a，2016；全国总工会，2010；国家统计局 b，2016；国家统计局，2010；国家统计局 a，2011；国家统计局 c，2016；国家统计局 d，2016；国家统计局 e，2016；国家统计局 f，2016）。

① 本报告中出现的"外出农民工"的称谓，为专用术语，并非指一般意义上的外出务工的农民工。

表 4-1　基于国家统计局监测调查的全国农民工数量及其变化趋势

单位: 万人

年份	农民工数量				
	合计	本地农民工	外出农民工		
			小计	非举家外出者	举家外出者
2008	22542　—	8501　—	14041　—	11182　—	2859　—
2009	22978　(1.93)	8445　(-0.66)	14533　(3.50)	11567　(3.44)	2966　(3.74)
2010	24223　(5.42)	8888　(5.25)	15335　(5.52)	12264　(6.03)	3071　(3.54)
2011	25278　(4.36)	9415　(5.93)	15863　(3.44)	12584　(2.61)	3279　(6.77)
2012	26261　(3.89)	9925　(5.42)	16336　(2.98)	12961　(3.00)	3375　(2.93)
2013	26894　(2.41)	10284　(3.62)	16610　(1.68)	13085　(0.96)	3525　(4.44)
2014	27395　(1.86)	10574　(2.82)	16821　(1.27)	13243　(1.21)	3578　(1.50)
2015	27747　(1.28)	10863　(2.73)	16884　(0.37)	—	
2016	28171　(1.53)	11237　(3.44)	16934　(0.30)	—	

注: 括号内数字为上年比, 单位%。—表示无相应统计数据。

资料来源: 2008~2016 年国家统计局发布的各年度《农民工监测调查报告》, 2008 年为首次调查时间。

　　2008 年末, 国家统计局建立农民工统计监测调查制度, 通过监测点调查结果, 推算全国农民工规模、流向分布、基本特征以及收入、生活、权益保障等总体状况, 发布调查报告。如图 4-1 所示, 考察近 9 年的历年变化趋势可知, 农民工数量规模呈增长趋势, 2009 年增长为 1.9%, 2010 年为增长率峰值 (5.4%), 2015 年增长率为最低值 (1.3%), 农民工总数量规模增长趋于平缓。本地农民工和外出农民工数量规模的变化, 具有相同的变化趋势。

　　根据国际经验, 中国农民工移动数量规模, 在今后较长时期内, 将会收敛至 2009 年水平, 并在稳定较长时间后, 进入负增长。从内容看, 本地农民工和外出农民工的数量规模变化趋势都处于同向走势, 尤其是外出农民工增长下降趋势强于本地农民工, 随着新型城镇化建设以及市民化进程的推进, 在城镇就业与产业发展边际增长水平相同时, 外出农民工增长速度将会受到抑制, 进入规模增长停顿、内在结构更替的稳定时期。从外出农民工外出家庭化程度看, 外出形式上, 举家外出和非举

上年比（%）

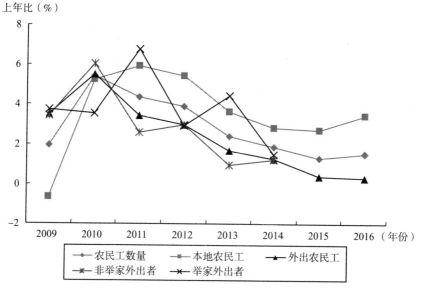

图 4 - 1　农民工数量规模变化

资料来源：2008 ~ 2016 年国家统计局发布的各年度《农民工监测调查报告》，2008 年为首次调查时间。

家外出的数量规模增长一直处于反方向变化中。2010 年，非举家外出增长 6.0%，举家外出增长 3.5%。2014 年，非举家外出增长接近 1.2%，举家外出增长 1.5%。如果假设举家外出作为农民工城市定居意识强烈的标志，而非举家外出则表示城市定居可能尚未确定或意识不强烈，以上则提示，外部环境或内在条件无法提供使其做出一个较为确定的决策行为依据。

4.1.2　新生代农民工总体规模

根据国家统计局 2008 ~ 2016 年各年度的《农民工监测调查报告》，参考中华全国总工会的《新生代农民工问题研究报告》、国家统计局的《新生代农民工专项调查》，以 1980 年出生人口为新生代农民工的标准，按照统计资料中年龄构成推算，2008 年新生代农民工数量约为 9500 万人，占农民工的 42.1%，2009 年新生代农民工数量稍有增加，达到近 1 亿人，在农民工中的占比为 43.5%，之后的新生代农民工数量规模及在农民工中的占比均呈现平缓上升趋势，人数规模峰值和占

比峰值均出现在 2016 年,其中,人数超过 14000 万人,占比达到
49.7%,1980 年及以后出生的新生代农民工已经逐渐成为农民工的主
体(见图 4 - 2)。

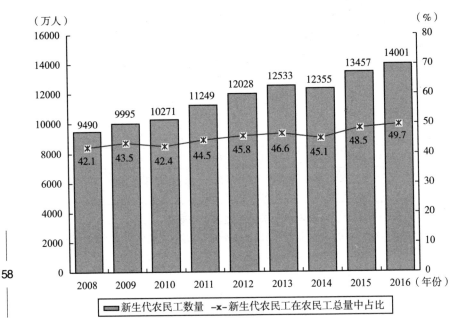

图 4 - 2 新生代农民工数量及在农民工总量中的构成

资料来源:国家统计局发布的 2008 ~ 2016 年各年度《农民工监测调查报告》及农民工专
项调查报告。

4.2 属 性 特 征

4.2.1 农民工一般属性

农民工的男女性别比例看,男性远多于女性,2008 ~ 2016 年期间,
男性始终多于女性,性别比指数平均值约为 190,区间变化较小,范围

为 187① （2009 年、2010 年）~ 203 （2014 年）。分年龄组看，农民工依然以 40 岁以下的青壮年为主，其数量规模基本接近新生代农民工，这个结果与上相同，在农民工中，新生代农民工已经成为最重要的有生力量。随着时间的推移，在属性变化趋势上，农民工年龄结构变化中，由 2008 年的 70% 下降到 2016 年的 54%，40 岁以下数量占比呈现逐年下降趋势。相对应农民工的平均年龄，2008 年为 34 岁，2016 年为 39 岁，平均年龄出现上升趋势（见表 4 - 2）。

表 4 - 2　　　　　　　农民工年龄构成　　　　　　单位：%

年份	2008	2009	2010	2011	2012	2013	2014	2015	2016
16~20 岁	10.7	8.5	6.5	6.3	4.9	4.7	3.5	3.7	3.3
21~30 岁	35.3	35.8	35.9	32.7	31.9	30.8	30.2	29.2	28.6
31~40 岁	24.0	23.6	23.5	22.7	22.5	22.9	22.8	22.3	22.0
小计	70.0	67.9	65.9	61.7	59.3	58.4	56.5	55.2	53.9
41~50 岁	18.6	19.9	21.2	24.0	25.6	26.4	26.4	26.9	27.0
50 岁以上	11.4	12.2	12.9	14.3	15.1	15.2	17.1	17.9	19.2
小计	30.0	32.1	34.1	38.3	40.7	41.6	43.5	44.8	46.2

资料来源：2008~2016 年国家统计局发布的各年度《农民工监测调查报告》，2008 年为首次调查时间。

4.2.2　新生代农民工的一般属性②

1. 性别属性特征

农村劳动力年龄人口构成中，男性占 53.2%，女性占 46.8%。农村劳动力移动人口构成中，男性外出农民工占 65.1%，女性占 34.9%。外出农民工分年龄构成中，女性比例与年龄呈现高度负相关，随着外出农民工年龄的增加，女性比例逐渐降低，16~20 岁的外出农民工群体中，女性约占 50%。超过 40 岁的外出农民工群体中，女性占比约

———————

① 2009 年和 2010 年的性别比指数平均值相同，均为 187。
② 本节围绕 2014 年全国新生代农民工调查结果为主要数据来源进行论述。

25%。新生代农民工总体的性别比为145，上一代农民工性别比为272。

2. 外出与本地属性特征

新生代农民工在外出农民工和本地农民工中的占比也存在很大差距。前有所述，2014年，农民工总体数量为27395万人，外出农民工数量为16821万人。其中，1980年及以后出生的新生代农民工数量是12246万人，占农民工总量的44.7%（见图4-2），占1980年及以后出生的农村从业劳动力的占比为65.5%。

3. 移动属性特征

新生代农民工与上一代农民工在移动属性上有较大不同。如图4-3所示，2014年，新生代农民工中，外出务工者所占比重达到80.3%，而只有19.7%的新生代农民工采用本地务工形式。相比较，上一代农民工则分别为45.6%和54.4%。以上可看出，新生代农民工多以远距离移动为主，反映出年龄对农民工空间流动范围的影响。进一步从农民工总体看，考虑新生代和上一代农民工比例关系，可知道，16~30岁的青壮年是外出农民工最重要的有生力量（李慧敏，2014）。

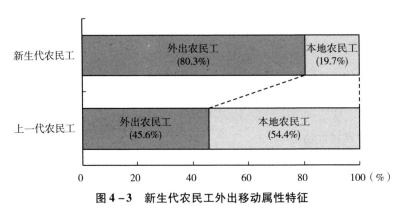

图4-3　新生代农民工外出移动属性特征

资料来源：2008~2016年国家统计局发布的各年度《农民工监测调查报告》，2008年为首次调查时间。

4.3　流向分布特征

4.3.1　农民工流向分布

采用国家统计局农民工监测报告中的全国划分方式，将全国分为三大区域，分别以东、中、西部划分。其中，东部地区由 11 个省份组成，京津冀、江浙沪之外，还包括辽宁、山东、福建、广东和海南；中部地区由 8 个省份组成，分别为吉林、黑龙江、山西、安徽、江西、河南、湖北、湖南；西部地区由 12 个省份组成，分别为重庆、四川、内蒙古、广西、贵州、陕西、甘肃、青海、宁夏、新疆、云南、西藏（国家统计局，2017）。

以农民工流动输出地为基准，考察外出农民工的流向分布可知，全国从 2009 年的 14533 万人增加到 2016 年的 16934 万人。其中，东部地区看，2009 年为 4636 万人，2016 年为 4892 万人，规模略有增加；中部地区看，2009 年为 5305 万人，2016 年为 6692 万人，人数递增；西部地区看，2009 年为 4592 万人，2016 年为 5350 万人，人数递增。另外从外出农民工在三大区域构成看，中部地区作为外出农民工最重要的输出地，其占比逐年提高，至 2016 年，约占 40%；西部地区作为外出农民工输出地的贡献度稳定，构成比维持在 30% 前后；东部地区的外出农民工构成缓慢下降，至 2016 年低于 30%（见图 4 - 4）。

从输出地看本地农民工数量，从 2009 年的 8445 万人增加到 2016 年 11237 万人。其中，东部地区从 2009 年的 5379 万人增加到 2016 年的 5967 万人，途中存在一定波动，中部地区从 2009 年的 1849 万人增加到 2016 年的 3225 万人，西部地区从 2009 年的 1216 万人增加到 2016 年的 2045 万人。另外从本地农民工在三大区域构成看差异明显，东部地区保持较高的占比，从 2013 年开始呈现下降趋势，但仍然保持超过 50% 的构成。其次为中部地区，自 2013 年起占比超过 27%，呈逐年缓慢上升趋势，2016 年接近 30%。西部地区的本地农民工占比相对较低，即使 2015 年达到历年最高值，其占比依然不足 20%。以上数据说明，当经济目的作为移动最主要动机时，从全国范围看，通识上可以判断近距离移动的本地农民工数量与其本地经济发展水平具有较明显正向关系（见图4－5）。

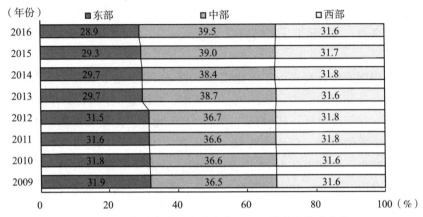

图4－4　按输出地划分外出农民工区域分布构成变化

资料来源：2008～2016年国家统计局发布的各年度《农民工监测调查报告》，2008年为首次调查时间。

62

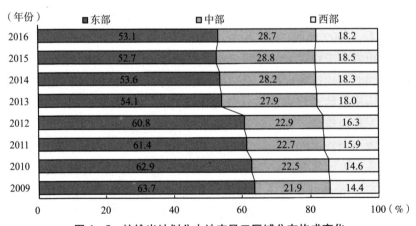

图4－5　按输出地划分本地农民工区域分布构成变化

资料来源：2008～2016年国家统计局发布的各年度《农民工监测调查报告》，2008年为首次调查时间，2014～2016年的数据由东中西部农民工总数量推算而来。

4.3.2　新生代农民工地区分布[①]

输出地基准显示，外出农民工中，东部地区的新生代农民工的占比为 57.5%，即来自东部地区的外出农民工中，有约 60% 为 1980 年及以后出生的新生代农民工，中部地区的占比为 61.2%，西部地区的占比为 56.3%。中部地区的外出农民工中，新生代农民工的占比超过 60%，为三个区域之首，以中部地区为农民工输出地，80、90 后的农村劳动力更愿意选择外出从业。在全部农民工群体上，新生代农民工的输出地占比在三大区域中分布较为均匀，东部地区占 31.4%，中部地区占 38.2%，西部地区占 30.4%，来自中部地区的新生代农民工较多。

输入地基准显示，新生代农民工在东中西部地区中的务工占比分别为 72.3%、12.9% 和 14.4%[②]。与上一代农民工相比，新生代农民工在务工区域的选择上，更倾向去东部地区。2015 年数据显示，从输入地看新生代农民工务工区域分布，东部地区占 64.8%，中部地区占 17.7%，西部地区占 17.2%。另外，从新生代农民工务工城市规模看，多数倾向于在地级以上的大中城市，这个比例达到 54.9%，而上一代农民工的同比仅为 26%。从以上可看出，新生代农民工的流动输入地，主要集中于东部地区，中西部地区占比相对较低。随着时间的推移，这种趋势虽然没有发生根本性的变化，但在东部地区的集中程度有所下降，原本进入东部地区务工的新生代农民工存在一定程度的中西部地区分流现象，而具体的务工地点，新生代农民工更偏好于大中城市。

4.4　人力资本特征

4.4.1　农民工的文化教育水平

以学历区分的农民工受教育水平，近年总体变化较小，初中文化程

---

① 资料来源：根据国家统计局发布的各年度《农民工监测调查报告》及农民工专项调查报告推算。

② 东中西部地区合计为 99.6%，除此外的其他地区占 0.4%。如国外劳务输出等。

度依然是农民工的主体，占比约61%，未上过学的约占1%，小学文化程度占比介于10.6% ~ 15.4%之间，小幅变化，变化趋势与初中文化程度相近，高中/中专、大专及以上文化程度占比变动幅度相对较小（见表4-3）。

表4-3 农民工文化程度构成变化 单位：%

年份	2009	2010	2011	2012	2013	2014	2015	2016
文盲	1.1	1.3	1.5	1.5	1.2	1.1	1.1	1.0
小学	10.6	12.3	14.4	14.3	15.4	14.8	14.0	13.2
初中	64.8	61.2	61.1	60.5	60.6	60.3	59.7	59.4
高中/中专	20.7	20.1	17.7	18.0	16.1	16.5	16.9	17.0
大专及以上	2.8	5.1	5.3	5.7	6.7	7.3	8.3	9.4

注：表中2009年的数字为外出农民工的数据，较全体农民工的数据略微偏高。2013年的数字由新生代农民工和上一代的数据推算而得。

资料来源：国家统计局发布的2009~2016年各年度《农民工监测调查报告》以及国家统计局农民工专项调查报告。

从接受过某种形式技能培训状况看，2009年，只有48.9%的外出农民工接受过某种形式的技能培训，文化程度越低这个比例越小。2010年，技能培训参加者所占比例接近50%，达到47.6%。同样，农民工教育水平低，则技能培训参加者比例相对较低。2011年之后，统计口径有所更改，从"参加过农业技能培训""参加过非农职业技能培训"以及"两项都参加过"等三个方面进行调查。从2011~2016年的结果看（见图4-6），参加过农业技能培训的比例保持在10%前后；从2014年开始，参加过非农职业技能培训的比例超过30%，达到32%；两项技能培训都参加过的比例维持在农民工全体的1/3前后，2014年为最高的34.8%。从上可知，外出务工人员中，接受过某种形式的技能培训的比例相对较低，虽然在保持农业技能培训参加比率一定的前提下，从2011年开始，非农职业技能培训以及农业职业技能培训的比例稳步提升，但还存在较大的上升空间。

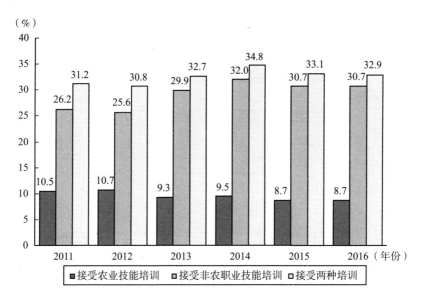

图 4 - 6　农民工参加技能培训情况

资料来源：2008~2016 年国家统计局发布的各年度《农民工监测调查报告》，2008 年为首次调查时间。

4.4.2　新生代农民工受教育水平

与上一代农民工相比较，新生代农民工接受文化教育的程度较高。从 2010 年的全国专项调查结果看（中华全国总工会，2010），新生代农民工中，高中/中专、大专及以上文化程度的占比分别达到 22.5% 和 6.4%，而上一代农民工中相应占比为 14.5% 和 1.4%，分别比上一代农民工高出 8 个百分点和 5 个百分点。从受教育年限看，新生代农民工群体平均受教育年限为 9.8 年。与此相比，上一代农民工群体平均受教育年限少 1 年，为 8.8 年。从 2014 年的全国农民工监测报告看，新生代农民工中，初中以下文化程度仅占 6.1%，初中占 60.6%，高中/中专占 20.5%，大专及以上文化程度占 12.8%。在上一代农民工中，初中以下文化程度占 24.7%，初中占 61.2%，高中/中专占比明显低于新生代农民工，为 12.3%，大专及以上文化程度占比远远低于新生代农民工，仅为 1.8%。高中以上文化程度的新生代农民工占到总人数的 1/3，比上一代农民工高出 19.2%（见图 4 - 7a 和图 4 - 7b）。

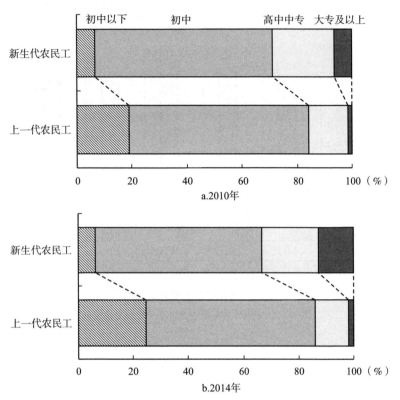

图 4 - 7　新生代农民工受教育程度及其比较

资料来源：2008～2016 年国家统计局发布的各年度《农民工监测调查报告》，2008 年为首次调查时间。

　　参加职业培训情况如下。2010 年，新生代农民工参加职业培训的比例为 30.4%，而上一代农民工参加职业培训占比低于这个数字，为 26.5%。以上职业技能培训多为非农职业技能培训，参加农业技能培训的很少。从农业劳动技能角度观察，大多数的新生代农民工不具有从事农业生产活动的技能和经验，数字显示，60% 的新生代农民工完全不掌握基本的农业生产技能，其中，24% 的新生代农民工从未从事过与农业生产相关的工作。2015 年，参加过职业培训的新生代农民工占新生代农民工全体的 34.6%，与此相比，参加职业培训的上一代农民工占其全体的 27.5%。从未从事过任何农业生产劳动的占比在新生代农民工中已高达 87.3%。

4.5　从业结构特征

4.5.1　农民工从业结构特征

1. 从业结构

建筑业、制造业和服务业等行业领域，仍然是农民工从事的主要行业，但从事制造业的占比呈下降趋势，从 2008 年的 37.2% 逐渐下降到 2016 年的 30.5%，而从事建筑业的占比先升后降，从 2008 年的 13.8% 上升到 2014 年的 22.3%，其后有所下降，2016 年为 19.7%。从事交通运输仓储和邮政业、住宿餐饮业的农民工占比处于相对稳定的水平，而批发零售业、服务业以及以上行业之外的其他行业则呈现不同程度的下降趋势（见图4-8）。

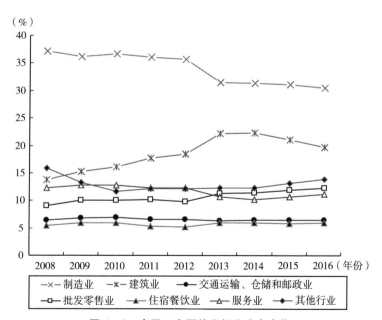

图4-8　农民工主要就业行业分布变化

资料来源：2008～2016 年国家统计局发布的各年度《农民工监测调查报告》，2008 年为首次调查时间。

2. 从业形式

2009 年，外出农民工中，以受雇形式从业者的占比为 93.6%。另外，自营者占比为 6.4%，较 2008 年，这个比重下降 0.5%。2011 年，受雇形式从业者所占比例增加较快，自营业形式在从业形式占比呈现下降趋势。2011 年的外出农民工群体中，受雇形式是其最主要从业形式，比例达到 94.8%，选择自营业形式的外出农民工比例仅为 5.2%。近距离外出务工的本地农民工，以受雇形式务工的比例低于外出务工者，为 71.9%，而选择自营业形式的本地务工者远高于外出农民工，占比达到 28.1%。另外，从从业形式看所从事行业，其中，自营业者多从事批发零售业（39.2%），其次为交通运输、仓储和邮政业（17.8%）。从变化趋势看，不论是外出农民工还是本地农民工，两者的受雇形式比例均有上升，其中，外出务工者中的受雇形式上升 4.4%，而本地务工者受雇形式上升更为明显，达到 9.4%。自营业形式的比例均处于下降趋势。与此相对应，自营形式中，外出务工者和本地务工者的比例分别比上年下降 11.8% 和 2.1%。

2012 年，从业形式呈现与上一年相同趋势，外出农民工中，受雇形式从业者占 95.3%，自营业者占 4.7%；在本地农民工中，受雇形式从业者占 72.8%，自营业形式占 27.2%。自营业形式中，以批发零售业为主，占比为 38.9%，其次为交通运输、仓储和邮政业，从事者占比为 19.3%，其他形式中，从事制造业占 11.9%，从事服务业占 11.2%。自营业形式中，外出农民工、本地农民工的构成持续下降，其中，外出务工的自营业形式构成较上一年降低 0.9%，本地务工的自营业形式构成较上一年降低 0.5%。

2013 年，受雇形式从业者的增长速度高于自营业者的增长，自营者占比继续下降，受雇形式就业构成为 83.5%，自营形式就业构成为 16.5%。受雇形式就业的农民工中，从事第二产业行业就业的占 65%，自营业形式就业者中，有 82.1% 的务工者从事行业归属第三产业。

2015 年，农民工依然是受雇形式为最主要的从业形式，即"为人打工"形式，比例为 83.4%，其他为自营业形式，即"为己打工"，比例为 16.6%。其中，外出农民工中受雇形式就业比例更高，为 94.1%，而本地农民工则较低，为 72.8%。

4.5.2　新生代农民工从业结构

如表 4-4 所示，2010 年，上一代农民工以从事制造业和建筑业为主，两者合计占比近 60%，分别为 31.5% 和 27.8%。新生代农民工从事制造业的占比高于上一代农民工近 13%，达到 44.4%，从事建筑业的占比则远低于上一代农民工，仅约为 10%。另外，在批发和零售业以及居民服务和其他服务业等行业，新生代农民工从业人数占比有所上升。从上可以看出，上一代农民工的主要从事行业为制造业和建筑业，与此相比，新生代农民工有所不同，其从事行业具有集中趋势，多集中于制造业，而从事务工条件艰苦的建筑业的占比较低。

表 4-4　　　　　　　新生代农民工从业的行业分布　　　　　单位：%

	行业	制造业	建筑业	批发和零售业	服务业	其他行业
2010 年	上一代农民工	31.5	27.8	6.9	11.0	22.8
	新生代农民工	44.4	9.8	8.4	12.4	25.0
2014 年	上一代农民工	26.5	29.5	10.9	10.6	22.5
	新生代农民工	39.0	14.5	10.1	10.0	26.4

注：2010 年为外出农民工的数值。2014 年为外出农民工和本地农民工的合计数值。
资料来源：根据 2010 年国家统计局新生代农民工专项调查和 2015 年国家统计局农民工调查监测报告整理而成。

2014 年，上一代农民工中，从事制造业的比重为 26.5%，建筑业为 29.5%，批发和零售业为 10.9%，居民服务和其他服务业为 10.6%。新生代农民工依然以从事制造业为主，从事制造业的比重为 39%，批发和零售业为 10.1%，居民服务和其他服务业为 10%，从事建筑业的比重较前有所增加，达到 14.5%，即使如此，从事建筑业的新生代农民工的占比只约为上一代农民工的 50%。

由于绝大多数新生代农民工不具备农业生产技能，2010 年，从外出从业的时间看，新生代农民工平均时间达到 9.9 个月。外出务工之外，同时还从事农业生产活动，即所谓"亦工亦农"的兼业占比较低，仅为 10%，换句话说，绝大多数新生代农民工（90%）不具有任何农业从业经验或从未从事相关的工作，而对上一代农民工来说，这个比例只有29.5%。2014年，这个比例没有明显变化，从未从事过任何农业生产劳动的新生代农民工占比为91.2%。结合新生代农民工的行业选择以及从事农业生产活动的结果看，即使务工环境变化，出现就业困难，新生代农民工往往会通过更换输入地，重新转移，也不会轻易返乡，更不会务农，他们已经具有更强的流动动机和期望，完全脱离农业生产，希望城市中的定居生活，这种转移已逐渐成为一个不可逆转的过程。

综上所述，比较上一代农民工，新生代农民工从业多选择制造业，建筑行业不再为首选。择业意识上，新生代农民工不仅看重工资收入，更看重从业的工作条件及职业前景，将工作条件优越、安全以及发展前途作为择业的重要条件，反映出其对待工作和生活的意识，从时间动态上，这种趋势没有明显变化。

4.6 生活特征

根据国家统计局相关数据，从新生代农民工在输出地的收入水平、消费水平和居住条件三个方面考察新生代农民工的生活特征①。

4.6.1 新生代农民工收入水平

1. 农民工收入状况

（1）基本收入。如图4-9所示，全国外出务工农民工月均收入，2008年为1340元（实际收入②为1265元），其后出现持续上升趋势，2016年达到3275元（实际收入为3167元），比2008年1935元，增长1.4倍。

分地区看，东部地区务工的农民工月均收入，2008年为1352元（实际值1277元），2016年为3454元（实际值3340元），比2008年增加2102元，增长约1.6倍。

---

① 关于新生代农民工的综合性统计数据非常缺乏。因此，此处借用各类官方统计资料中的相关数据进行论述。由于数据来源和统计口径不尽相同，考察结果存在一定局限性。

② 实际月均收入为从一般获取收入中剔除CPI后的收入，具体计算方法：实际月均收入＝农民工监测调查报告中外出农民工月均收入/（全国CPI同比增幅＋100%）。

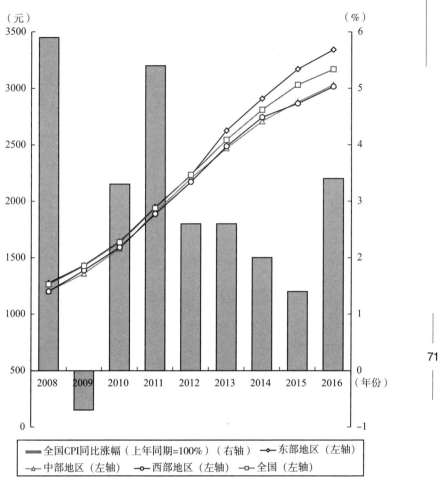

图 4 - 9　外出农民工在不同地区的实际月均收入水平变化

中部地区务工的农民工月均收入，2008 年为 1275 元（实际值 1204 元），2016 年为 3132 元（实际值 3029 元），比 2008 年增加 1857 元，增长 1. 5 倍。

西部地区务工的农民工月均收入，2008 年为 1273 元（实际值 1202 元），2016 年为 3117 元（实际值 3015 元），比 2008 年增加 1844 元，增长 1. 4 倍。

东部地区务工的农民工月均收入增速高于中西部的农民工，两者收入差距呈现逐渐扩大的趋势，同时，中西部地区务工的农民工月均收入基本持平。

（2）农民工与城镇单位就业人员的收入比较。2007年，外出农民工月均收入为1060元，2008年为1340元，2016年为3275元，年均增长率为13.5%。2007年，城镇单位就业人员月均收入为2285元，2008年为2408元，2016年为5631元，年均增长率为10.5%。两者的绝对值比较看，2008~2016年，外出农民工月均工资增长为1935元，城镇单位就业人员月均工资增长为3223元；两者的相对值比较看，2008~2016年，外出农民工月均收入为城镇单位就业人员月均收入的58%（平均值）。虽然其月均收入的年均增长率（13.5%）高于城镇单位就业人员月均收入的年均增长率（10.5%），但由于外出农民工的收入起点基数低，其月均收入在这9年间，依然处于城镇单位就业人员月均收入的58%的水平上，区间值变动较小，为2009年的53%至2014年的61%（见图4-10）。

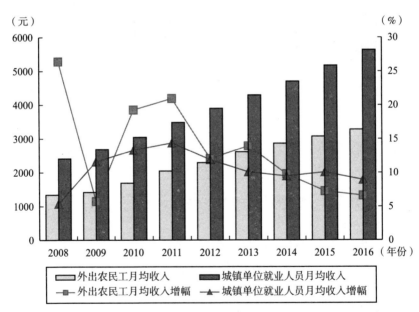

图4-10　外出农民工与城镇单位就业人员月均收入比较

注：2008~2015年城镇职工月均工资数据来源于国家统计局编《中国统计年鉴》2009~2016年，2016年城镇职工月均工资的数据来源于国家统计局官网2017年5月27日公布的2016年全国城镇非私营单位就业人员平均工资（外出农民工月均工资数据来源于国家统计局各年度《农民工监测调查报告》）。

（3）农民工收入变化所表现的行业特征。前有所述，农民工进入输入地城市，从业领域选择上，集中于建筑业、制造业、交通运输业、仓储和邮政业、批发零售业、住宿餐饮业和服务业等行业。根据2009～2016年农民工监测调查报告，从收入水平及其变化趋势看，收入水平相对较高的行业有交通运输业、仓储和邮政业、建筑业，且集中趋势显著；收入水平相对较低的行业则由早期的住宿餐饮业、服务业、制造业逐渐集中于批发和零售业及服务业；收入水平增幅较高的行业由早期的住宿餐饮业、建筑业转变为制造业、交通运输业、仓储和邮政业，而收入水平增幅较低的行业则集中于批发和零售业及服务业（见表4-5）。

表4-5　　　　　　　　　　农民工收入的行业变化

年份	收入水平			
	较高的行业	较低的行业	增幅较高的行业	增幅较低的行业
2009	交通运输业 采矿业 建筑业	住宿餐饮业 服务业 制造业	住宿餐饮业 建筑业	批发和零售业 采矿业
2010	采矿业 交通运输业 建筑业	住宿餐饮业 服务业 制造业	采矿业 住宿餐饮业 建筑业	交通运输业 仓储和邮政业
2011	仓储和邮政业 交通运输业 建筑业	住宿餐饮业 服务业 制造业	交通运输业 仓储和邮政业 建筑业	住宿餐饮业 服务业 批发和零售业
2012	交通运输业 仓储和邮政业 建筑业	服务业 住宿餐饮业 制造业	—	—
2013	交通运输业 仓储和邮政业 建筑业	服务业 住宿餐饮业	—	—
2014	交通运输业 仓储和邮政业 建筑业	服务业 批发和零售业	制造业 建筑业 服务业	批发和零售业 交通运输业 仓储和邮政业

续表

年份	收入水平			
	较高的行业	较低的行业	增幅较高的行业	增幅较低的行业
2015	交通运输业 仓储和邮政业 建筑业	服务业 批发和零售业	交通运输业 仓储和邮政业 建筑业	制造业 服务业
2016	交通运输业 仓储和邮政业 建筑业	批发和零售业 服务业	制造业 交通运输业 仓储和邮政业	批发和零售业 建筑业

注：（1）高或低的基准为行业平均水平；（2）—为无相关资料。

根据以上所述，根据 2016 年农民工收入的行业状况，按照收入水平和收入增幅两个维度，农民工收入水平的行业总体特征有以下类型。

类型 1：双高行业。收入水平高、收入增幅高的行业，主要有交通运输业、仓储和邮政业。

类型 2：双低行业。收入水平低、收入增幅低的行业，主要有批发和零售业。

类型 3：收入水平处于平均水平，但收入增幅高的行业，主要有制造业等，显示制造业将成为农民工未来的高收入行业之一。

类型 4：收入增幅处于平均水平，但收入水平相对较低的行业，主要有服务业等。

以上结果如图 4 - 11 所示。

2. 新生代农民工收入状况

2010 年，较远距离外出务工的外出农民工，其人均月收入水平为 1417 元①，其中，新生代农民工 1328 元，上一代农民工 1543 元。从新生代农民工人均月收入水平分组中的占比看（见图 4 - 12），1000 ~ 1199 元组、1200 ~ 1499 元组、1500 ~ 1999 元组各占到 1/5，2000 元以上占到 1/8，即绝大多数新生代农民工人均月收入在 1000 ~ 2000 元之间。

---

① 此处数字来源于新生代农民工专项调查结果，由于口径不同，与农民工监测调查中数据有所不同。

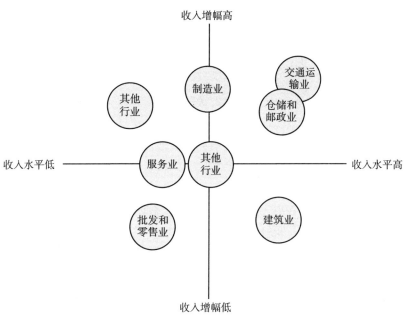

图4-11　农民工收入的行业主要特征示意

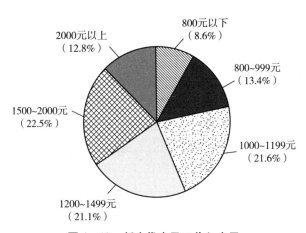

图4-12　新生代农民工收入水平

　　2012年，外出农民工形式中，其人均月收入水平较2011年有较大幅度提高，达到2290元，提高241元，增长率为11.8%。其中，输入地为直辖市等特大城市的务工者，其人均月收入水平为2561元；输入地为省会城市的务工者，其人均月收入水平较特大城市有所降低，为

2277 元；输入地为地级市的务工者，其人均月收入水平略低于省会城市，为 2240 元[①]。2013 年，新生代农民工外出务工者人均月收入水平为 2609 元。2015 年，新生代农民工外出务工者人均月收入水平超过 2650 元[②]。

一方面，通过考察农民工收入状况可看出，输入地城市规模与收入水平基本呈正向关系，大城市的收入水平高于中等城市，中等城市高于小城市，其规模越大，务工收入水平及其增加额越高。另一方面，从农民工代际视角看，与上一代农民工相比，虽然新生代农民工的受教育程度较高以及接受职业培训的比重大，但在平均收入方面，依然较低。2010 年，新生代农民工的人均月收入水平明显低于上一代农民工。2015 年，这种情况出现较大改善，与上一代农民工相比，虽然还存在一定差距，但新生代农民工的收入水平已经接近上一代农民工。由于收入水平与外出务工者的人力资本、社会资本等因素有直接关系，尤其是技能水平和工作经验，其中，从行业领域看，其技能水平的提升途径主要依靠"干中学""经验效应"来实现，由于新生代农民工从业年限相对较短，因此，技能提升还需要经历一个过程（李慧敏，2014）。

4.6.2　新生代农民工的消费水平

以 2015 年为例，阐述城市中务工的农民工消费状况。在生活消费支出上，外出农民工人均支出 1012 元/月，存在逐年上升趋势，同期增长多低于 10% 的水平。从消费支出的构成看，居住消费支出占比最大，每月人均为 475 元，占生活消费支出比重的 46.9%。

分区域看，东部地区务工的农民工，其生活消费支出人均为 1028 元/月，其中居住消费支出占比为 46.7%；在中部地区务工的农民工，其生活消费支出人均为 911 元/月，其中居住消费支出占比为 46.7%；在西部地区务工的农民工，其生活消费支出人均为 1025 元/月，其中居住消费支出占比为 45.8%。

---

① 由于缺少 2012 年新生代农民工的收入水平数据，这里参照地市级以上务工的外出农民工的收入水平。

② 由于缺少新生代农民工的相关数据，2013 年、2015 年的收入水平数据由外出农民工的数据推算而来，且新生代农民工外出务工者指较远距离移动的劳动者。

分城市类型看，外出农民工在直辖市等特大城市以及省会城市中务工时，其人均生活消费支出为 1106 元/月，其中居住消费支出占比为47.8%；在地市级及以上等中大城市中务工时，其人均生活消费支出为1043 元/月，其中居住消费支出占比为 43.4%；在城镇级及以上小城市中务工时，其人均生活消费支出为 892 元/月，其中居住消费支出占比为 49.8%。

2010 年，与上一代农民工相同，新生代农民工也具有较强的家庭责任感，但收入补贴家庭①，即对输出地家庭的钱财支持相对较少。上一代农民工人均年平均向家庭输送现金额为 8218 元，超过其务工收入的一半，达到51.1%。而新生代农民工这个数字为 5564 元，只占到务工收入的 37.2%。按照月收入水平分组中，每一个收入组的补贴家庭金额，新生代农民工都明显少于上一代农民工，其程度远大于两者之间的收入差距。其从另一方面说明，新生代农民工在外的平均消费支出较高。

2015 年，新生代农民工在外务工输出地的就地消费支出占比进一步提高，其在外务工月生活消费支出人均为 1140 元，比上一代农民工高 19.3%；其收入补贴家庭的金额人均为 7802 元，比上一代农民工少29.6%。

4.6.3　新生代农民工的居住条件

以 2015 年为例，说明城市中务工农民工的总体居住状况。以租赁方式居住的比例为 62.4%，其中，绝大多数的农民工的租赁对象为个体私房，占 61%。另一方面，以自购房形式居住的农民工比例占到17.8%，其中，购买商品住房的农民工占到 16.5%。以单位或雇主提供住房形式居住的农民工占 13.4%，比同期有所下降。以其他形式居住的农民工占 6.4%，这个比例比同期有较大的上升。以购买社会保障性住房和租赁社会公租房形式居住的农民工不足 3%。

农民工代际视角上，新生代农民工与上一代农民工在居住方式上有很大不同。以 2010 年、2013 年为例，其中，2010 年，新生代农民工在单位宿舍居住的比重较高（43.9%）。与人合租住房占比为 21.3%，独

---

① 收入补贴家庭指将自己收入的一部分以各种方式（直接交予、邮寄、转账等）输送到户籍所在地（输出地）。

立租房的比例较低，为15.5%，租房居住（合租和独立租住）为
36.8%。另外，与工作场所共用，无独立居住场所的比例为14.7%，
其中，工地工棚居住占6.5%，生产经营场所居住占8.2%。在输入地
以自购房形式居住者数量较少，比例仅为0.7%。与新生代农民工相
比，上一代农民工居住在单位宿舍占比较低，仅为27.2%。租房比例
较高，为40%，其中，与人合租住房占16%、独立租房占24%。居住
在工地工棚占比远高于新生代农民工，为18.9%，居住在生产经营场
所的为8.6%。2013年，与上一代农民工相比，新生代农民工更倾向于
选择租房居住。其中，单独租赁或与人合租住房者占40.4%，单位宿
舍居住者占34.1%，工地工棚居住者占7.3%。

4.7 本章小结

　　本章利用官方统计数据，借助比较分析法，对农民工主体的新生代
农民工收入群体进行静态描述分析，探索与上一代农民工群体的差异，
明确新生代农民工收入基础的群体特征，并将其作为研究新生代农民工
个体特性表现及收入影响作用因素的基础条件。

　　主要结果如下：（1）总体规模上，新生代农民工数量规模为12246
万人，数量变化有波动性，在农民工规模中的相对数量以45%为变化
轴。（2）基本属性特征上，新生代农民工性别比为145，与上一代农民
工（性别比272）有较大不同。移动属性上，与上一代农民工有很大不
同，多数新生代农民工更倾向于远距离务工，外出务工所占比重超过
80%。从外出农民工总体看，新生代农民工是其核心力量。（3）流向
分布特征上，中部地区是新生代农民工最重要的输出地，东部地区则是
其最重要的输入地，输入城市类型更偏好于大中城市。（4）人力资本
特征上，与上一代农民工相比，新生代农民工受教育水平较高，两者之
间的人力资本价值差距不断扩大。（5）从业结构特征上，新生代农民
工从业多选择制造业，建筑行业相对较少。择业意识上，收入因素之
外，工作条件、职业前景等也是重要的择业决定因素。（6）生活特征
上，新生代农民工在输出地的收入水平、消费水平和居住条件三个方
面，与上一代农民工差别明显，更接近城市居民。

第5章　新生代农民工收入群体动态特征[*]

5.1　群　体　特　征

前有所述，国家统计局将农民工分为本地农民工和外出农民工，前者指在户籍所在乡镇地域内从业的农民工，后者指在户籍所在乡镇地域外从业的农民工，包括省内流动和省际流动农民工（夏静雷等，2014）。农民工监测调查报告显示，2016年农民工总体数量规模达28171万人，其中外出农民工16934万人。改革开放后，农村劳动力转移加快，农民工群体作为不可或缺的产业大军，成为现代化建设重要力量。在此过程中，20世纪90年代初成为重要历史节点，以1992年邓小平"南方谈话"为契机，明确了中国经济体制向社会主义市场经济转变，对外开放以及沿海地区经济高速发展，使农民工流动的巨大推引力转化为以外出农民工为主的"民工潮"（黄磊，2015）。时至今日，随着社会经济环境变化，农民工规模增长趋于平稳，农民工流动特性也在发生变化。

进入20世纪90年代，规模宏大的农民工社会流动开始具有一般流动人口特性，虽然有关农民工数量规模统计口径不一，但通过综合测算，其数量规模在2007年已达2.45亿人，其中外出农民工数量规模为

---

　　[*]　本章节内容主要来自以下研究成果：周平、孟艳鹏：《外出农民工流动规模变化：特征与意义》，载于《农业经济与管理》2016年第5期，第1~9页。另外，由于无法获得新生代农民工的完整统计数据，同时，据前述研究可知，新生代农民工是外出农民工的主要构成成分。因此，本章基于外出农民工数据资料，来描述和分析新生代农民工相应的动态特征。

1.35 亿人，农民工中占比达 55%（杨聪敏，2009）。从流动分布变动趋势看，呈明显集中趋势，越来越向东部和南部沿海地区少数省份和少数城市集中，其中，超过 50% 的流动人口①集中于 5 个省份②，呈现极化现象（段成荣等，2009）。从 2000～2014 年流动人口分布特征及趋势研究结果看，农民工及跨省外来农民工数量规模迅速扩张，流向依然以经济发达的东部地区为主，但各城市吸纳数量规模出现较大差异，流动人口对城市化建设贡献作用巨大。同时，跨区域流动外出农民工成为主要形式，并形成相对固定的农民工输出地与输入地划分（孙祥栋等，2016；宁夏等，2016）。近年来，对农民工社会流动问题的研究趋于多视角化，其中流动原因和动机、生活状况及对策、社会融入问题及影响因素的个体化研究成果较多（邢华，2016），以外出农民工为主要研究对象的总体数量规模及其长期变化趋势研究相对较少。

进入 21 世纪，特别是国家统计局开展农民工监测调查等专项调查以来，有关农民工的统计资料逐渐归于统一完整。据此，可以从流动人口与农民工两个视角，通过考查外出农民工规模特征变化，并在此基础上，借助人口统计方法，分析 1991～2016 年 26 年间农民工及外出农民工的数量规模特征，探讨外出农民工特化趋势，分析新生代农民工的动态特征，阐述外出农民工流动对中国经济社会的作用意义。

5.2　动　态　特　征

5.2.1　流动人口视角

利用 1978 年改革开放以来四次人口普查数据，借助输入地流动人口规模数量，考查农民工流动特征变化。从全国流动人口数量规模看，分别为 1982 年 3 普的 1134.5 万人、1990 年 4 普的 3412.8 万人、2000

---

① 前有所述，农民工是流动人口最主要的组成成分。因此，本章节在论述对象为流动人口时，可以用农民工来替代。

② 5 个省份为最大的农民工输入地，按照其所占比重大小排序，分别为上海、广东、北京、浙江和福建。

年 5 普的 14439.1 万人和 2010 年 6 普的 26093.8 万人，流动率（流动人口/人口×100%）分别为 1.12%、2.99%、11.44% 和 19.56%。1982～2010 年，年均增长率为 11.8%，同期 GDP 年均增长率为 9.3%，流动人口以其 1.28 倍速度增长。从省际层面看，9 个省份增长率高于全国水平，其中，前 5 位为广东（16.6%）、北京（15.9%）、上海（15.1%）、浙江（15.0%）和天津（14.1%），均为特大城市或沿海发达地区。有 20 个省份增速低于全国水平，后 5 位分别为黑龙江（6.3%）、青海（8.6%）、吉林（8.9%）、贵州（9.2%）和新疆（9.3%），均为内陆边远地区。2010 年，年平均增长率前 5 位的省份，其人口流动率分别达到 35.3%（广东）、53.5%（北京）、55.1%（上海）、36.5%（浙江）和 38.1%（天津）。由此看出，全国省际间人口流动规模巨大。

通过计算各省份各时期流动率相关性，绘制 1982 年与 2010 年、1990 年与 2010 年、2000 年与 2010 年全国各省份人口流动率相关性散点图（见图 5 - 1）。结果显示，1980 年各省份流动率与 2010 年相应指标间相关性较弱，决定系数 $R^2 = 0.0996$，两个节点时期流动率几乎不存在相关关系，因使用输入地计算流动率，流入区域处于高度分散状态，1982 年人口流入区域与 2010 年存在很大差异。同理，1990 年与 2010 年比较，决定系数 $R^2 = 0.5296$，两者间存在一定相关性，人口流入区域呈一定趋同性。2000 年与 2010 年比较，$R^2 = 0.9139$，呈高度相关，流入区域趋向高度一致。以上说明，截至 2010 年，全国人口流动在其规模不断扩大的同时，呈明显的特定区域（特大城市或沿海发达地区）强集中趋势。

如图 5 - 2 所示，根据中华人民共和国国家卫生和计划生育委员会（以下简称"国家卫计委"）2017 年发布的《中国流动人口发展报告 2017》，2011 年，全国流动人口总量为 2.30 亿人，在 2011～2014 年间持续增长，在 2014 年达到历史最大规模的 2.53 亿人。2015 年、2016 年两年流动人口总量略有回落，分别为 2.47 亿人和 2.45 亿人。总之，流动人口总量虽有降低趋势，但数量规模上处于基本稳定状态，且流动人口在总人口中的比重依然较大。

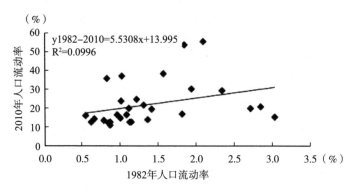

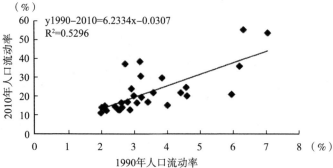

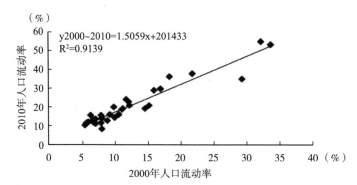

图 5-1　人口普查年度流动率相关性

资料来源：流动人口数量来源于 1982 年、1990 年、2000 年和 2010 年《中国人口普查资料》，各省份人口数量来源于相应年度《中国统计年鉴》。

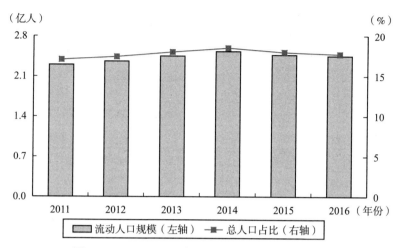

图 5 - 2　2011 ~ 2016 年全国流动人口及人口占比

资料来源：中华人民共和国国家卫生和计划生育委员会（2017）、《中国统计年鉴 2017》。

　　另外，2011 年，国家统计局按社会经济发展状况将我国划分为东部地区、中部地区、西部地区和东北地区等四大地区。因四大地区内部依然存在差异性，本书进一步将四大地区分为八大区域。其中，东部地区可分为三大区域，即：北部沿海区域，包括北京、天津、河北、山东；东部沿海区域，包括江苏、浙江、上海；南部沿海区域，包括海南、福建、广东。中部地区可分为两大区域，即黄河中游区域，包括山西、内蒙古、河南；长江中游区域，包括江西、安徽、湖南、湖北。西部地区可分为两大区域，即：大西北区域，包括宁夏、西藏、新疆、青海、甘肃；大西南区域，包括重庆、四川、广西、贵州、云南。东北地区包括辽宁、吉林、黑龙江。2000 年以后，如表 5 - 1 所示，2000 年有53.9% 的流动人口流向东部；2005 年，流入东部地区的流动人口占全国流动人口比例达到最大值；2010 年，流入东部地区的流动人口占比回落至 53.99。2015 年进一步降至 52.51%。虽然流入东部地区的流动人口在总流动人口中的比重有所降低，但从总量上，东部地区是最主要的流动人口输入地。根据八大区域的划分可看出，作为国家经济发展最快的东部沿海区域和南部沿海区域对流动人口具有最强吸引力，是其最重要的输入地。总之，进入 2000 年之后，流动人口明显的东部集中趋势依然存在，虽然 2010 年之后，流动人口逐渐显现出内陆化趋势，但东部地区仍然是流动人口重心区域。

表 5 - 1　　　　　　　　全国分区域吸收流动人口的比重　　　　　单位: %

年份	北部沿海	东部沿海	南部沿海	黄河中游	长江中游	大西北	大西南	东北地区
2000	11.53	16.87	25.50	10.10	10.40	5.24	12.83	7.55
	东部 (53.90)			中部 (20.50)		西部 (18.07)		
2005	11.97	20.58	28.71	7.98	9.71	3.14	10.98	6.95
	东部 (61.26)			中部 (17.69)		西部 (14.12)		
2010	13.22	19.86	20.91	11.14	11.01	4.13	13.53	6.20
	东部 (53.99)			中部 (22.15)		西部 (17.66)		
2015	13.80	18.06	20.65	10.77	12.73	4.16	14.44	5.38
	东部 (52.51)			中部 (23.50)		西部 (18.60)		

资料来源: 国家统计局 (2011)、国家统计局 (2016)。

5.2.2　农民工流动规模视角

以上从节点性时间考查改革开放以来以农民工为主体的流动人口概况，由于流动人口多为农村转移劳动力，因此这也是构成农民工流动的基本特征。在此基础上，进一步分析近 25 年农民工流动规模特征变化情况[①]。如表 5 - 2 所示，1978 年，农民工总数近 3000 万人，其中，远距离流动的外出农民工占比较低，仅为 7%。1991~2000 年，农村劳动力转移速度加快，大量农业户籍者以农民工身份进入城市，特别是进入沿海发达地区。1992 年，城市粮油供应制度废除，人口流动屏障松动，累积多年的农村劳动力开始出现前所未有的迁移浪潮 (黄磊，2015)。1993 年，农民工数量较上一年增长超过 14%，为 1991~2015 年 25 年间最高的增长率。其后，农民工总数呈逐年快速增长趋势，1998 年首次突破 2 亿人，此后基本维持 2 亿人基数上的上升趋势。2016 年，农民工总数超过 2.8 亿人，流动率超过 20%，26 年平均流动率为 16.8%。外出农民工在农民工总数中的占比也不断上升，2008 年起，均维持在 60% 以上。从上可知，农民工数量规模不断扩大的同时，外出农民工数

_____

　　① 由于相关资料有限或不完整，农民工数量规模变化资料中存在统计口径不完全一致的问题。

量增速更快，已成为农民工的核心力量（艾小青，2015）。随着数量规模扩大，农民工负担系数由 1991 年 6.6 降至 2016 年 2.1，此结果将提升农民工经济改善能力，引起消费函数变化。由于此变化多为正向，一方面可以促进农村经济发展；另一方面可巩固和提升农民工自身融入城市的经济能力，以利于社会经济发展。

表 5－2　　全国农民工流动的基本统计特征（1991～2016 年）

年份	农民工总数（万人） （M）	上年增减率 （%）	农民工流动率（%） $\left(\dfrac{M}{P_t} \times 100\right)$	农民工负担系数 $\left(\dfrac{P_c}{M}\right)$
1991	12906（32.5）	—	11.14	6.5569
1992	14236（35.8）	9.35	12.15	5.9705
1993	16606（37.3）	14.27	14.01	5.1393
1994	17267（40.5）	3.83	14.41	4.9621
1995	19331（38.8）	10.68	15.96	4.4461
1996	19984（40.0）	3.27	16.33	4.2578
1997	19841（43.3）	－0.72	16.05	4.2426
1998	20477（46.4）	3.11	16.41	4.0608
1999	20935（48.7）	2.19	16.64	3.9187
2000	20952（50.6）	0.08	16.53	3.8583
2001	19826（45.4）	－5.68	15.53	4.0131
2002	20622（49.5）	3.86	16.05	3.7941
2003	21467（51.2）	3.94	16.61	3.5800
2004	22053（53.5）	2.66	16.97	3.4329
2005	23086（54.6）	4.47	17.66	3.2290
2006	24005（54.2）	3.83	18.26	3.0478
2007	24637（54.8）	2.57	18.65	2.9020
2008	22542（62.3）	－9.29	16.97	3.1230
2009	22978（63.3）	1.90	17.22	3.0002
2010	24223（63.3）	5.14	18.06	2.7706
2011	25278（62.7）	4.17	18.76	2.5974

年份	农民工总数（万人）（M）	上年增减率（%）	农民工流动率（%）$\left(\frac{M}{P_t} \times 100\right)$	农民工负担系数$\left(\frac{P_c}{M}\right)$
2012	26261（62.2）	3.74	19.39	2.4455
2013	26894（61.8）	2.35	19.76	2.3411
2014	27395（61.4）	1.83	20.03	2.2583
2015	27747（60.9）	1.27	20.20	2.1840
2016	28171（60.1）	1.53	20.37	2.0934

注：（1）括号内数字为外出农民工在农民工总数中所占百分比；（2）P_t 为全国总人口数，P_c 为农村人口数。

资料来源：1991～2007 年农民工数量为韩俊（2009）以及相关年度的《中国人口统计年鉴》《中国人口普查资料》《全国 1% 人口抽样调查资料》《劳动和社会保障部调查资料》等不同统计口径的平均值，2008～2016 年为相应年度的国家统计局《农民工监测调查报告》。

同时，随全国人口增长，15～64 岁劳动年龄人口数量增加，从 1991 年 76791 万人持续上升，2016 年超过 10 亿人（10.0279 亿人）。但农村劳动年龄人口数量逐年下降。按国家统计局公布的总人口中劳动年龄人口比例计算，农村劳动年龄人口数量及其在全国劳动年龄人口中占比从 1996 年开始持续下降。其中，人口数量由 1996 年 57177 万人，降至 2015 年 44244 万人，平均每年下降 647 万人，所占比重由 1996 年 69.5% 降至 2016 年 44%，下降超过 25 个百分点。但从国民经济比重看，农村劳动年龄人口规模依然庞大，数量上存在相对过剩，进一步考虑城乡经济差别，农村劳动力向城市移动的"推拉力"依然存在（孙旷怡，2012），但随着农村经济条件改善、城乡差别缩小及农村劳动年龄人口下降等原因，"推拉力"强度减弱，农民工流动规模增速放缓。

5.3 新生代农民工规模特征变化

5.3.1 数量规模变化

全国外出农民工数量逐年递增，其占比逐年上升，至 2016 年已超过60%。农民工本地流动和外出流动模式变化具有鲜明时代特征。其产生背景在于，农业部门与工业部门间的移动结果表现为人口从农村流入城市，流动初期多以本地农民工为主，20世纪80年代中后期开始，由于农村实行生产责任制、农产品收购价格提高、农业劳动生产率上升等原因，农业收入提高。另外，由于农业用地规模缩小、农民外出限制减少、发展乡镇企业政策等原因，农村劳动力向工业部门移动急剧增加，流动模式以"离土不离乡"的本地农民工流动模式为主，流动方向以布局于农村地区的乡镇企业为主，为劳动生产要素自身转移方式。流动结果使农村工业得到发展，并为加快中国工业化进程起到积极作用（杨聪敏，2009）。进入20世纪90年代，1991年外出农民工数量超过4000万人，为20世纪80年代末的3.77倍。其中，绝大多数为省内跨区移动（69%），具有较高上年增长率，20世纪90年代平均上年增长率达13.5%，超过农民工总体平均增长率，其结果使外出农民工在农民工中的比重上升（见图5－3）。此时期的流动模式被称为"离土又离乡"，即省内或省际流动的外出农民工逐渐成为农民工主体。农民工促进

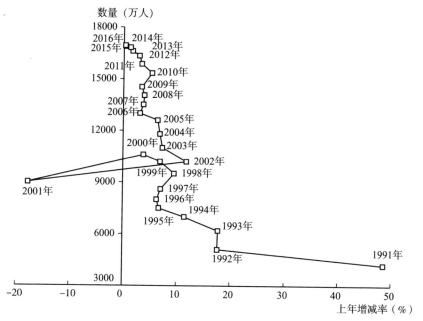

图5－3　外出农民工数量规模及其变化（1991～2016年）

生产要素流动及其合理配置，推动城市二三产业发展，增加社会国民经济积累。2000 年后为"离乡又背井"时期，外出农民工数量在 1 亿人基础上稳中有升，至 2016 年，达到史上最多的 16934 万人，外出农民工流动已成为常态，伴随人口管理制度改革，出现定居化趋势，进入以外出农民工"举家迁移"的市民化趋势新时期。值得注意的是，2003～2016 年这 14 年间，外出农民工规模增速明显放缓，平均上年增长率为2.9%，特别是 2006 年后，增长率水平更低，说明随着农村劳动年龄人口不断减少，外出农民工数量规模变化将出现拐点，外出农民工规模呈收敛趋势。由此推断，新生代农民工其数量规模增长速度放缓，规模变化接近拐点位置，出现收敛趋势。

5.3.2 特化趋势分析

为求证外出农民工（新生代农民工）趋势变化主要特征，利用测算公式，分析外出农民工的特化趋势。首先利用流动选择指数公式（Zhou，2010），这是分析人口流动时采用的分析方法，如下式：

$$I_{ij} = \frac{M_{ij}}{\left(\dfrac{P_i}{P_t} \cdot \dfrac{P_j}{P_t}\right) \cdot \sum\limits_{i,j} M_{ij}}$$

假设，I_{ij} 为从 i 省人口向 j 省流动的选择指数，其结果大于数值 1的程度越大，则表示 i 省人口向 j 省流动人口规模强度越大。M_{ij} 为从 i省流入 j 省的人口数量，P_i 为 i 省的人口数量，P_j 为 j 省的人口数量，P_t 为全国人口数，$\sum\limits_{i,j} M_{ij}$ 为全国省际人口流动人口总数。分析省际人口流动特性时，某省与其他省份的流动强度、人口流动的数量规模及其流出流入的数量关系，均与双方省份人口数量规模的大小有关，即受到人口因素影响，因为全国 i 省之外的省份均为 j 省，因此，除 i 省外其他省份的人口数量可约等于全国人口总数，公式作如下简单推导：

$$I_{ij} = \frac{M_{ij}}{\left(\dfrac{P_i}{P_t} \cdot \dfrac{P_j}{P_t}\right) \cdot \sum\limits_{i,j} M_{ij}} = \frac{\dfrac{M_{ij}}{\sum\limits_{i,j} M_{ij}}}{\dfrac{(P_i \cdot P_j)}{P_t^2}} \approx \frac{\dfrac{M_{ij}}{\sum\limits_{i,j} M_{ij}}}{\dfrac{P_i}{P_t}} = TC$$

　　TC 为特化系数，即 i 省在全国省际人口流动中的特化程度，其数值结果较 1 越大，其特化程度越强。在此基础上，在考虑全国外出农民工数量规模特征时，使用外出农民工数量（M_w）替代 M_{ij}，使用农民工总体数量（M）代替 $\sum\limits_{i,j} M_{ij}$，同时，使用全国农村人口数（P_c）替代 P_i 和 P_t，上式变为外出农民工特化系数，即：$TC = \dfrac{\frac{M_w}{M}}{\frac{P_c}{P_t}}$。

　　为进一步测定外出移动效果的确定结果，在此，同时引入外出农民工外出移动效果指数（E），其计算式如下：

$$E = \frac{M_w - M_L}{M_w + M_L}$$

　　其中，M_w 为外出农民工数量，M_L 为本地农民工数量，E 值介于 -1 与 $+1$ 之间，$E = 0$，外出农民工与本地农民工在数量规模上强度相同，E 值越接近 1，较本地农民工，外出农民工的外出移动效果越显著。

　　计算结果如图 5 - 4 所示。自 2007 年开始，外出农民工的 TC_{2007} 值超过 1，并且特化系数值不断上升，其后，呈现逐年上升趋势，至 2016 年，$TC_{2015} = 1.4094$，达到 26 年来的峰值。在农民工数量规模中，外出农民工被特化，并且特化强度在增强过程中，逐渐收敛于一定强度水平范围内。以上结果，与上文中外出农民工规模及其变化的描述性分析结果基本一致，外出农民工成为农民工中的核心力量，并且随着时间的推移，在外出农民工规模水平固化基础上，进入一个新的规模变化时期。从外出农民工外出移动效果结果看，更加清晰地反映出外出农民工规模变化趋势，1991～2002 年期间，因为移动效果指数为负值，在农民工规模强度上，以本地农民工为主，同样是 2007 年开始，外出农民工规模强度增大，并维持于一个较高强度水平上。由此推断，新生代农民工由 2007 年开始进入一个规模强度高水平时期。同时，也是新生代农民工进入城市之后，面临如何融入城市，实现市民化，并提高自身收入水平的重要时期。

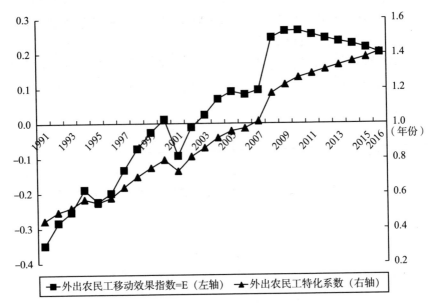

图5-4　外出农民工的流动趋势特性

5.4　新生代农民工动态特征作用于经济社会的意义

　　新生代农民工流动距离远、在外时间长、流动规模巨大，在农民工人口数量中具有明显特化趋势，不管从农民工输出地还是从其输入地看，都对两端地区的经济社会发展具有重要意义。这个过程，也是新生代农民工实现市民化的过程，伴随着新生代农民工经济社会地位的改变，其中，在经济层面上，最重要的表现形式为其收入水平的提升。概括地说，新生代农民工的动态特征作用于经济社会的意义，主要表现于，推进公平社会的建立、助力"三农"问题解决、推动工业化建设①等方面，这些也是新生代农民工市民化产生的效应，它构成新生代农民工增收的背景基础。

　　新生代农民工动态特征作用于经济社会的意义，还表现于提高城市

────────────

　　① 这三个方面的内容，从新生代农民工增收背景分析视角，在下一章节（第6章）进行详细论述。

化质量方面。自改革开放以来，随着城市化进程的加快，全国城市化率由 1978 年 17.9% 升至 2013 年 53.7%，城市化率年平均增长超过 1 个百分点（1.02%）。虽然发达国家城市化率多超过 70%，以 80%~90% 居多，2013 年世界平均城市化率为 51.9%（万福玲，2014）。从此意义上说，2013 年中国 53.7% 的城市化率已超过世界平均水平。与其他国家不同，中国的城市化发展具有明显的非完全性特征，城市化率是包含外出农民工为主的大规模流动人口下的非实际城市化率，城市化质量较低。其主要原因在于，基于特殊国情下城市生活人口中农村户籍人口多为农村劳动力转移人口，以农民工尤其是外出新生代农民工形式常年居住于城市，虽被统计为城镇人口，但其市民化进程相对滞后。因此，解决城市化质量，需从新生代农民工入手，政府需在保持稳定的城市化率增速条件下，推进农民工尤其是新生代农民工完成市民化目标，才能有助于提升城市化建设质量。

随着全国省际间人口流动规模增大及农民工流动率稳中有升，外出农民工流动规模及其特征变化进入新阶段，规模增长出现明显收敛趋势，流动规模增长放缓。在流动形态上，农民工流动趋势呈现出倒立的"L"型或"U"型（刘波等，2014；苏毅清等，2016）。在经济发展视角下，长距离流动大规模外出农民工的存在将伴随国民经济发展和经济资源的重新配置，经济发展要求经济资源配置强度和方式有所变化，以促使形成新的经济发展增长极。根据推拉理论，在劳动力转移原因的核心内容上，外出流动行为决策因素主要为输出地和输入地等流动障碍因素及流动个体因素，这些决策因素决定了流动动机，当决策者判断能克服诸如输出入地之间的距离等自然惯性形成的干预障碍时，才能完全决定流动的实际发生结果。因此，较长距离外出农民工的流动决定具有更强的流动结果预期，其结果对经济社会的影响作用随外出农民工在农民工中的特化趋势进一步显著，外出农民工对经济社会的作用将有增无减，对建立公平社会、解决"三农"问题、推动工业化和城市化建设等方面具有重要作用。

现代经济发展过程中，人口、劳动力及资本等经济资源配置及市场机制均在变化。欧美等发达国家市场机制为内生性，可通过其与经济资源配置的内在整合机能发挥作用。在中国，由传统经济及计划经济向市场经济转变中，由于不存在整合于经济体内部的市场经济机制，人口、劳动力及资本等经济资源无法完全在市场经济机制作用下配置。中国在传统经济时代以农业为中心，资源配置最大特征为考量土地生产能力之上的国家整体均等分布，但随经济资源不断再配置及相对稳定状态的形成，将形成中国经济发展新的资本积累机制。在市场经济下，将带来经济资源更公平、有效和合理的配置，最终实现国内统一市场的目标。现代社会资源配置另一个重要特征是以城市为中心，注重劳动生产性之上特定区域的集中分布。

5.5 本 章 小 结

本章从流动人口和农民工视角，探讨外出农民工特化趋势，分析新生代农民工的动态特征。

研究结果看，全国省际间人口流动规模巨大，观察 2000 年与 2010 年为两个节点时期的流动率，可以发现呈现高度相关，并存在显著特定区域集中趋势，根据前述研究结果以及新生代农民工总体静态特征，可以知道，新生代农民工向中大城市流动趋势更加明显。农民工总体上，劳动力转移的流动率稳中有升，外出农民工数量规模增速较快，新生代农民工成为外出农民工中最主要力量，农民工负担系数逐年降低，其自身城市融入能力增强。进一步分析发现，随着农村劳动人口存量的逐渐减少，向输入地转移的外出农民工规模增速出现放缓，数量规模变化有较为明显的拐点现象，规模变化形态呈收敛趋势；农民工规模变化呈明显外出农民工特化趋势，其规模相对强度逐渐增大，外出移动效果显著。

外出农民工尤其是新生代农民工流动规模变化及特征对中国经济社会具有重要意义，这种流动对推进公平社会建立、助力"三农"问题的有效解决及促进工业化和城市化建设具有重要作用。

第6章 市民化中新生代农民工收入的外部因素分析

6.1 新生代农民工市民化效应

6.1.1 推进公平社会的建立

在农民工群体中,由于新生代农民工的移动特性及规模,已成为提高城市化建设和工业化建设的主要经济资源要素来源。另外,在二元社会结构背景下,新生代农民工进入城市,缺乏城市居民拥有的安全感和归属感,完全融入城市社会需要一个较长的过程,甚至无法融入。公共行政可以依据社会公平理论,推行实现社会公平的核心理念,并将其作为核心价值和根本目的。因此,推进新生代农民工享有城市定居及获得相应权益的过程,实际上是通过解决外出农民工所在输入地(城市)遇到的问题,化解市民化过程中不断积累的社会问题,消除社会不稳定因素及实现公平社会目标的重要途径。作为公共权力的行使者,政府及社会从追求公平性入手,理解和认同其市民化意愿,推进新生代农民工融入城市,对于完成社会公平理念目标、维持城乡稳定发展以及社会长治久安的生存环境具有重要意义。

6.1.2 助力"三农"问题的解决

助力"三农"问题的有效解决。"三农"问题是在特定发展背景遗留下的重大社会问题，它关系到城市化发展以及国家现代化建设的重要问题。2000年之前，因农村劳动年龄人口数量规模大，如何有效转移这一部分农村人口成为当时经济社会发展的首要任务。如今，大量农村劳动年龄人口离开农村，选择进城务工，成为外出农民工。结果上看，通过劳动力资源在经济社会中的重新配置，社会结构得到改善，社会发展速度提高，同时缓解了农民收入较低以及劳动资源过剩问题。随着新生代农民工数量规模不断扩大，虽保留户籍上的农民身份，但其成为实质意义上产业工人或者商务从业者的重要组成部分。随着外出农民工进入规模减速拐点时期，今后，促进新生代农民工融入城市、向市民转化，扩大内需、带动消费、推动城市化进程，有助于从根本上解决"三农"问题（罗娜，2015）。

6.1.3 促进工业化建设

新生代农民工已成为城市建设中不可缺少的部分，经济增长有赖于大量外出新生代农民工进入城市，从业于二三产业。他们进入城市，可增加收入，促进输出地农村人口生活状况的改善，增进输出地区繁荣，缩小城乡差别。同时，极大地丰富城市劳动力资源，保障城市二三产业劳动力供给，利于城乡劳动力资源合理配置，城市丰富的劳动力资源及其合理配置是工业化发展的基础。随着农民工市民化推进，产业就业规模扩大必然为工业化可持续发展提供可靠支撑。城市人口规模扩大将创造巨大内需，推动城市基础投资增长，保证工业化进程。因此，在考虑外出新生代农民工进入城市强烈诉求的同时，政府及全社会推动其融入城市，也成为推动工业化建设的必然选择和要求。

6.1.4 提高城镇化①质量

根据国家统计局的定义，在全国总人口中，城市人口的占比被称为城镇化率。按照城镇人口和农村人口的二分法，其中，对城镇人口有明确的界定，即指居住6个月以上、城镇范围内全部常住人口被统计为城

---

① 在理论上，城市化与城镇化的内涵可以产生不同的诠释，这里，沿用2014年3月16日发布的《国家新型城镇化规划（2014－2020年）》中的"城镇化"的表述方式。

镇人口，城镇人口之外的人口统计为农村人口。需要注意的是，这与传统的户籍基准下城镇化率统计方法有所不同，这种区分方法中，如果居住地与户籍地不同，户籍登记所在地为农村，但常住城镇（6 个月以上）则依然被统计为城镇人口，这部分人口中的绝大多数是具有农业户籍的劳动力人口，即为农民工。随着城镇化进程的加快，全国城镇化率也有一个巨大变化，表现为城镇化率的上升。1978～2013 年的 35 年间，城镇化率由 17.9% 上升为 53.7%，年均增长率为 1.02%（见图 6-1）。其中，城镇化率增速从 1996 年开始加快，年均增长率为 1.39%。按照这个增长率计算全国人口增长，每年平均新增城镇人口在 2000 万人以上，为 1978～1995 年期间的年平均增加城镇人口的 2.2 倍。2010 年，全国城镇化率接近 50%，为 49.9%。2011 年，这个数字提高到 51.3%，这是中国历史上，城镇人口数量首次超过农村人口。根据世界银行的统计，2013 年，世界城镇化率为 51.9%。其中，发达国家多介于 80%～90% 之间。从这个意义上说，2013 年 53.7% 的城镇化率已经超过世界平均水平。2014 年城镇化率 54.8%，城镇常住人口为 7.5 亿人；2016 年城镇化率达到 57.4%，常住人口接近 8 亿人。

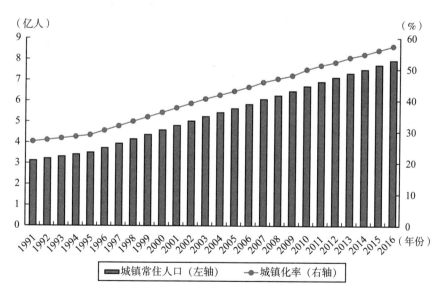

图 6-1　基于城镇常住人口的城镇化率变化

资料来源：1991～2016 年各年度《中国统计年鉴》、CEIC。

中国的城镇化率具有非完全城镇化的鲜明特征，是一个包含众多非城镇人口的名义城镇化率。如果以户籍口径为基准，按照非农业户籍人口在总人口中占比计算城镇化率，则可以得出实际城镇化率。如图6-2所示，从实际城镇化发展趋势看，2010年，全国实际城镇化率为34.37%，2015年为36.67%①。由于农村劳动力移动的常态化，在基于城镇常住人口的城镇化率与实际城镇化率（基于非农业人口的城镇化率）之间乖离率显示增大趋势。从两者之间的差距变化看，2000年为10.19%（36.27% - 26.08%），2010年为15.58%（49.95% - 34.37%），2013年为18.01%（53.76% - 35.75%），2015年差距达到19.43%（56.10% - 36.67%）。

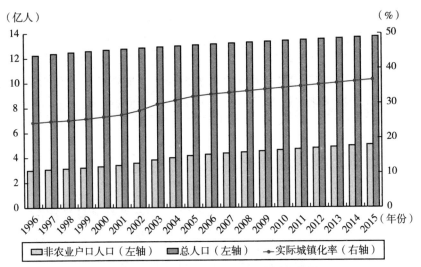

图6-2　基于非农业人口的城镇化率变化

资料来源：1996~2015年各年度《中国统计年鉴》、CEIC。

　　但是，在户籍管理制度下，中国城镇化率上升的主要因素并非来自城镇非农业人口。以2013年为例，存量上，城镇常住人口为6.7亿人，但户籍分类上，实际城镇人口只有4.6亿人，其他2.1亿人为农村户籍常住城镇人口，即农村转移人口。增量上，1978~2013年的35年间，

---

　　① 截至2016年底，全国30个省份出台了各自的户籍改革方案，全部取消了农业户口和非农业户口性质区分，统一改称为"居民"。

人口统计上，城镇新增人口约4.9亿人，其中半数以上（53%）为农村户籍人口，数量约2.6亿人。同期，城镇化率上升31.6%，其中，农村户籍人口常住城镇，对城镇化率的贡献度为18%，如将其从城镇化率中剔除的话，35年间，实际城镇化率只上升13.6%，年均上升仅为0.4个百分点。

根据发达国家城镇化发展的经验，时间上，其城镇化率上升同步于国家工业化发展速度，同时，这个过程中，实现了农业现代化，最终，在其社会发展变化上，与此同时出现的是城镇化率不断提高，并维持于较高水平上。中国城镇化发展实践上一个显著特征也表现在城镇化建设伴随着经济的快速发展。1978～2013年的35年间，经济增长率平均达到近10%。同时，城镇化率有显著上升，从17.9%上升到53.7%。虽然经济快速增长的同时，城镇化率得到较大提高，但由于尚存特殊的二元社会结构等原因，城镇化内在结构不稳定、不完善，城镇化质量相对较差，主要表现为，近1/3的城镇化人口并不是完全意义上的城市人口。

前有所述，城镇化质量低的主要表现为特殊国情下的城镇人口不完全性城市化，这部分人口绝大多数为农村劳动力转移人口，以外出务工的农民工形式居住于城市，尤其是新生代农民工群体，其受教育水平高，是具有较高人力资源的群体。虽然被统计为城镇人口，但由于户籍障碍以及其他政策性因素，其在劳动就业、社会保障等方面受到限制，造成其市民化进程滞后，无法完全融入城市。因此，在保持稳定的城镇化率增速条件下，应改善农民工尤其是新生代农民工的城市境遇，推进市民化尤其是新生代农民工的城市融入，通过实现其市民化目标，提高城镇化质量。

6.2　新生代农民工的城市融入

6.2.1　城市志向明确

新生代农民工大多是直接从学校步入社会，他们对城市生活充满向往与期待，希望通过在城市获取生活保障，成为城市居民，可以在户籍制度及其他政策上得到同等的关注和权利。因此，他们是最具期待融入城市特征的群体。与城市居民的同龄人相比，新生代农民工具有非常相似的价值观，在习惯于城市工作和生活的节奏方式之后，他们建立起相似的生活理念，他们对城市的生活方式从陌生到熟悉，从欣赏、认同到享有。对在农村生活和从事农业的农民来说，从认知和情感上，他们缺乏认同感，或者说，对城市的认同远大于农村。通过外出务工就业，拥有体面的工作和生活，成为真正的城市居民，是他们的最终目标。调查显示，新生代农民工中，接近一半的人（49.2%）不愿意回到农村生活，只有约 1/5 的人（20.8%）考虑最终返回家乡，另外超过 1/5 的人（21.8%）无法做出最后的选择，即工作和生活于城市，同时不放弃农村所拥有的土地，只有 8.2% 的人希望回到农村生活。另外，在城市就业的新生代农民工中，28.3% 的人不满意于目前的工作，希望能够得到工作条件和工作报酬更优的工作；26% 的人希望通过掌握一门工作技能，使工作更具稳定性；19.9% 的人则希望通过自主创业以改善目前的工作境遇（李慧敏，2014）。

6.2.2 择业趋向多元化

与上一代农民相比较，新生代农民工最大不同在于就业理念上，对待就业方式更加灵活，在从业地区、从事行业即从业途径等方面的选择更趋于多元化。赚钱只是他们打工的部分目的，他们对别人的依赖性逐渐减少，寻找工作时，注重社会网络的同时，更依赖于市场，更多尝试主动性的获得工作。依靠单纯血缘关系谋求职业的占比逐渐降低，尤其是在利用社会公共途径求职方式方面，新生代农民工中的占比远超上一代农民工。同时，前有所述，新生代农民工平均外出时间长，外出从业选择省外占比高，择业目的地更倾向于选择以沿海城市、省会城市为主的大中城市，以追求较高水平的收入环境和良好的生活环境。随着城市中第二三产业的发展，在行业领域选择上，新生代农民工不再局限于传统制造业、建筑业等上一代农民工首选的行业，而是择业范围更加广泛，从业于零售服务业、保险健康产业、物流业等行业的人数增多，行业选择趋向多样化（李慧敏，2014）。在择业及其将来期望上，与上一代农民工最大的不同在于，新生代农民工对输入地的适应能力和归属意识较强。

6.2.3　融入能力强

前有所述，新生代农民工就业多选择大中城市，但也会因为子女教育等问题，进入较小城市。其普遍认为大中城市中的务工经历，更有助于在学习能力、沟通能力、组织能力等综合素质方面的提高。除此之外，城市生活的吸引使其融入意识强烈，并有明确的城市成员的认知追求。关于城市融入能力方面的社会调查结果显示，新生代农民工中，认为城市融入的标志是"习惯城市生活"的比例为64%，已经"习惯城市生活"的新生代农民工比例为51%，而标志是，具有与城市同龄人相似的经济观、生活观等价值取向，适应工作节奏、生活方式、消费理念等，城市已经并非是传统意义上的那个"来了又走，过过往往"的地方，而是对城市有着较多的认知和认同。在生活上，崇尚消费理念超前化，工资性收入主要用于个人消费，储蓄少，存在"月光"、透支现象。在消费方式、生活方法以及心理意识方面，新生代农民工城市融入的愿望更强烈，并希望加快融入的步伐。

20名新生代农民工的个案深度访谈结果显示，个人支出上，"月光族"6人，占总人数的30%，个人收入全部用于支出，主要支出项为房租、购物、交友费用等日常生活开支；50%的收入用于支出的10人，占总人数的50%，收入的一半被用于日常生活开支中；30%的收入用于支出的4人，占总人数的20%，近1/3的收入被用于日常生活开支。与此相比，上一代农民工中则不存在"月光族"，60%～90%的收入被用于养家糊口、子女上学等方面（杨廷钫等，2013）。以上可以说明，城市融入过程中，与上一代农民工不同，新生代农民工在消费方式、生活方式上发生着较大变化。

随着以城市发展为标志的社会经济进步，新生代农民工群体进入城市，并成为城市建设的生力军，在工作、生活过程中，会面临更加密切的人际间关系，因此，人际交往也成为其生活中的重要组成部分之一。按照人际交往的对象分，其人际交往形式可以被分为两种类型：群体内部交往和群体外部交往（杨廷钫等，2013）。其中，群体内部交往是指新生代农民工之间的一种相处关系方式，群体外部交往则是指新生代农民工与自我群体之外人群之间的相处方式，群体外以当地城市居民为主要对象。虽然受到二元社会结构的影响，但群体内部交往存续的前提下，群体外部交往形式在不断扩大，并且两种交往形式不断融合。

6.2.4　价值观理性

新生代农民工对事物的认识，经常会基于基本的价值观念，根据个人条件的现实认知以及社会外围环境作为主要判断依据，此时的认知是一种非感性判断结果。调查结果表明（多选回答），60%的新生代农民工认为，努力可以带来幸福，即只要自己不断努力，就可以达到"实现幸福"的目标；81%的新生代农民工愿意做出各种有益尝试，实现自我能力的提升，尝试不同的行业、不同的职业以及不同收入、不同城市等多种发展方式。同时，这个群体具有较强的社会责任感，90%的人愿意或者可以用捐款、献血等方式，按照主观动机为社会做贡献。而对于回报，近80%的人不会主动去考虑他们应该得到什么样的回报。对待工作中遇到的经营、管理、工作效率等方面的问题，74%的新生代农民工会主动向就业单位提出自己的改善建议或想法。对待别人遇到困难时，绝大多数（91%）的新生代农民工愿意提供力所能及的帮助。同时，有80%的人特别期望在工作等方面能够得到他人的认可（杨廷钫等，2013）。由于新生代农民工受教育水平相对较高，对文化生活有较强需求，因此，与上一代农民工的打牌、聊天等不需要金钱投入的休闲消费项目相比，新生代农民工更倾向于上网、购物、交友、运动等休闲活动，其居住条件也较上一代农民工有所改善。文化生活已不再是一种奢侈消费，也更注重自身能力的发展和提高，自费培训和学习也成为一项重要选择。

6.2.5　自我认知清晰

由于传统城乡二元社会结构，上一代农民工在融入城市过程中，会受到更多来自就业、交友、婚姻、子女教育、住房、社会保障等方面的制约，这些因素本身或者有这些因素衍生出来的一系列问题，将会增加这个群体与其他社会群体沟通交流的难度。在这些方面，由于社会变化，以及新生代农民工较强的社会生活能力，其在从业方式、生活方式以及社会认同等方面较好融入城市，多数都已经充分满足"行为市民化"和"意识市民化"的条件，普遍认为"已融入城市生活"（杨廷钫等，2013）。然而，二元结构基础上的社会管理模式依然存在，存在制度性制约现象，在"现实市民化"过程中，依然存在显性和隐形障碍，其中，在社会保障、子女教育、住房等方面多表现为显性，就业、婚姻、交友等方面则多表现为隐性，这些障碍阻碍新生代农民工群体与其他群体的交流和融合。一方面自我意识上响应市民化，另一方面仍然存在城市信任感和责任感的缺失。前有所述，虽然依靠单纯缘关系谋求职业的占比存在降低趋势，但其就业渠道上，除利用政府用工信息择业等市场化途径外，来源于朋友介绍、亲戚帮带的比率依然较高，其无法在较短时期内完全融入输入地社会网络中，对血缘、地缘、友缘等缘关系的依赖依然较大，交往范围相对局限，以同质性群体内部为主，客观上存在一定的社会隔离，传统的"乡族"关系依然是绝大部分人的社会网络要素之一。

101

6.3　新生代农民工增收的基础障碍

6.3.1　城镇化发展困境

新生代农民工的市民化过程中，首先会面临城镇化发展困境，其影响市民化进程和市民化完成度。出现困境的主要原因如下。

（1）城镇化现实水平依然较低。前有所述，实际城镇化率不足40%。世界的城镇化水平标准①：低水平 < 30%，30% ≤ 中等水平 ≤ 70%，高水平 > 70%。2013 年开始，发达国家城镇化水平，平均超过70%，其中，60% 以上的发达国家超过 80%，15% 的发达国家超过90%（潘家华等，2013）。由此可以看出，与发达国家相比，中国城镇

---

① 这里的城镇化水平标准，采用世界上最具代表性的"世界银行标准"，即 3070 城镇化标准。

化水平差距巨大。低城镇化水平与新生代农民工市民化及其收入增长之间存在互为影响关系。

（2）城镇化水平发展不均衡，人口分布不均。东部地区的经济发展相对较快，城镇化水平高，其城镇新增人口多来自全国各地。中西部地区的城镇化水平则相对较低，人口聚集速度较慢且不稳定。这样的人口集聚方式影响城镇化的合理布局，使城镇人口分布不均，阻碍城镇化均衡发展。布局不均，人口过度聚集，都会对社会承载力形成巨大压力，影响城镇化质量的提高，导致生活成本上升，延缓市民化的进程。城市化分布差异过大，则无助于缩小区域间差距。城镇化发展水平较低地区，无法吸引农民工定居，影响其市民化。

（3）存在城乡劳动力市场分割现象，就业扩容能力有限。进入城市劳动力市场，获得从业机会是农民工市民化及其增收的物化前提条件。但长期以来，城乡劳动力市场被分割，城镇就业吸收能力相对不足，影响农民工稳定的就业和收入。2015年，国家人力资源和社会保障部发布的数据显示，经推算，城镇化发展中，农民工的城镇就业人口年均净增1000万人以上，其中新生代农民工500万人以上，如果按照城镇年均劳动力供给人口2400万人计算，供求缺口约1400万人。同时，由于新生代农民工进入次级劳动力市场的人数相对较多，劳动力价值增值较慢，一定时期内，通过单纯依靠经济状况改善促进完成市民化的效果非常有限。

（4）存在城市治理问题，公共服务供给不足。与工业化和城镇化发展相匹配，改善城市治理环境，建立城镇基础设施体系，这是市民化的必要条件之一。但事实上，城市治理、社会公共基础设施建设等方面，其发展速度滞后于工业化、城镇人口增长，存在社会公共基础设施的绝对滞后和相对不足的问题，公共资源供求紧张，公共服务设施无法满足现实需要。同时，基于城市规划的户籍管理制度基准，无法完全适应于流动人口的变动规律。以上这些都将成为影响新生代农民工市民化进程，并构成新生代农民工增收的环境制约因素。

6.3.2 制度集障碍

（1）结构性障碍。第一，户籍管理制度。前有所述，虽然特有的二元社会结构正在发生变化，但是它依然不同程度地增加了新生代农民工的市民化成本，虽然通过城市就业可以获取工作和收入，但如果无法完全融入城市，依然在权利上受到限制。近年来，户籍管理制度已做大幅修正，但诸如就业、居住、社会保障、教育等方面的权利无法在短期内完全剥离，特别在特大城市，户籍拥有者依然利用其被赋予的市民权利享受相应社会福利保障。第二，公共财政系统。根据国情，中国公共财政体制结构具有很强的区划特点，社会基础公共服务具有一定差别化，对大规模流动人口来说，还无法完全满足其均等化服务需求。与管理体制相一致，政府责任评价也具有很强的区划性，即按照户籍提供有限公共资源的优先使用权利。同样，政府在财政转移支付等方面，也以当地城镇户籍人口为基准，虽然新生代农民工集中于东部地区大中城市，但系统性原因还无法使其完全实现同城同权。第三，社会管理系统。与公共财政系统相似，相比大规模人口流动的现实社会需求，社会管理体制需要提高有效应对新生社会问题的能力。对此，社会管理系统需要一个较长的适应和调整时期，政府职能应进行升级和转型，提供与新生代农民工生存社会基础相匹配的公共服务项目，优化城镇体系，促进市民身份的转变。

（2）城镇住房制度的影响。据国家统计局调查报告可知，2016 年，外出务工的进城农民工中，绝大多数为租赁私房形式居住（61%），购买商品房的农民工的比重较前有较大提升（16.5%），由其雇佣者或雇用单位提供住房的农民工占 13.4%，以其他方式解决居住问题的农民工占 6.4%，购买保障性住房和租赁公租房的比重依然较低（3%）。从居住面积看，居住困难的农民工比重有所下降，即人均面积 5 平方米以下的比重为 6%，人均面积 6~15 平方米的比重为 37.4%，人均面积 16~25 平方米的比重为 12.6%，人均面积 36 平方米以上的比重为 18.5%，农民工的人均面积为 19.4 平方米（国家统计局，2017）。

（3）社会保障制度的影响。2009 年，外出农民工中，与雇佣人或雇用单位签订劳动合同的占 42.8%，而半数以上的农民工没有签订劳动合同，其中，从事建筑业的农民工没有签订劳动合同的比例最高，占 74%，批发零售业中的比例是 66%，住宿餐饮业中的比例为 65.2%，服务业中的比例为 63.9%。雇佣人或雇用单位为农民工缴纳养老保险（7.6%）、工伤保险（21.8%）、医疗保险（12.2%）、失业保险

（3.9%）和生育保险（2.3%）的比例较低。2013 年，农民工签订劳动合同的比率有所提高，达到 43.9%，其他各种保险的入保率也有不同程度提高，其中，养老保险为 14.3%，医疗保险为 16.9%，工伤保险为 24%，失业保险为 8.4%，生育保险为 6.1%。2016 年，外出农民工中，与雇佣人或雇用单位签订劳动合同的比例有所下降，为 38.2%。另外，与往年相比，除工伤保险外，其他保险的入保率虽略有增加，但所占比例仍然较低。目前，绝大多数地区依然采用城乡双线型的社会保障制度模式，在保障措施和保障水平上，流动人口（新生代农民工）与城镇居民标准有所不同。当农民工缺乏生活安全感时，往往寻求于自我保障，其中，重要的保障来源依然依附于农村土地，但对新生代农民工来说，对土地意识和土地权利存在模糊概念，因此，对被纳入城镇化社会保体系中的愿望更加迫切。

（4）土地制度的影响。对农民工来说，土地依然具有基本生产资料的功能，任何人不能剥夺他们的土地拥有权。在农村的农业用地流转制度逐渐成熟的同时，转让地权者条件以及经济补偿标准等方面还需要进一步完善制度设计和实施路径。因此，对农民工群体，尤其是不具有明确土地权利的新生代农民工群体，在其城镇社会保障整体覆盖体系建立之前，即使可以满足居住的经济保证条件，由于土地的保障功能，他们也不会完全放弃土地。另外，基于新生代农民工市民化的视角，如果其完成市民化，完全成为城镇居民的话，其需要放弃农村承包的土地。国务院发展研究中心的大规模农民工调查显示，包括新生代农民工在内的 6300 万人的调查对象中，绝大多数人（80%）在"城里落户后，是否愿意放弃承包地"问题上持有否定回答，即"不愿意"，但 6.6% 的人可以有条件地放弃，即获取补偿条件下放弃；仅有 2.6% 的人同意可以无偿放弃。另外，在对"城里落户后是否愿意放弃宅基地"的设问回答中，多数人（67%）不愿意放弃宅基地，只有极少数人（4.7%）在有补偿情况下可放弃（国家统计局 a，2016）。

（5）城市劳动用工制度的影响。前有所述，2013 年，新生代农民工从事行业以制造业、服务业、批发零售业为主。从变化看，新生代农民工正逐渐从建筑业等传统的次级劳动力市场的行业中脱离出来，而进入制造业以及第三产业中的服务业。但是，依然存在一定的行业聚集性和领域低端化现象。这是因为，一方面，在人力资本和社会资本方面，劳动资本价值相对有限，只能选择次级劳动力市场中的行业和职业。另一方面，由于城乡二元化劳动力市场的制度设计，在一定程度上城市劳动力市场就业空间相对有限，就业选择范围较为狭小，存在岗位条件限制，即使在相同技能和劳动能力条件下，也存在"同工不同酬"现象。

6.3.3　资本和资金障碍

（1）人力资本因素。市民化进程中，要求新生代农民工具备相应的转化能力，其基础来源于基础学识教育和职业教育的受教育程度，这些能力包括非农就业的职业转换能力、持续从业能力、获取稳定收入的生存能力等，还有城镇社会条件下的发展能力。理论上，这种能力与人力资本存量有着正向关系，人力资本存量越多，这种能力越强。现状看，作为农民工主体的新生代农民工，其人力资本水平高于上一代农民工，也明显高于农民工平均水平，然而，与城市居民以及城市从业人员比，受教育程度较低，人力资本积累不足，职业准备不充分。另外，在精神层面，与上一代农民工相比，新生代农民工缺乏吃苦耐劳精神，克服困难的勇气不足，心理素质较弱。

（2）社会资本因素。现代社会结构中，对于不同社会群体，人力资源和社会资源具有不同作用，如果这个群体的平均人力资本水平相对较弱的话，此时，其社会资本水平对其群体在社会中取得地位具有非凡的意义。社会资本是一种利于工作和生活信息的资源，有助于其向上流动。根据个体获取资源的形式不同，可分两种类型：一是从公共社会和制度中获得的资源，二是社会关系网络中获取的资源。对新生代农民工来说，其资源依然多来自社会关系网络，通常表现为血缘、地缘、亲缘、友缘等缘关系的传统方式建立起来的关系。外出务工过程中，以缘关系为基础阶层，其基础差异较小，从事行业或职业具有较强趋同性，在社会资源上的扩张性差。由于长期的城乡隔离、二元社会结构以及相应人力资本投入不足，新生代农民工建立社会网络并从中攫取资源的能力相对有限。另外，城市社会制度框架中，新生代农民工缺乏来自输入地组织及体制内外资源的支撑，有效表达和维护自身利益的渠道相对缺失。因此，社会资本是影响新生代农民工市民转化的因素。

（3）资金因素。在市民化的规定要素中，包括教育市民化、劳动就业市民化、社会保障市民化和居住市民化等条件，在这个过程中，新生代农民工存在追求享有同等权利目标的动机。同时，市民化过程也是一个城镇生存人口规模扩大的过程，尤其是特大城市、大城市等人口集聚度高的地区，人口扩容带来城市资源环境的变化，随着人口增加，需要扩大城市规模，增加城市承载力，保证城市机能正常运行。对此，需要对基础教育、就业、住房、市政设施、环境绿化等市民化基础要素条件方面进行大规模投入，需要大量资金支持。国务院发展研究中心的研究结果显示，政府和社会角度上，农民工市民化最主要障碍并非来自市民化成本，换言之，从资金层面上说，农民工市民化成本资金应通过多方参与、共同承担。根据调查结果推算，政府应对农民工市民化所需要的标准公共支出成本进行补贴。其中，用于住房、义务教育的一次公共支出成本补贴为人均 2.4 万元，长期养老保险补贴人均 3.5 万元，社会保障、公共管理成本补贴每年人均 560 元（国研中心，2016）。

6.4　新生代农民工收入特征

根据前述的农民工及新生代农民工的静态和动态特征变化，在此从其收入特性视角，进一步分析其收入结构，明确新生代农民工收入结构的理论特性。新生代农民工的收入结构，按照其个体特征属性的收入构成因素基准进行分类，可被分为收入的来源构成、行业构成、区域构成、性质构成以及形式构成等五种形式。在此基础上，可以根据群体特征属性，从劳动性因素和非劳动性因素，分类分析影响其收入水平的控制因素。进一步，根据经济增长理论和国民收入分配理论，评估新生代农民工收入结构的影响预期。

6.4.1　收入的来源构成

新生代农民工收入的来源构成是其最主要的收入结构，它既体现了新生代农民工经济活动的过程及活动结果，也是其实现收入增长的最重要途径。伴随新生代农民工的从业区域分化、从事行业分化以及从业职业分化，形成其收入来源结构的基本形式及其变化，来源构成及其变动可反映其资源配置与利用效率，还可以据此说明收入来源对增收的贡献。因此，把握收入来源构成利于揭示新生代农民工收入增长的内在规律性特征。从新生代农民工收入的来源角度看，其收入来源主要有以下四类。

第一类为农业性收入，主要包括农业收入、林业收入、牧业收入、渔业收入等与其所具有的农业户籍有关的领域获取的收入部分。对新生代农民工来说，极少可以直接获得此类收入，理论上，新生代农民工外出务工后，土地等归属自身的农业资本由家庭其他成员进行打理，或者以外包形式交于他人使用并获得相应租赁性质的收入。当前，用于农业生产的许多农村土地，可以通过市场进行流转，在土地权利上，农民工只拥有使用权，还不拥有土地支配权利。另外，即使产生这类收入，其收入水平会在市场经济中随着经济状况产生波动，并无足够的收入保障，无法形成稳定的收入源泉，且收入水平较低，因此，这类收入在新生代农民工收入来源中可以被忽略。

第二类为工资性收入，包括离开户籍所在地进入城镇后，受雇于个人或者单位，获得相当于工资的经营性收入。在各种性质的从业岗位（以二三产业为主），通过出售自身劳动而获取收入的货币形式，可分为狭义的工资性收入和广义的工资性收入。狭义的工资性收入即为俗称的"打工收入"，通常以个体月收入形式存在，群体则以人均月收入的形式存在，具体有工资、奖金、津贴、职业补贴等；广义的工资性收入为狭义工资性收入再加上社会补贴性货币收入[1]。《中华人民共和国劳动法》中对工资有明确界定，它是指依据国家相关规定或劳动合同约定，用工单位直接支付于本单位劳动者的货币形式的劳动报酬，主要为工资，其中包括计时工资、计件工资、加班工资（延长工作时间的工资报酬）等，还包括各种津贴、补贴以及特殊工资[2]等。国家提出的新型城镇化的核心是人的城镇化，其重要任务是有序推进农民工尤其是农民工主力军的新生代农民工的市民化过程。从新生代农民工收入视角看，与实现人的市民化相伴的是收入水平和收入质量的提高。收入水平上，由于产业结构的调整和升级以及劳动力供给的结构性短缺，近年，农民工的收入水平得到不断提高，但依然与城镇单位从业人员收入存在一定

---

[1] 本书中所指新生代农民工收入为泛指的广义工资性收入。
[2] 特殊情况下被支付的工资性收入。

差距（详见第 4 章）。另外，收入质量上，农民工从业稳定性相对较弱，工资性收入的稳定性较差，不确定性较大。

第三类为财产性收入，除存款利息外，还包括来源于不动产的租金收入等。从新生代农民工的收入水平以及消费习惯看，整体上，其收入来源结构中，财产性收入占比较小。推进农业转移人口市民化是党的十八届二中全会上提出的国家经济策略。把有意愿、符合条件的农民工有序低成本地转化为城镇居民，也是加速实现城镇化目标的要求。根据相关研究测算结果，至 2030 年，全国约 3.8 亿人需要通过农业人口转为城镇居民，实现市民化，人均市民化成本为 10.2 万元，按照平均家庭成员数量 3.8 人核算，家庭单位成本支出约为 39 万元，而市民化对象全部转为城镇居民则需要支付约 39 万亿元（魏后凯，2013）。可看出，在农民工不具有可支配性财产性收入的情况下，需要构建政府、市场以及组织、个人等多元城镇化成本分担机制。2015 年 12 月，中央经济工作会议上首次提出："要按照加快提高户籍人口城镇化率和深化住房制度改革的要求，通过加快农民工市民化，扩大有效需求，打通供需通道，消化库存，稳定房地产市场。"其实施前提是增加农民工收入，通过不断完善制度，降低城镇化成本，使具有增长空间的财产性收入得到增加。

第四类为转移性收入。对城镇居民来说，转移性收入多来自养老金、退休金，且覆盖范围较广，多为从业单位全部或部分代其缴纳。农村中的农民获取转移性收入的方式一般为政府补贴、子女对家庭的经济援助或赡养支持，以及社会救济等。对从业于城镇的新生代农民工来说，由于作用于自身的社会保障制度不完善，此部分的收入处于非常低下的水平，并相对不稳定。

总之，理论上，来源结构反映新生代农民工经济活动的过程和结果，也是其增收途径，而收入来源结构及其变动，可以揭示新生代农民工务工中拥有资源的配置状况及其利用效率情况。根据各年度《中国统计年鉴》《中国劳动统计年鉴》以及《农民工监测调查报告》《新生代农民工专项调查报告》，从目前新生代农民工收入来源角度看，其收入决定性来源为上述第二类即工资性收入，其他类型的收入来源对其收入水平贡献作用十分有限。因此，本书的新生代农民工增收来源对象，确定性假设为增加工资性收入，即增收为新生代农民工在城市务工时与所处二三产业中获得的相应报酬有关，而农业性收入以及财产性收入、转移性收入对增收作用相对较小。对此，在其后实证部分中，进行相关论证，并提出相关论证结果。

6.4.2　收入的区域构成

前有所述，从农村劳动力转移过程看，农民工的外出务工区域演变经历了就地转移、异地转移、省际转移等多个阶段，这些阶段中形成新生代农民工收入的区域构成的两个维度：一是地区维度，二是城市维度。地区维度中，外出务工地以大区域为对象，转移地从早期的东部沿海开放地区，到转移流向趋于多元化，出现了东中西部共同发展局面。如果把务工地分为东中西部三大区域的话，新生代农民工主要目的地集中于东部地区。国家统计局的调查数据显示，外出农民工的收入呈现逐年上升趋势，存在双向分离现象，一方面，绝对收入值的务工区域性差异表现为东中西部的顺序，即东部区域最高，中部区域次之，西部区域最低；另一方面，相对收入即收入增长幅度的区域性差异表现则为中—西—东顺序，即中部区域的收入增幅最大，西部区域次之，东部区域最低。以上说明，新生代农民工收入变化，在其他因素一定的条件下，与务工所在目的区域有关，收入水平变化规律和程度与务工区域有关，其决定了新生代农民工的收入水平，如果对从业区域差异与行业差异综合考虑，将会增加区域收入分化趋势，但绝对收入值上，存在区域性收敛趋势，从业区域中，新生代农民工的收入水平差异将会缩小。城市维度为从业地点的形式存在，不考虑区域差异的条件下，与经济社会的一般规律相同，新生代农民工的收入水平，与城市规模及经济发展程度具有显著的正向关系，在大中城市的务工收入绝对值高于在小城市、城镇的务工者的收入水平。同时，与区域维度上的收入增长幅度变化趋势不同，城市维度上的收入增幅变化稍显复杂化，大城市的收入增幅在放缓的同时，中等城市的收入增幅存在快速上升的趋势，小城市、城镇则收入变化区域稳定。很显然，作为就业地点的输入地不同，可产生收入差距，换言之，城市之间的发展与消费水平差距影响新生代农民工的收入水平。

6.4.3　收入的行业构成

不同行业可表现出不同特性，其生产经济性决定行业的收入水平以及行业收入的变化，而固有的行业差距导致新生代农民工其收入水平的差距和变化。例如，目前看，交通运输业、仓储和邮政业等行业的收入水平较高，同时，其收入增长幅度较大，而服务业的收入水平相对较低，但收入增幅也较大，批发和零售业则收入水平较低且收入增幅较小（详见第4章）。其他视角上，源于行业固有差别所造成的收入差距变化，可以被看作外生性因素，即对新生代农民工而言，在一定时期内，这是其最无法自主进行控制的收入影响因素。虽然可以选择从业行业，但自控程度极低，多为被选择。因此，在新生代农民工收入差异因素中，一定程度上，外出范围、从业地区、从业形式等他们可决定的因素，可以自主控制，具有较多自主裁量权利。相比这些因素，其从业的行业选择自主控制程度较低，无法进行独立性选择。正因为如此，对新生代农民工收入水平来说，行业选择因素是影响其水平高低的关键因素。事实上，从行业收入差异研究可知，高收入行业其工资增幅超过行业平均水平，因为高收入行业具有较高的进入门槛，进入高收入行业可以成为获取高收入的前提，与外出范围、从业地区、从业形式等因素相比，这个前提对收入水平可以产生更重要的影响。所以，在新生代农民工收入水平影响因素中，行业差别是重要因素。

6.4.4　收入的职业构成

与上一代农民工不同，新生代农民工对从业职业的选择，在追求经济性的同时，也更加注重追求包括理想性、未来性以及创造性等非经济性因素，自主创业、追求自我实现等目的已经成为其从业职业时的必然选择，与上一代人相比，一部分新生代农民工在延续着相同职业理念的同时，另一部人已不再单纯满足简单的重复性劳动，而是凭借能力从一般新生代农民工群体中脱颖而出，形成一个新的差异化群体，这种群体内部分化成为新生代农民工收入水平差异的内生性因素。

这里，群体内部分化的重要表现形式为所谓"职业分化"，即职业发展方向上所存差异。从劳动市场看，市场经济下依然存在行业垄断，存在由于行业差距引起的劳动收入差距，垄断行业多提供较高的收入水平，其发展环境也存在较为显著的地区之间经济发展水平的不均衡。对外出务工者来说，如果进入一个"好"的输入地（城市），并且可以在行业、职业岗位上获得"好"的结果，很多时候可以获得一个良好的职业前景以及良好的收入。当然，对于新生代农民工而言，进入垄断行业及其他高收入行业并非易事。但是，即使在一般行业之间也存在收入差距，其自然形成的收入水平差距及其福利水平差距会产生不同影响与作用，影响新生代农民工的收入水平以及社会地位的变化，并在这个群体内部产生职业分化。很显然，从新生代农民工的从业特征看到，已经出现从业行业和职业的明显分化，包括从事第二产业与第三产业的分化，在第二三产业各自内部的分化，虽然各自分化的程度有所不同，但这种分化一旦出现并固定下来时，就会对其收入水平产生影响，造成收入水平的差异和变化。

6.4.5　收入的其他构成

受雇形式和外出形式影响收入水平。与自营或自雇形式的新生代农民工相比，受雇形式从业的新生代农民工收入水平相对较低，即收入水平与是否外出以及是否受雇有关。与受雇于异地雇佣者的新生代农民工相比，受雇于本地雇佣者的新生代农民工收入较低，即与雇主所处区域有关。因此，受雇形式、外出形式都是新生代农民工群体收入水平分化的原因。

收入性质结构和形式结构影响收入水平。收入的性质结构可以被分为劳动性收入和非劳动性收入，在收入来源基础上，对新生代农民工收入，可以从不同性质的收入所占比重了解其收入性质构成在其收入增长过程中所承担地位及作用。当然，劳动性收入在新生代农民工总收入中均占绝对比重，非劳动性收入份额极小。因此，如何增加劳动性收入是实现其收入增长的最主要途径。收入的形式结构，包括现金收入和实物性收入。其中，现金收入比重较大，可以反映新生代农民工市民化中的经济活动的商品化程度和货币化程度，而商品化程度和货币化程度又进一步反映出新生代农民工的城市融入度以及实现市民化的程度。

6.5　本章小结

　　本章是对市民化进程中新生代农民工增收背景的分析，内容包括市民化效应、城市融入、增收基础障碍以及新生代农民工收入特征等。

　　主要结果如下。

　　(1) 新生代农民工市民化效应主要在于社会经济效应，体现在建立公平社会、有效解决"三农"问题、推动工业化和城镇化建设上。新生代农民工为城市经济社会发展做出巨大贡献，根据社会公平理论，他们有权利享有城市定居、城市生活的市民权利，他们融入城市、实现市民化目标意愿，对于城乡稳定发展以及维护社会公平具有重要意义。同时，推进新生代农民工群体向市民转化，是从根本上解决"三农"问题的关键，是推动工业化和城镇化的必然选择，也是解决城镇化质量问题的重要途径。

　　(2) 市民化过程中，新生代农民工具有优势特性，与上一代农民工相比，他们受教育程度相对较高，拥有较多价值的人力资本积累。其绝大多数没有从事农业生产的经验，随着外出务工时间推移，对农村和农业的情感越发陌生，甚至对城市的认同远大于农村。在就业上，目标明确，就业区域、就业行业和就业途径趋于多元化，在择业及其将来期望上，对输入地的适应能力和归属意识较强。在消费方式、生活方法以及心理意识方面，融入城市的愿望强烈。

　　(3) 增收基础障碍表现在市民化过程中存在的社会影响因素。城镇化发展困境的基础障碍中，存在城镇化实际水平较低、城镇布局不合理、人口分布不均、城乡劳动力市场分割依然存在等问题，另外，就业岗位扩容及融合能力有限，在城市公共服务上存在绝对和相对的供给不足等。还有在社会体制结构、城镇住房制度、社会保障制度、土地制度、城市劳动用工制度等方面不合理制度集产生的影响。在人力资本、社会资本以及资金方面同样存在障碍。

　　(4) 收入特征分析结果看，来源结构反映新生代农民工经济活动的过程和结果，也是其增收途径，其收入决定性来源为上述第二类即工资性收入，收入来源结构及其变动揭示了新生代农民工务工中拥有资源的配置状况及其利用效率情况。收入行业构成中交通运输业、仓储和邮政业等行业的收入水平高，收入增幅大；服务业收入水平较低，但收入增幅较高；批发和零售业则收入水平较低且增幅小，以上可以被看作外生性因素。收入职业构成最大特征在于群体内部分化，其结果构成新生代农民工收入水平差异的内生性因素。

第7章 市民化中新生代农民工收入的内部因素分析

7.1 理论分析框架

新生代农民工的可持续增收，长效增收问题，涉及两个主要变量，即收入的规模量和收入的时间量，规模量包含绝对数量和相对数量①，时间量包含规模量的可持续性（收入稳定性）。

7.1.1 收入增长基础

1. 从业稳定性

劳动经济学意义上的就业，一般指符合法定劳动年龄的劳动主体即劳动者，在其劳动意愿支配下，发挥其具有的劳动能力，并以此获取劳动报酬与经营收入的过程。对新生代农民工来说，其就业符合上述基本原则基础。前有所述，其劳动主体所处社会位置经过农民—农民工—城市居民的过程，进入城镇，从事以第二三产业为主的相应劳动，并获取劳动报酬的活动。这个过程中，其收入及其增长与就业的可持续状态——从业稳定性具有重要关系。从业稳定性自身关系到市场供需乃至社会经济的稳定性，它是劳动权益的重要内容，其权益保障处于相应法律法规的强制性保护之下。微观维度上，从业稳定性是从业质量的重要

---

① 规模量中的绝对数量为收入水平、收入多少等，相对数量为收入的数量、收入的质量等。

表征之一，它也是劳动者可持续性收入的保障。从业稳定性由从业状态的变化决定其对收入的影响。在新生代农民工从业中，存在三种从业状态的主要变化，一是从业行业或从业职业的变化，即工作转换①，其转换频率影响其收入水平和收入增长；二是从生产性领域转为非生产性领域，包括岗位升迁、退出等；三是失去工作，由从业状态变为失业状态，主要包括非自主性离职、被动性离职等。

对从业状态变化所引起的从业稳定性问题，可以从群体和个体两个视角进行分析。前者可以将从业稳定性以劳动力数量在一定时期内的相对静态来确定，例如，使用单位时间从业率、社会平均从业时间长度、从业规模总量变化率等。就个体劳动者来说，一位劳动者可以在单位时间内具有相对稳定的从业质量，并以此保障其收入水平下的相对生活消费质量。例如，劳动者的岗位持续时间、工作更换频率、职业培训、劳动合同的获取、离职倾向等。总之，从业稳定性既需要反映劳动者群体的从业变化，也要反映劳动者个体的从业变动。鉴于上述，与上一代农民工不同，新生代农民工在城市与农村之间的两栖性极弱，但同样面临从业稳定性问题，由于其劳动观念等因素，反应甚至更加严重。

2. 城市适应性

新生代农民工具有农民工的一般社会属性，其中最重要的属性为双重边缘属性（李景治等，2006），其收入水平及其增长或多或少受到社会排斥的影响，存在其被排斥于从业行业和从业职业的正式来源以及其收入保障制度之外的一种特定的社会群体现象。根据现有的研究结果看，较上一代农民工，新生代农民工的这种社会排斥现象存在于较为隐晦的现象中，上一代农民工的社会排斥，主要由于户籍管理制度等历史性制度而导致在社会公共服务享有方面存在较大缺失和不足，加上其受教育程度较低，社交群体性强，社会活动范围相对有限，同质性强，身份认同上存在内在卑微心理，这些均阻碍其城市适应程度，影响其市民化进程。但新生代农民工有所不同，尤其是内在心理以及受教育程度方面，他们在一定时间内，表现出较强的城市适应能力，并随环境变化，可以在一定程度上进行自我调整，这个过程涵盖其在经

① 俗称"换工""跳槽"。

济、社会、政治上的反应。根据社会排斥理论、社会资本理论、社会距离理论、社会认同理论等，本质上，农民工融入城市并适应城市社会，有一个从冲突到适应的过程，不断融入城市，不断提高接纳城市文化并受之同化的水平。其中，在多维度的城市融入中，经济适应为最基本的基础，其重要的表现形式为从业行业、从事职业中的趋同而带来的收入水平的提高，并具有相对稳定的增长趋势，这是经济层面上的融入结果。同时，它的影响甚至可以决定其社会层面和心理层面上的融入度，随着城市社会适应条件的变化，尤其是这种条件向利于新生代农民工的方向变化，其收入水平得以保持，在此基础上，能够构建城市适应的形态，借助于城市性，通过自我重塑，与城市经济、社会文化进行良好匹配，实现个体发展的同时，群体的收入水平也将完全融入城市。

7.1.2 稳定因素分析

1. 人力资本

虽然新生代农民工的从业行为具有较强独立性，但是，对于以家庭为社会单位的整体而言，它也是家庭单位劳动力的分工与配置。与上一代农民工相比，由于新生代具有较高的人力资本价值，通过其人力资本在从业中的作用，可以获得相对的从业稳定性，同时可以提高家庭劳动力整体的专业化水平，并通过从业特征的多元化，使其边际生产率得到提高，从而提高自身以及家庭的收入水平（向国成等，2013）。中国农民工家庭的调查数据显示（高健等，2016），农民工的个体特征是其迁移模式最为关键的影响要素，这里的个体特征以人力资本中的受教育程度、技术技能水平等要素为主，同时也包含性别、年龄等人口要素中一般属性特征。在选择是否进入城市方面，新生代农民工与上一代农民工具有很大不同，上一代农民工选择因素多与其个体异质性有关，譬如，性别、年龄、婚姻状况、家庭、自身健康状况、受教育程度等因素，而新生代农民工多考虑进入后的行业、职业等问题，不论哪方，个体特征中的人力资本要素为劳动力分化的决定性因素，并影响其进城务工后的发展与从业稳定性，人力资本还会影响其城市融入程度，并对其从业稳定性产生影响（黄侦等，2015）。

2. 社会资本

与普通求职劳动者相同，新生代农民工的就业也具有普通求职者属性，这也是一个职业的寻找及匹配过程。但与普通城市居民不同，农民工需要经过一个农民—农民工—城市居民的过程，而城市融入且是否有居留意愿及其强度受到其所处社会网络以及从事的行业、职业类型的显著影响，这种影响必然辐射于从业的稳定性以及从业收入水平上。在一定程度上，新生代农民工所拥有的社会资本多寡反映了其获取社会信息、社会资源以及有效处理这些信息、资源的能力，这种能力可以成为新生代农民工从业机会的识别和有效利用的重要途径。研究结果表明，农民工的职业搜寻和职业获得的最主要促进要素之一即由其拥有的社会资本所决定。另外，在其职业流动中，无论其社会关系为强或弱，从结果上看都没有促进农民工劳动力市场的外部流动，并且对农民工在劳动力市场内部的上位流动存在显著性制约（田新朝等，2014）。新生代农民工初期的社会资本多源于亲缘和地缘而形成，具有自然性和继承性，随着城市居住时间的增加，其社会资本中，在血缘、亲缘、地缘等缘关系之外，可以加入基于姻缘、业缘、友缘关系所积累的资本，这是在从业行业、从事职业以及工作关系中形成的。现实中，新生代农民工的原始社会资本（以血缘、亲缘、地缘关系为主）可以影响其从业选择以及职业发展，但这种影响不具有显著性意义，而对其从业稳定性具有显著影响的社会资本则多来自从业之后形成的社会资本，譬如，业缘关系、友缘关系。一般来说，较上一代农民工，新生代农民工的就业选择相对有所拓宽，但依然较窄，尤其是在从业的上位流动中存在较多的阻碍因素。其中，社会资本的相对弱势是影响其从业流动的重要因素，并影响其从业稳定性。换言之，对新生代农民工群体来说，其人际社会关系网络的强度在其就业中所表现的社会资本可以决定其就业能力的强弱和稳定性（罗明忠等，2015）。

3. 从业特征

新生代农民工对从事行业和职业的选择，以及不同行业、不同职业对新生代农民工的不同择业要求，最终反映为新生代农民工不同的从业

117

特征。这里的就业特征指新生代农民工选择与被选择行业、职业以及相应产生的从业年限、劳动合约与行业、职业认同等影响表现出的特性。显而易见，行业、职业不同，在劳动力需求上存在异质性，对于劳动力效率的要求不同以及劳动者从业经验的积累，这些因素都会影响其从业稳定性，其主要表现为：（1）不同行业、不同职业，其自身具有不同特性的流动与稳定。因此，新生代农民工进入其中后，从业稳定性会直接隐含农民工其中，并影响其从业稳定性（姚俊，2010）。并且，由于群体异质性，新生代农民工群体在从业稳定上存在相对劣势，但在个体表现上，受教育程度高、接受职业技术培训、具有职业资格证书的新生代农民工，其人力资本的专业属性较高，有助于其获取稳定从业机会，从业稳定性较高。（2）对于农村转移劳动力来说，城市中不同的收入水平实质上具有补偿回报性质，并且不同收入水平其激励作用强度不同，同时也表明其进入城市就业的职业转换的机会成本不同，使其对相同从业特征可以表现出对未来预期的从业稳定性的不同行为。（3）与上一代农民工不同，新生代农民工即使享有土地承包经营权，但其所承受的农村"推力"和城市"拉力"更大，更倾向长期生活于城市。另外，由于家庭成员、亲属处于农村，其需要往返于务工城市与农村家乡之间，在其衡量就业成本时，距离成本、时间成本具有基本外出成本的特性，影响其从业选择以及职业转换频率，在一定程度上影响从业稳定性，但影响权重远低于上一代农民工（罗明忠等，2015）。

4. 城市融入

新生代农民工从业中，伴随市民化的推进，其表现出较强的城市适应能力，具体体现于对于从业的职业环境以及生活的城市环境等方面的适应上。因此，从这个角度看，其城市融入程度与归属感较强，因此也影响其从业稳定性，具有较强的从业稳定倾向。此外，作为年轻的农村转移劳动力，面临在生活方式、社会交往方式以及思维习性方式等方面的社会塑造和社会转化。因此，在社会环境、从业环境以及生活环境等方面，需要完成一个适应过程，完成这个过程的结果是实现市民化的目标，否则可能会被淘汰，所以具有较强的正向激励。在适应过程中，新生代农民工会对所处环境和职业产生认知和认同，当这个认同被固定下来时，将会形成归属感，以此形成良好的城市融入，完成市民化目标，同时保障其从业稳定性。新生代农民工已被证明，其从业行业及职业层次以及职业声誉是就业决策的重要扰乱因素，结果的良好性以及拥有良好的城市业缘、友缘关系会强化其留城倾向（龚文海，2015）。

7.1.3 稳定因素影响方式

1. 资本积累

从业稳定性可以促进新生代农民工人力资本的积累，通过此作用影响其收入水平。理论上，劳动力具有异质属性，主要体现于广义的人力资本上；内容上，前有所述，包括劳动者的教育、技术技能水平以及性别、年龄等，劳动力的异质属性体现于这些因素上的差异及其程度，这些差异决定劳动者个体的所在行业和从事职业的稳定性，进而影响其收入水平，主要是工资性收入的水平。人力资本具有先天性和后天性，先天性主要表现为固有的人口因素，这是无法自然改变的，而后天性则具有积累性，主要通过两种方式来实现，第一种方式为学习型，通过接受教育，从中获得知识，并随着知识量和质的不断提升而得到累积；第二种方式为实践型，通过在工作中学习和运用知识，获得经验，积累人力资本。

接受教育程度较高的劳动者，有能力选择主要劳动力市场进行行业和职业选择，一旦确定下来，其规定从业时间较长，从业环境稳定，同时可以获得较高的薪酬待遇，即使选择进入次要劳动力市场就业，也利于选择收入相对较高的岗位。对雇佣者来说，如果薪酬相同条件下，其更倾向于选择具有较高教育程度的劳动者。在生产劳动者的选择上，雇佣者更倾向于选择具有丰富从业经验或者具有专门技术技能的劳动者，这些劳动者可以很好地提高从业单位的劳动效率，为从业单位带来较大利益。因此，为提高这些劳动者的工作转换成本，从业单位会使其收入维持于较高水平上。而次级劳动力市场上的从业稳定性相对较弱，一方面，劳动者的从业时间决策遵循个人效用最大化原则，如果变换工作的结果使其个人总效用有所增加，即使从业时间不长，也会转换工作，选择跳槽；另一方面，劳动者的工作转换，也存在多种形式，有不同从业单位之间相同职业岗位的变动，也有不同从业单位不同职业岗位的变动，如果加入区域因素，还存在不同区域之间、不同市场之间的变动，这种变动结果，能够使被雇佣者在新的从业单位中可以获得新的从业经验和从业技能，而使其人力资本得到积累，并有所提升。因此，从新生代农民工视角看，其从业稳定性具有更新或增加其个体人力资本存量的结果，并使其自身在劳动力市场中的收入水平得到提高。

2. 从业经验

从业稳定性可以促进新生代农民工从业经验的积累，而间接影响其收入水平。前有所述，劳动者行业、职业存在流动，其流动频率影响其自身人力资本的积累。而从业经验积累、从业技能提升为一个过程，需要一定的时间，如果从业变动频率过高，则影响劳动者人力资本的积累，不利于其个体人力资本存量的增加，其反映于收入中的结果，可能是其收入水平的下降。国外研究结果显示（王春超等，2013），劳动者调查中发现，男性劳动者、高中学历、职业生涯时间为 40 年，退休时的收入水平为刚进入劳动力市场时初次就业收入水平的两倍。如果职业生涯期间，共有 10 次换工经历。但是，约 7 次换工经历和约 70% 的涨薪经历均来自职业生涯的最初 10 年间。并且，只有约 33% 的涨薪经历来自工作转换。受教育程度高、经验丰富、劳动技能强的劳动者，其人力资本的积累，会增加他们获得高收入的可能性，还会增加其主动性职业转换动机。另外，引起主动性职业转换的因素还包括劳动者的年龄、性别、婚姻状况、是否拥有社会公认的职业证书等。对新生代农民工的研究结果也发现（龚文海，2015），人力资本促进职业流动的因素中，拥有专业资格证书对其在劳动力市场上的内部上位流动具有显著促进作用，具有较高的受教育水平则对其向劳动力市场外部的上位流动具有积极作用。另外，劳动力市场所处区位的选择中，受一般人口属性特征以及现有文化性、经济性和社会性特征的影响，信息获取途径不同，风险意识不同，选择决策结果则存在显著性差别。其中，男性在家庭经济中的支柱位置，社会适应性强，具有冒险精神和风险偏好性。因此，新生代农民工其职业流动更为频繁，具有一定的就业不稳定性。而上一代农民工相对年龄较大，外出务工时间长，务工经验丰富，从业趋向稳定，同等条件下，获得较高收入的机会较大。同样，已婚者也在追求高收入的同时，更注重工作的稳定性。

3. 劳动关系变化

从结论上说，从业稳定性可以促进和谐劳动关系的产生。在融入城市的过程中，农民工的稳定从业以及心理适应可以体现在相对良好的劳动关系之中，具有相对稳定的从业状态，可以形成一个相对好的未来预期，有助于更好地融入社会，并促进和谐劳动关系的建立。一方面，良好的劳资关系通过影响新生代农民工的从业态度和从业预期，改善其从业关系，并改变其从业稳定性。另一方面，这种关系还可以改善新生代农民工一定的信息劣势，通过务工、生活中建立的信息交换平台，更好提高自我适应的能力。研究发现（王春超等，2013），在从业单位中，新生代农民工更善于建立良好的业缘、友缘关系，使其有更好的从业稳定性，同时获得较高收入的可能性得以增加。与上一代农民工相比，新生代农民工获得较高收入机会的可能性高出14%。就业稳定可以带来收入增加，并且可以促进城市融入。城市融入是对城市的适应过程，其中，其基础是工作适应性，包括适应工作环境与否，抵抗职业压力与否，职业文化的适应性与否等，以上均能对其从业适应程度产生影响，进而影响其职业预期的判断，以及对职业选择的理性，最终影响其收入水平。

根据相关文献资料的研究结果，概言之，新生代农民工收入影响因素中，主要有以个体特征为主的人力资本的内生性因素，还有就业特征、社会资本为主要特征的外生性因素，同时，还存在市民化中城市融入程度的辅助性因素，这些因素通过其各自的特征，直接影响新生代农民工的从业稳定性，从而间接决定和控制其收入水平以及收入变化。有鉴于此，关于新生代农民工收入水平及其变化，按照以下逻辑路径展开分析：人力资本与社会资本→从业特征→城市融入→从业稳定性→收入水平及变化，过程运行及其结果会不同程度受到内生性因素和外生性因素的影响和控制，两者之间也存在互为影响关系（见图7－1）。

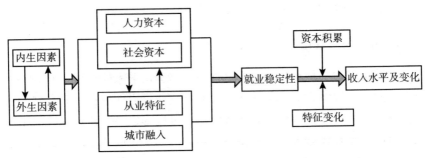

图 7 – 1　新生代农民工从业影响因素与收入关系路径示意

7.2　人力资本和社会资本的收入作用理论

7.2.1　人力资本与社会资本的作用关系

从以往研究结果中可知，新生代农民工的人力资本和社会资本对其收入水平能够产生直接或间接的影响，以上是将人力资本和社会资本独立考量时得到的结果。当两者同时考虑时，需要在理论上明确两者之间存在怎样的关系。有研究认为，两者在个体投资支出决策中存在可替代性，个体会在两者的总存量中，进行有效的配比和分配。还有研究认为，两者非替代关系，而是两者存在着正向的互补性，在人力资本投资支出增加时，社会资本的投资量也会得到相应的增加。在此，本书在设定社会资本为内生于人力资本的基本假设前提下，社会资本将随着人力资本的增加而增加。对此，假定一般生产函数如下：

$$y = f(k), \quad f' = cons, \quad f'' = 0, \quad f(0) = 0 \tag{7-1}$$

此处，假定边际报酬值一定，一部分的产出将被用于消费，另外一部分的产出将被用于投资。这样，有形资本的动态方程为下式所示：

$$k_M = f(k) - c - \delta_M k_M \tag{7-2}$$

式（7-2）中，c 表示消费，其对人力资本和社会资本的有效获取具有重要作用；δ_M 为有形资本的折旧率。此处一部分的消费被用于增加劳动者个体的人力资本，用 h(c) 来表示，通过提高接受教育程度以及自身健康水平，以提升劳动产出率。遵循人力资本增加方程严格凹函数的假定（Steger, 2002）：

$$h'(c) > 0, \quad h''(c) < 0, \quad \lim_{c \to \infty} h(c) = \bar{h}(c),$$

或者，

$$\lim_{c \to \infty} h'(c) = 0, \quad \lim_{c \to \infty} h''(c) = 0 。$$

假定人力资本不存在折旧的条件下，得到人力资本的动态方程如下：

$$k_H = h(c) \tag{7-3}$$

需要指出的是，此处的有形资本 k 用于增加消费品，被增加的消费品中，一部分用于有形物质产品的再生产活动，还有一部分则用于提升人力资本价值。

前有所述，这里设定社会资本内生于人力资本，从群体联络以及集体活动的角度上，接受教育程度越高的人，在这个方面所具有的能力越强，教育水平溢出的外部性能够增强彼此之间的信任保证度，而使其人力资本价值得到提升。因此，完全可以把社会资本看作人力资本的函数，即 $k_S = \phi(k_H)$，$\phi' > 0$，$\phi'' < 0$，社会资本的动态方程为式（7-4）。

$$k_S = \phi(k_H) - \delta_S k_S \tag{7-4}$$

其中，δ_S 为社会资本的折旧率。与有形资本不同，社会资本的折旧剩余量不会随其使用量的增加而减少，相反，社会资本使用量越大其存量价值增值越大。至此，如果综合资本为：$k = k^\alpha k_H^\beta k_S^{1-\alpha-\beta}$，则可以导出综合资本的动态方程为：

$$k = \eta_1 k_M + \eta_2 k_H + \eta_3 k_S \tag{7-5}$$

其中，$\eta_1 = \dfrac{\alpha k}{k_M}$，$\eta_2 = \dfrac{\beta k}{k_H}$，$\eta_3 = \dfrac{(1-\alpha-\beta)k}{k_S}$，将上述中的式（7-2）、式（7-3）、式（7-4）一起代入式（7-5）中，过程如下：

$$\begin{aligned} k &= \eta_1 k_M + \eta_2 k_H + \eta_3 k_S \\ &= \eta_1 f(k) - \eta_1 c - \eta_1 \delta_M k_M + \eta_2 h(c) + \eta_3 \phi(k_H) - \eta_3 \delta_S k_S \\ &= \eta_1 f(k) - (\eta_1 \delta_M k_M + \eta_3 \delta_H k_H) - [\eta_1 c - \eta_2 h(c)] \end{aligned}$$

其中，$\varphi(c) = \eta_1 c - \eta_2 h(c)$，最终得到综合资本的动态方程：

$$k = \eta_1 f(k) - (\eta_1 \delta_M k_M + \eta_3 \delta_H k_H) - \varphi(c) \tag{7-6}$$

从式（7-6）可知，产品消费时产生人力资本，它作用于经济行为中可以产生两个方面的影响。（1）直接增加人力资本存量 h(c) 的价值；（2）人力资本增加的结果，可以在经济行为中产生间接提高社会资本存量 $\phi(k_M)$ 的价值。因此，可以说，在人力资本与社会资本之间，存在一种固有的互补关系，将这种关系运用到农村劳动力转移中的收入问题研究中，可以表示为决定和影响其收入水平以及收入变化的重要因素中，除人力资本、社会资本的作用之外，还存在两者耦合作用结果的影响。其中，在社会资本作用基础上，人力资本可以产生重要的作用效应。

7.2.2　人力资本与社会资本的作用机制

借助一般均衡模型，对人力资本和社会资本的相互作用机制进行分析。分析内容基于以下两个基本假设：

（1）经济活动系统中，只存在城市部门和农村部门两个经济生产部门；

（2）技术进步相对一定。

进一步设定变量因素：城市总人口数量为 P_a，其中包括城市居民数量 P_{a_1}，上一代农民工 P_{a_2}，新生代农民工数量 P_{a_3}，农民工数量 $P_{ab} = P_{a_2} + P_{a_3}$，城市总人口数量 $P_a = P_{a_1} + P_{a_2} + P_{a_3}$。农村总人口数量为 P_b。单位区域内部总人口数量为 P，$P = P_a + P_b$。假定农村人口可以自由移动进入城市，但在单位时间内不能自由转化为城市正式居民，需要以农民工形式滞留于城市，且逐渐产生两种分化，实现市民化，转化为城市居民，融入城市，永久居住，或者在城市进入一定时期的务工生活后，回流农村。

1. 部门行为和居民行为

特定群体收入问题研究中，从一般均衡视角看，需要分析部门行为和居民行为。其中，本书中，部门行为是指部门生产行为，按照城乡划分，包括工业部门生产和农业部门生产。根据刘易斯模型关于劳动力移动的学说，劳动力流动实质是在经济部门之间的移动，即从所谓的传统部门（农业部门）向现代部门（工业部门）的移动，因为区位上传统部门多位于农村区域，现代部门多位于城市区域，如果将两个部门置换为区域空间位置，便形成从农村向城市的流动，以及流动后融入直至完全市民化。另外，与其他国家的农村劳动力转移人口的市民化过程不同，中国经历了一个从农民到农民工再到市民的特殊过程。

首先，考察城市中工业部门生产行为。假设城市居民和农民工具有相同或相近生产性，可以生产相同或相近产品，其劳动产出价值量取决于他们所拥有的人力资本和社会资本水平的总和，这里的人力资本指个体承载的文化知识水平和劳动技能，社会资本指个体与个体之间具有的人际关系，且这种关系可以间接促进生产效率，进一步可以假定社会资本水平能够影响人力资本水平发挥其作用时的效率水平。由此，产出水平价值量取决于劳动者的人力资本和社会资本的水平。以个体为单位，单位劳动者的产出水平可以用式（7-7）表示：

$$Y_{ai} = P_a^{\alpha} h_a^{\beta} (\lambda_i h_{ai})^{\gamma}, \; 0 \leq \alpha < 1/2, \; \beta + \gamma \leq 1, \; \lambda \geq 1 \qquad (7-7)$$

此处，Y_{ai} 为城市中个体劳动者 i 的产出水平，P_a 为城市人口，h_a 为城市中劳动者人力资本的平均水平，h_{ai} 为劳动者 i 的人力资本水平。λ 为社会资本与人力资本的耦合程度。

在收入水平提升中，社会资本与人力资本不但各自发挥作用，还相互产生作用。当 $\lambda = 1$ 时，社会资本对人力资本的驱使作用不明显，社会资本与人力资本耦合度不强，或者说社会资本作用于人力资本时并未产生明显的乘数效应。如果 $\lambda > 1$，且 λ 值越大，社会资本驱使人力资本发挥作用的程度越大。α 用于衡量城市人口产出弹性，β 用于衡量城市中人力资本平均水平，γ 用于衡量个体劳动者社会资本和人力资本的产出弹性的大小。

在城市，工业品价格和劳动效率决定劳动者的收入水平，如式（7-8）：

$$W_{ai} = pY_{ai} \qquad (7-8)$$

式（7-8）中，p 表示工业品价格。此处假定城市中劳动者的人力资本和社会资本的水平一定，即具有相同水平的人力资本和社会资本，同时，社会资本作用于人力资本的影响轨迹为线性状态，因此，均衡状态时的工业品产出总量为：

$$Y_a = \sum_i Y_{ai} = \lambda^{\gamma} P_a^{a+2} h_a^{\beta+\gamma} \qquad (7-9)$$

式（7-9）表明，对城市劳动者的总产出，城市人口数量规模扩大可以产生规模效应，提高社会资本、人力资本水平，对增加总产出具有促进作用。

其次，探讨位于农村区域的农业部门所具有的生产行为。此处，做出以下假设：农业部门生产能力与农村生产者家庭的社会资本水平无关，与其人力资本水平有关。如此，建立农业经济部门生产函数：

$$Y_{bi} = Bh_b^{\varepsilon}h_{bi}^{\delta} \tag{7-10}$$

其中，H_b 为农村中人力资本平均水平，h_{bi} 为农村个体人力资本水平。式（7-10）可看出，受教育水平存在溢出，而农村人口数量规模不产生规模经济效应。进一步知道，农村劳动者的收入水平是由农业劳动生产率所决定的。为讨论方便，这里设定农产品价格为 1 个单位，将其作为标准价格，可得到：

$$W_{bi} = p_{bi} \tag{7-11}$$

与上相同，假设农村劳动者人力资本水平一定，即具有相同水平的人力资本，此均衡状态时，农村的农业部门总产出如式（7-12）：

$$Y_b = \sum_i Y_{bi} = BP_b h_b^{\varepsilon+\delta} \tag{7-12}$$

最后，进一步探讨分析居民经济行为。设定居民经济行为的效用函数如式（7-13）：

$$U = (A_c + a_c^{\theta})^{\sigma} \tag{7-13}$$

式（7-13）中，A_c 为居民的工业品消费数量，b_c 为居民的农产品消费数量，通过 $\sigma = \dfrac{1}{1-\theta}$，$0 < \theta < 1$，测算农产品价格弹性。假设工业品消费为线性效用函数，在此条件下，如果农产品消费数量一定时，其不产生收入效应，居民收入水平对其农产品消费数量不产生任何影响。

假设农产品价格等于 1 个单位，城市居民和农村居民对农产品需求数量可表示为：

$$a_c = (\theta p)^{\frac{1}{1-\theta}} \tag{7-14}$$

以上分为城市居民和农村居民两个群体，而城市居民又被分为城市户籍居民、上一代农民工、新生代农民工三个群体，以上四个群体的工业品消费数量可以分别被表示为：

$$pA_{1c} = (1-s_1)I_1 - (\theta p)^{\frac{1}{1-\theta}} \tag{7-15}$$

$$pA_{2c} = (1-s_2)I_2 - (\theta p)^{\frac{1}{1-\theta}} \tag{7-16}$$

$$pA_{3c} = (1-s_3)I_3 - (\theta p)^{\frac{1}{1-\theta}} \tag{7-17}$$

$$pA_{b1c} = (1-s_b)I_b - (\theta p)^{\frac{1}{1-\theta}} \tag{7-18}$$

式（7-15）～式（7-18）中，I_1 为城市户籍居民的实际收入水平，I_2 为上一代农民工的实际收入水平，I_3 为新生代农民工的实际收入水平，I_b 为农村居民的实际收入水平，s_1、s_2、s_3、s_b 分别表示四组人群的储蓄率，s_1 和 s_b 一定且 $s_b > s_1$，$s_2 \in [s_1, s_b]$、$s_3 \in [s_1, s_b]$。

市民化过程中，农民工行为区间介于［农村居民，城市居民］，农民工融入城市，实现市民化，成为城市居民时，农民工则具有一切城市居民属性。其中，与收入水平有关，储蓄可视为城市户籍居民的重要属性行为。

2. 政府行为

首先，提出如下假设：城市开展经济活动时，其活动范围集中于城市区位中心区域。按照以上假设，从单纯城市空间结构看，以城市中心区域中心点为圆点，向外扩散形成同心圆结构，城市居民生活区域多位于同心圆的外围，居民从事生产性经济活动时，需要从居住区域进入中心区域，并支付往返交通成本费用。这里，设定单位距离上的交通费用为 pτ，非居民居住区域的面积单位为1，城市居民和农民工（包括上一代农民工和新生代农民工）的居住区域为中心点为圆心的同心圆上，并需要向市政部门支付租赁费用。其中，设城市居民租赁费用总成本为 a_R，城市居民交通费用总成本为 a_T，城市居民人均生活成本为 a_C，则可以建立式（7-19）~式（7-21）：

$$a_R = \frac{pdP_a^{\frac{4}{3}}}{2} = p\left(\frac{3}{4\pi^{-\frac{1}{2}}\tau}\right) \cdot \frac{P_a^{\frac{4}{3}}}{2} \tag{7-19}$$

$$a_T = pdP_a^{\frac{4}{3}} = p\left(\frac{3}{4\pi^{-\frac{1}{2}}\tau}\right) \cdot P_a^{\frac{4}{3}} \tag{7-20}$$

$$a_C = \left(\frac{\frac{4}{3} \cdot pdP_a^{\frac{4}{3}}}{P_a}\right) = \frac{4}{3} \cdot pdP_a^{\frac{1}{2}} = \frac{4}{3} \cdot p\left(\frac{3}{4\pi^{-\frac{1}{2}}\tau}\right) \cdot P_a^{\frac{1}{2}} \tag{7-21}$$

可以看出，$d = \dfrac{3}{4\pi^{-\frac{1}{2}}\tau}$，π 为圆周率，式（7-19）、式（7-20）、式（7-21）分别代表城市居民所有生活成本。进一步作简略化处理之后，假设政府对城市原居民以及城市居住的农民工（包括上一代农民工和新生代农民工）给予相应补贴，但两者的补贴标准不同。再假设无论上一代农民工，还是新生代农民工，其可以获得的补贴为城市居民获得补贴的 μ 倍，$\mu \in [0, 1]$，μ 代表农民工的市民化程度，如果农民工完全无法融入城市，市民化程度最低时，$\mu = 0$；如果农民工实现市民化并完全融入城市，农民工可以获得与城市原居民等同的社会福利权益，则 $\mu = 1$。

总之，可以用 μ 值差别大小表示由于在城市中的社会身份不同而导致的社会福利权益不同，并能影响其后的收入水平。这样，政府部门可以据此确定如下的行为目标：

$$\max_{T} = \left(TP_{a_1} + \mu TP_{a_2} + \mu TP_{a_3} - \frac{pdP_a^{\frac{4}{3}}}{2} \right) \tag{7-22}$$

当然，这个目标不是自由的，它受到如下约束：

$$W_a - \frac{4}{3}pdP_a^{\frac{1}{2}} + \mu T \geqslant W_b$$

$$TP_{a_1} + \mu T(P_{a_2} + P_{a_3}) \leqslant \frac{pdP_a^{\frac{4}{3}}}{2}$$

上面的两个约束公式中，如果用 T 来代表城市居民人均补贴水平，那么，在第一个约束条件下，农民工在外务工时获取的实际收入，其水平高于从事农业生产的农民所获取的收入水平，进一步经过第二个约束条件，则说明，在单位时期内，政府支出小于其收入。

3. 收入水平

处于一般均衡状态时，城市居民和农村居民，不论何方，其所获取的收入，其水平由其生产效率所决定。因此，农业产出方程可代表农产品生产，并从中可得到农民实际收入水平（工资水平）：

$$W_b = Bh_b^{\varepsilon + \delta} \tag{7-23}$$

与上相同，工业产出方程代表工业生产水平，并从中可得到城市居民（包括农民工）的实际收入水平（工资水平）：

$$W_a = p\lambda^{\gamma}P_a^{\alpha+2}h_a^{\beta+\gamma} \tag{7-24}$$

这里，如果将上一代农民工与新生代农民工合并为农民工，其实际收入水平为 I_{23}，则 $I_{23} = $ 名义工资 - 城市生活成本费用 + 城市生活补贴，可表示为：

$$I_{23} = W_a - \frac{3}{2} \cdot pdP_a^{\frac{1}{2}} + \frac{1}{2} \cdot \frac{\mu pdP_a^{\frac{3}{2}}}{(P_{a_1} + \mu P_{a_2} + \mu P_{a_3})} \tag{7-25}$$

根据前面的假设，在城市和农村之间，农民工可以自由流动。因此，农民工与农村居民相比，两者的实际收入水平相同，即：

$$I_{23} = W_b = Bh_b^{\varepsilon + \delta} \tag{7-26}$$

从以上可知，城市劳动者的劳动力名义工资水平可以用下式表示：

$$W_a = Bh_b^{\varepsilon+\delta} + \frac{3}{2} \cdot pdP_a^{\frac{1}{2}} - \frac{1}{2} \cdot \mu pdP_a^{\frac{3}{2}} / (P_{a_1} + \mu P_{a_2} + \mu P_{a_3}) \qquad (7-27)$$

对城市劳动者来说，其城市居民实际收入可以表示为：

$$I_1 = Bh_b^{\varepsilon+\delta} + \frac{(1-\mu)pdP_a^{\frac{3}{2}}}{2(P_{a_1} + \mu P_{a_2} + \mu P_{a_3})} \qquad (7-28)$$

进一步，可以由式（7 - 18）和式（7 - 21）导出一般均衡状态下工业生产品的均衡价格（p）：

$$p = Bh_b^{\varepsilon+\delta} \left[\lambda^\lambda P_a^{\alpha+2} h_a^{\beta+\gamma} - \frac{3}{2} \cdot dP_a^{\frac{1}{2}} + \frac{1}{2} \cdot \frac{\mu dP_a^{\frac{3}{2}}}{(P_{a_1} + \mu P_{a_2} + \mu P_{a_3})} \right]^{-1} \quad (7-29)$$

4. 资本积累

前有所述，一般劳动者的资本主要由人力资本和社会资本构成。这里以人力资本积累为例。人力资本积累的决定性因素主要有以下两个：一是知识教育、职业教育、技能教育等相关服务性消费，消费主体是农业部门（农村部门）和工业部门（城市部门）；二是社会资本的关联程度，即人力资本与其耦合并互为作用的程度。据此，根据上述假设，得到人力资本方程如式（7 - 30）：

$$H = \lambda\omega \left[(1-s_a)P_b I_b + (1-s_1)P_{a_1} I_1 + (1-s_2)P_{a_2} I_2 + \frac{(1-s_3)P_{a_3} I_3}{p} \middle/ p \right]$$

$$(7-30)$$

此处，H 为经济活动中人力资本总存量，ω 为居民消费活动中人力资本投资所占的比重，例如，教育费用、培训费用、实习费用、维护健康费用等关联性消费。从式（7 - 30）可以看出，人力资本积累与食物消费数量规模有关，也与社会资本对人力资本效率所带来的提升速度变化有关，并且，这种影响可以缩小甚至消除价格变化所带来的影响。如果设定 h = H/P，用于表示人力资本人均存量的话，P 为总人口数量规模，用 g = P/P 表示经济社会中人口增长率，可以得到人力资本人均存量积累的相关方程：

$$h/h = H/H - P/P = (H/Ph) - g$$

$$= \lambda\omega/Lph \left[(1-s_1)Bh_b^{\varepsilon+\delta} P_{a_1} + ((1-s_1)P_{a_1} b P_a^{\frac{3}{2}} p(1-\mu) \right.$$

$$\cdot 2(P_{a_1} + \mu P_{a_{23}})) + ((1-s_{23})P_{a_{23}}(1-s_b)P_b) Bh_b^{\varepsilon+\delta} \right] - g \quad (7-31)$$

其中，$P_{a_{23}} = P_{a_2} + P_{a_3}$，$s_{23} = (s_2 + s_3)/2$，$BP_b h_b^{\varepsilon+\delta}$ 为单位城市规模

129

中的农产品总供给量。一般均衡时，$h = h_b = h_a$，并且人力资本存量能够满足条件：$h/h_* = 0$，为下式所示（$\varepsilon + \delta \leqslant 1$）：

$$(L - s_1 P_{a_1} - s_{23} P_{a_{23}} - s_b P_b \left[\lambda^\gamma P_a^{\alpha+2} (h^*)^{\beta+\gamma} - \frac{3}{2} \cdot dP_a^{\frac{1}{2}} + \mu dP_a^{\frac{3}{2}} 2(P_{a_1} + \mu P_{a_{23}}) \right] +$$

$$(1 - s_1) P_{a_1} dP_a^{\frac{3}{2}} (1 - \mu)/2(P_{a_1} + \mu P_{a_{23}}) = Lh^* g/\omega\lambda \tag{7-32}$$

7.2.3　市民化中人力资本和社会资本的收入影响

为分析市民化过程中人力资本和社会资本对新生代农民工收入的影响问题，需要先探讨人力资本和社会资本对农民工市民化会产生什么样的影响。式（7-32）中，给出一般均衡状态下即经济状态收敛到相对稳定状态时人力资本的存量，根据这个结果，可以求得有关市民化程度的两种极端状态时的均衡的人力资本水平，这两种状态是，一种是市民化程度 $\mu = 0$，即无法实现市民化的非市民化状态；另一种是市民化程度 $\mu = 1$，实现市民化的完全市民化状态。

当 $\mu = 0$ 时的人力资本水平：

$$Ph^* g/\omega\lambda - (P - s_1 P_{a_1} - s_{23} P_{a_{23}} - s_b P_\varepsilon) \lambda^\gamma P_a^{\alpha+2} (h^*)^{\beta+\gamma}$$

$$= -\frac{3}{2}(P - s_1 P_{a_1} - s_{23} P_{a_{23}} - s_b P_\varepsilon) dP_a^{\frac{1}{2}} + \frac{1}{2}(1 - s_1) P_a^{\frac{3}{2}} \tag{7-33}$$

当 $\mu = 1$ 时的人力资本水平：

$$Ph^* g/\omega\lambda - (P - s_1 P_{a_1} - s_{23} P_{a_{23}} - s_b P_\varepsilon) \lambda^\gamma P_a^{\alpha+2} (h^*)^{\beta+\gamma}$$

$$= -\frac{1}{2}(P - s_1 P_{a_1} - s_2 P_{a_2} - s_3 P_{a_3} - s_b P_\varepsilon) dP_a^{\frac{1}{2}} \tag{7-34}$$

从上可知，人力资本在 $\mu = 1$ 时会高于 $\mu = 0$ 时的水平。因此说明，通过提高人力资本水平，促进农民工更好完成市民化目标，是建立提高农民工福利水平（如收入水平）的基础。进一步，可以通过推导人力资本和社会资本耦合结果对其市民化的影响，解析资本积累对农民工影响的机制。

具体说，这里的市民化程度为：

$$\mu = \frac{\left\{ 2P_{a_1} \left[\left(\dfrac{P_b}{P}\right)^{1-\varepsilon} \varepsilon^1 (Bh_b^{\varepsilon+\delta})^{-\varepsilon} - \lambda^\gamma P_a^{\alpha+2} h_a^{\beta+\gamma} + \dfrac{3}{2} \cdot dP_a^{\frac{1}{2}} \right] \right\}}{\left\{ dP_a^{\frac{3}{2}} - 2P_{a_{23}} \left[\left(\dfrac{P_b}{P}\right)^{1-\varepsilon} \varepsilon^1 (Bh_b^{\varepsilon+\delta})^{-\varepsilon} - P_a^{\alpha+2} h_a^{\beta+\gamma} + \dfrac{3}{2} \cdot dP_a^{\frac{1}{2}} \right] \right\}}$$

则：
$$\lim_{\lambda \to +\infty} \mu = -\frac{P_{a_1}}{P_{a_{23}}} \tag{7-35}$$

$$\lim_{\lambda \to 1^+} \mu = \frac{\left\{2P_{a_1}\left[\left(\frac{P_b}{P}\right)^{1-\varepsilon}\varepsilon^1(Bh_b^{\varepsilon+\delta})^{-\varepsilon} - P_a^{\alpha+2}h_a^{\beta+\gamma} + \frac{3}{2}\cdot dP_a^{\frac{1}{2}}\right]\right\}}{\left\{dP_a^{\frac{3}{2}} - 2P_{a_{23}}\left[\left(\frac{P_b}{P}\right)^{1-\varepsilon}\varepsilon^1(Bh_b^{\varepsilon+\delta})^{-\varepsilon} - P_a^{\alpha+2}h_a^{\beta+\gamma} + \frac{3}{2}\cdot dP_a^{\frac{1}{2}}\right]\right\}}$$

$$\lim_{\lambda \to 1^+} \mu < \frac{\left\{2P_{a_1}\left[\left(\frac{P_b}{P}\right)^{1-\varepsilon}\varepsilon^1(Bh_b^{\varepsilon+\delta})^{-\varepsilon} - P_a^{\alpha+2}h_a^{\beta+\gamma} + \frac{3}{2}\cdot dP_a^{\frac{1}{2}}\right]\right\}}{\left\{-2P_{a_{23}}\left[\left(\frac{P_b}{P}\right)^{1-\varepsilon}\varepsilon^1(Bh_b^{\varepsilon+\delta})^{-\varepsilon} - P_a^{\alpha+2}h_a^{\beta+\gamma} + \frac{3}{2}\cdot dP_a^{\frac{1}{2}}\right]\right\}}$$

$$= -\frac{P_{a_1}}{P_{a_{23}}} \tag{7-36}$$

以上结果显示，当 $\lambda \to +\infty$ 时，即人力资本与社会资本相互之间产生高度耦合时，市民化程度结果可以用式（7-35）来表示。当不存在良好耦合，即社会资本无法提升人力资本作用时，则市民化程度结果用式（7-36）表示，这说明，增加社会资本与人力资本的耦合度，可以提升市民化水平和质量。换言之，提升社会资本水平，可以有助于提高农民工市民化水平。

从上可知，一方面，人力资本水平影响农民工市民化水平和质量，人力资本水平高，市民化效果好。反之，则阻碍市民化进程。另一方面，人力资本与社会资本的耦合程度较高时，同样可以促进农民工市民化水平的提高。在这个条件下，前述式（7-23）为农民工实际收入水平的表示式，从中可以推导出，在其他影响因素一定的条件下，提升农民工人力资本水平，或提升农民工社会资本水平，或提高农民工人力资本与社会资本耦合度，均可以促进农民工收入水平的提升。

7.3　市民化中的收入作用机制

7.3.1　农民工收入效应模型

根据收入效用理论，关于收入问题，最重要的是收入稳定性问题和收入质量问题,收入稳定性与收入质量又相互作用。其中,收入稳定性问题是研究收入质量的基础,而收入质量决定收入预期和收入增长,对新生代农民工来说,它也会对其效用偏好产生直接的影响。

这里,作为对照,先分析上一代农民工,假设上一代农民工具有农民基本属性①,需要既从事非农劳动也从事农业劳动即其需要分配所具有的人力资源($\overline{H}$)到农业劳动和非农劳动,并追求劳动收入最大化。劳动收入包括非农劳动部分和农业劳动部分,非农劳动收入来自农民工离开农村、城市务工的收入,以工资性收入为主;农业收入则来源于农民的农业生产性收入,即从事第一产业获取的经营性收入。对于非农劳动部分的工资性收入,不同城市区域的就业率以及农民工的流动成本不同,使其工资性收入产生工资折扣率(δ)。

首先,农业生产技术函数可以用式(7-37)表示:

$$y = f(l, k, m) \tag{7-37}$$

这里,l 为农业生产中的劳动投入,k 为用于农业生产资料上的资金投入,s 为土地投入。如果假设农产品产出的边际投入为正值,则交叉导数均为非负值。因此,可以得到农民的收入目标函数:

$$\max_{i,k,m \geqslant 0} \left[pf(l, k, m) \right] - rk - \mu m + \delta(\overline{H} - l) \tag{7-38}$$

这里,p 为农产品价格向量,r 为资金借贷利率,μ 为土地租金率。($\overline{H} - l$)为所有家庭成员中,具有人力资源价值的从事非农劳动(外出务工)的人数。

其次,与其他国家相比,中国农业体制具有一定特殊性,因此,在此需要对式(7-38)进行相应调整。特殊性主要表现在以下方面:

(1)农民地权。农村家庭拥有的土地量相对一定,且不能进行完全转让,即在集体所有制土地制度下,虽然农民可以进行地权流转,包括使用权转让、土地出让等,但还不能进行完全自由的转移地权。同时,由于农村劳动力外出务工,以农田为主的农村土地中存在闲置现象,而且土地获得再利用的机会成本很低,从中获得额外收入非常困难。从事农业生产需要以农业劳动力为载体,通过土地获取农业生产性的经济收入具有较大不确定性,且无法直接度量。因此,土地规模($\overline{m}$)具有外生性,作为外生变量时可以在上式中忽略 μ。

---

① 因为此处的上一代农民工可以被农民称谓所替换,因此,本节中使用农民的称谓。

（2）由于农产品价格因素以及政策性因素的影响，以土地为基本生产资料的生产性行为所带来的收益远低于非农劳动的收益。即使如此，农业劳动者还存在失去土地使用权的风险。但在经济性上，土地依然是最具价值的资产，假设农民要支出一部分劳动去从事农业生产，利用这种配置方式使其成为农民目标函数条件，在此条件约束下，最大限度保证劳动力供给，保证土地有效使用。对应目标函数为：

$$\max_{i,k}\left[\,pf(l,\ k,\ m)\,\right]-rk+\delta(\overline{H}-l)\,] \tag{7-39}$$

当约束条件表示为 $\underline{H}<l<\overline{H}$ 时，可在库恩塔克一阶条件下，进一步获得最优化结果：

$$pf_1(l,\ k,\ \overline{m})-\delta=\left\{\begin{array}{l}>0,\ l=\overline{H}\\<0,\ l=\underline{H}\\=0,\ \underline{H}<l<\overline{H}\end{array}\right\}$$

$$pf_1(l,\ k,\ \overline{m})-r=0$$

根据以上分析，进行农民工收入效应的比较静态分析，收入效应主要有两种，一是产生内涵边际效应，即农民工通过提高工作强度，增加工作时间等，使其收入增长；二是通过实现农民转化为农民工，并最终实现市民化成为城市居民，实现外延边际效应，其收入得到增长。在最佳收入效应实现时，产生在内涵边际和外延边际。其中，内涵边际为收入对象提高的工作强度，外延边际为农民最终转化为农民工的结果。

以上分析需要在以下假设约束条件下完成。

条件1：当 $dl/d\overline{m}\geq0$ 时，第一产业劳动力需求增加，使从事非农劳动力的劳动者数量减少；

条件2：当 $dl/d\delta\leq0$ 时，可以通过提供更高的贴现工资率，吸收大量农村劳动力，进入非农产业生产活动领域——成为农民工。在农民工阶段，年龄、性别、家庭经济特征等个人属性对农民工工资贴现产生影响；

条件3：以家庭单元考虑时，农民工从事非农生产活动所付出的实际劳动量（L）为家庭总劳动量（$\overline{H}$）中排除农民工的农业劳动量（A）之后的劳动量，即 $L=\overline{H}-A$，家庭总劳动量可增加非农劳动量供给。

最后，关于农民工配置的税收效应。绝大多数的农业税收份额产生于土地，对农民工来说，其只需要相对固定的农业税额，其税负规模或多或少地将直接对农民工外出务工预期产生负向影响，同时也影响农民

133

工对农业部门的投入。从农民工外出务工激励视角看，如果农民工的纯收入（农业部门净收益－税收额）低于非农产业中的贴现工资，在农村劳动力配置上，配置于农业部门的劳动力趋向最小化，甚至如新生代农民工完全脱离农业部门。而在外出务工劳动力配置上趋向最大化。因此，农业部门产生的税收会影响农民工劳动力配置的方向和规模，而农民工在相应税收效应配置上，存在两个主要来源，一是增加非农部门劳动力数量，二是农村人口转化为农民工，并进行市民化。

此外，与收入税收最优化理论相同，横向公平效用公式具有一样的相似性假设，可以被运用至家庭单位效用比较模型上。虽然对此假设合理性尚存争议，但许多收入增长问题是以此作为前提假设展开研究的。在实际运用中，经常利用其作为价值判断工具。

假设：家庭单位总效用由夫妇双方家庭消费协同所决定。这里，在考虑替代弹性条件下，可以建立农民工的收入效用函数：

$$U_i = \left[\alpha_{1i}(T - L_{mi})^{-\beta_i} + (T - L_{wi})^{-\beta_i} + (1 - \alpha_{1i} - \alpha_{2i})^{-\beta_i}y_i \right]^{-\frac{1}{\beta_i}} \quad (7-40)$$

这里，U_i 为第 i 户家庭的收入效用，α_{1i}、α_{2i}、β_i 分别为第 i 户家庭收入效用的效用系数，T 为单位时期内个人的劳动投入时间，L_{mi}、L_{wi} 分别为第 i 户家庭中男主人的年工作时间和女主人的工作时间，Y_i 为第 i 户家庭的总收入。

利用农民工的一般效用公式，还可以根据农民工在不同部门中的劳动量及其配置比重，推断上一代农民工的收入效用和新生代农民工的收入效用。同时，可以看出，当用新生代农民工置换农民工时，新生代农民工收入效用不但与其绝对收入水平有关，而且还与单位家庭成员、进入非农产业时间以及收入质量状况有密切关系。

7.3.2　从业流动效应

前有所述，新生代农民工在就业特征上，与城市居民、上一代农民工相比，具有更强的就业流动性，表现出市民化中从业的不稳定特性，这种不稳定性是其收入增长中需要纠正和调整的重要影响因素。这里，通过建立一个简单的城市内从业流动模型，对上述命题进行理论验证。这个模型的基础是上述 7.3.1 中的农民工收入效应函数，通过修正传统的效用函数，通过引入相关因素，分析新生代农民工跨区域外出务工的就业决策。然后，分析新生代农民工就业流动（工作转换）的决策条件，以及根据人力资本理论，验证预期持续性从业时间与收入增长路径的关系。

1. 流动决策

现实中，转换工作即换工，其动因主要源于当前的工作收入、工作条件以及工作稳定性等目标因素偏离于自我预期，通过更换工作，试图纠正这种偏离。这里，可做如下假设：劳动者更换工作是理性的——换工是劳动者依据较为丰富信息所做出的最优选择，并且，换工结果具有良好预期。个体换工行为，可以带来群体视角下的从业流动，从业外部环境的变化是其决策的主要原因（Kenneth，1994）。

以上假设概括为：相关信息对称，劳动者具有理性。

实际上，在劳动力市场信息的获取能力和利用能力上，农民工与城市从业人员相比，其相对有限。因此，农民工尤其是新生代农民工会有更大可能由于工作不匹配或者感觉不匹配而发生工作的转换，这是分析看似简单的城市内部第二三产业部门中的从业流动性时，推断其决策的基础。这里，可以假设直接影响城市从业流动的最主要因素是收入（I），另外，假设劳动时间（T）是劳动者凭借自己意志自由选择的。换句话说，这里的劳动者有了行使闲暇时间与工作时间之间的选择①。

根据以上所述，假如单位家庭中，第 i 户家庭成员发生工作转换，作为预期目标，换工则意味新工作与旧工作相比，处于同等工作条件情况下，其至少需要获得同等的收入。如果设定家庭中第 i 位成员的新工作收入水平为 I_i^2，换工前旧工作的收入水平为 I_i^1，则上述条件可以表示为：

$$I_i^2 \geq I_i^1 \qquad (7-41)$$

式（7-41）是家庭中第 i 位成员从业发生变化的充分必要条件，这是因为在效用函数假设中，家庭中第 i 位成员进行决策时，此家庭其他成员预期收入水平不发生任何变化。因此，如果家庭全体成员依然选择相同工作条件（如工作时间 T）从业的话，则从家庭总收入上说，所

---

① 因为此处的假设条件过于严格，因此在其后论述中，不使用类似假设。

可能引起的变化只有获得 $(I_i^2 - I_i^1)$ 收入增加部分。因此，当实现 $I_i^2 - I_i^1 \geqslant 0$ 的条件时，效用函数发生如下变化：

$$U(I^1, \ t^1, \ T^1) \leqslant U(I^1 + I_i^2 - I_i^1, \ t^1, \ T^1) \leqslant U(I', \ t', \ T') \qquad (7-42)$$

这里，I'，t'，T' 分别为家庭中第 i 位成员发生从业流动后，家庭成员中全体劳动者在此基础上做出效用最大化时所选择的 T 和 I。

另外，如果 $I_i^2 - I_i^1 < 0$，则家庭成员中根本不会出现从业流动者。

据上述分析，可以得出以下的命题结果，对农民工来说，在城市内从业流动、工作更换的决策中，作为一个理性劳动者，决策因素只与其收入水平变化有关，即只考虑收入水平变化因素。以上结论意义在于，城市中就业流动决策中，完全可以将家庭选择意义等同于家庭成员的劳动者个体，与家庭成员个体收入水平变化有关，与其他变量因素无关。

2. 劳动者特性

新生代农民工是农民工群体的组成部分，虽然从整体上看，存在农民工内部存在行为之间的代际差异，但并非本质区别。根据工作匹配理论，与上一代农民工相比，新生代农民工有一定的工作不稳定性属性，这是不同于传统外出务工者的特性。当然，并不需要进行所谓的特定假设，对此，可以利用劳动经济学理论来说明和解释。根据劳动经济学理论，从业流动上的工作转换是劳动者与用工单位之间的一个工作匹配过程，多数多次的工作转换结果，单纯从劳动匹配视角看，可以一定程度上提高工作匹配度。但随着年龄增长，劳动者的工作转换动机会逐渐减弱。因此，新生代农民工由于年龄上相对年轻，会出现从业稳定性较差的现象，且只有通过这种转换过程，实现劳动者属性与工作属性的最佳匹配，追求更高的收入水平，这也是提高市场效率的一个过程。另外，假设新生代农民工在早期工作中就业流动符合一般客观经济规律的话，城市单位从业人员的低就业流动性则不符合这种规律。这从另一个侧面反映劳动力市场发育相对不健全，主要是制度对劳动者流动约束，劳动者在隐性利益下力求降低工作流动性，而这些利益不会促进劳动生产率的提高，形成农民工视角下的制度歧视性约束，其结果影响用工单位、部门与劳动者的劳动匹配效率，也会降低资源配置的效率（罗正月，2013）。

与新生代农民工不同，上一代农民工虽然多被置于体制之外，缺少制度限制，但其没有表现出较高的从业流动性，而新生代农民工除具有个性张扬、以我为中心等特有心理特征属性外，前有所述，其也具有受教育程度相对较高、对社会认知较为全面等个体特征属性。因此，这些属性对其从业流动、就业稳定性产生影响。但从世界范围的视角看，这也不是新生代农民工的固有特征，甚至不是现代中国新生代劳动者所特有的，新生代劳动者的从业稳定性相对上一代劳动者，较为普遍存在从业稳定性较低的现象，即使在劳动力市场相对成熟的发达国家中，也存在明显的新生代劳动者从业稳定性不佳的现象（罗正月，2013）。因此，从广泛视角上重新认识新生代农民工从业稳定性较低现象时，可以发现，除上述所言固有的心理特征属性变化外，由于科技化、信息化等技术进步带来的社会产业结构的快速调整，对劳动者所具有的人力资本和社会资本的需求，在劳动力市场上，表现为就业流动性增加的结果。

综上所述，与其他劳动群体相比，新生代农民工从业流动性较强，这也可以在经典劳动经济学理论上得到印证。随着年龄增加、家庭组成的变化，新生代农民工的工作匹配程度会得到提高。当收入水平可以维持于较高水平时，其工作转换的机会成本增加，其就业流动性可以收敛至一般劳动者的正常水平。

3. 收入影响

新生代农民工务工过程中，在同一行业或职业的同一岗位上，其从业时间越长，会不断积累更多的工作经验，提高劳动生产率。同时，收入水平得到提高。随着从业行业、部门的发展，劳动生产率提高的同时，人均资本存量得到增加。但是，对同样从业在用工单位的劳动者来说，其工资性收入增长状态会有所不同，存在很多影响因素。在此，对新生代农民工收入增长的研究中，只考虑研究对象主体即新生代农民工的预期工作持续时间因素所带来的影响。

对用工单位来说，从事同样工作的劳动者，会对相对预期从业时间长的劳动者给予更多的关注和培养，因为这样用工单位可以得到相对长久的回报。此外，这种关注和培养可以使劳动者得到更好发展，体现于工资性收入上，即预期收入增长率会更高。这样，可作一个正式假设，工作相同，工资性收入增长率与预期工作持续时间有正向相关关系，这

137

也是农民工创造收益在用工单位和其自身之间的再分配过程，在理论上，农民收入水平与其可以获得从事农业生产收益的完全分配结果不同，这也是用工单位的收益等价于农民工工资性收入的过程。

均衡工资与就业流动性决策。如果工资性收入一定，用工单位只考虑内部劳动者的最高工资性收入水平[1]。但预期可持续务工时间下，用工单位则还需要考虑劳动者平均工资性收入水平，即工资性收入水平的均衡性。

如图 7-2 所示，如果假设工资性收入变化曲线为线性曲线[2]，用工单位的均衡工资水平为 W^*。此条件下，对劳动者的从业时间上存在两种选择，雇佣劳动者数量一定时，第一种选择：雇佣一名预期从业持续时间为 N 的劳动者 A；第二种选择：连续雇佣两名预期从业持续时间为 N/2 的劳动者 B 和 C。两种选择由于维持的均衡工资相同，依照预期结果，两种选择对用工单位来说，其收益结果相同。

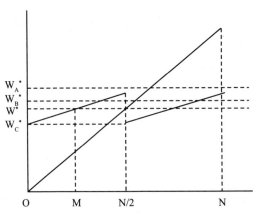

图 7-2 从业时间稳定性与均衡收入水平的关系

对于新生代农民工劳动者，其进行从业行业或职业选择时，均衡的工资性收入水平是重要的参考条件，即均衡工资性收入水平最高，但在长期从业时间中，并非任何阶段均为较高收入水平时期，某项工作会出现前期的收入水平高于当前工作，但在后期其收入水平则较低。这里如

---

① 根据劳动经济学理论，劳动者工资水平最大时，用工单位（企业）有最大收益预期。

② 如果考虑工资性收入通常按照固定增长率变化时，工资曲线为指数形式则更合理。

果做一个极端假设的话，即一项工作其收入水平恒定且只比当前工作均衡收入水平稍低。基于这个角度，可以认为新生代农民工劳动者，在其选择当前工作时，其前期接受的低于均衡工资性收入的部分，可以看作是其愿意担负的收入损失部分，并且这一部分将会在后期工作中工资性收入水平高于均衡水平时得到补偿。这个收入损失部分来源于新生代农民工劳动者在具体工作岗位上的人力资本积累以及工作经验获得、岗位适应等过程，这些是其收入可持续增长的源泉。

因此，在相同行业或相同职业的岗位上，前期工作可被看作播种，后期工作则为收获。工作转换最直接的损失为前期经历与经验的沉没，尤其是与前期并无关联的工作，劳动者必须重新开始积累。在很多领域，前期积累可以延续，这些积累结果可以增加当期工作的劳动生产率，也可以增加工作经验值。因此，这种工作转换，在工资性收入水平变化上相对较小。

如图 7-2 所示也可以看出，劳动者 A 的预期工作持续时间较长，其前期收入损失多于工作持续期较短的劳动者 B。其结果产生的直接影响是，当劳动者出现工作转换时，其需要在其后工作的工资性收入增长中寻求补偿。如果劳动者 A 和劳动者 B 均出现工作转换，劳动者 A 需要比 B 在其后工作中弥补更多。工作转换时机为 M 点时，劳动者 A 在其后工作中的均衡工资性收入水平至少需要维持于 W_A^* 点，其水平高于劳动者 B 的 W_B^* 点。这说明相比劳动者 B，预期工作持续时间更长的劳动者 A，其工作转化带来的从业环境变化更大。其中，最重要之处在于其再获得工作的平均工资性收入水平远高于变化前，从而使劳动者 A 的工作更加稳定。提高工作稳定性的最大原因，是其转换工作的机会成本较大，大于比预期工作持续时间相对较短的劳动者 B 的机会成本。因此，对用工单位来说，更倾向于雇佣劳动者 A，而不是继续雇佣 B 和 C。

以上可见，一方面，在均衡工资性收入不存在差异时，预期工作持续时间越短，当前工作转换所引起的经济损失相对较小，这种状态下的劳动者会更倾向于发生从业流动，这也可以较好解释农民工尤其是新生代农民工工作转换频率较高的原因；另一方面，如果前期预期工作持续时间越短，工作转换后对前期经济补偿所需要的时间也会越短。因此，后期获得的工作需要具有更高的均衡工资水平，只有这样，才能使劳动者发生从业流动,对预期工作持续时间较短的劳动者来说,这将成为其从业流动的阻碍因素。

综上所述,可得出如下的命题结论:在劳动者工资性收入函数为凸函数时,相同工作、相同均衡工资性收入水平条件下,预期的持续工作时间越长,换工频率越低。

7.3.3 从业流动凸函数分析

收入水平变化中存在凸函数假设,新生代农民工的工资性收入变化也符合这样的规律,即经济正常发展中,企业将按照一个固定比例来提高工资水平,而非按照固定金额,其增长率呈线性,为凸函数并递减。在此,根据上节的分析,可以先提出一个与上述章节相似的结论:与城市单位从业人员相比,新生代农民工在城市内具有更强的从业流动性。对此,可以使用预期工作持续时间与换工率等因素的数理分析来论证。

首先,设定与前文中相同的假设,即只存在农村劳动市场和城市劳动市场,劳动力市场之间可以自由流动,流动可以使劳动者获得最优工作选择,但并非工资性收入水平相等。然而,劳动者具有非同质性,即每个劳动者从事任何工作的劳动生产率都有所不同,对用工单位来说,劳动就业市场上的劳动者从事相同工作时,其劳动生产率也不尽相同。这种均衡状态提示劳动者提供劳动的过程为劳动者与工作的匹配过程,由于外在因素的变化,在任何时间点上都可能出现均衡状态的改变。其中,如果当前不是工作中最优工作①时,均衡工资性收入与当前工作的均衡工资性收入的比例为 θ,其服从期望值为 1 的某种概率性分布,一旦劳动者发生工作流动,换工后也不会改变所成立的新均衡中形成的工资性收入差异。这里,假设工资性收入比例的期望值为 1,意味着劳动市场的外部环境发生变化后,劳动者会预期再次外部环境变化时,当前所从事的工作仍然最优。因此,劳动者总会以当前工作状态来考虑和预期其永久性收入水平,这个期间,每个任意时间点的改变上具有独立同分布。

设定劳动者(农民工)工资性收入函数为,$W = f(t, T')$,t 为当

---

① 最优工作体现于效用最大化,而非工资性收入水平最大化的工作。

前工作持续时间，T' 为预期工作持续时间，$W(t, T') > 0$，$\partial W(t, T')/\partial t \geqslant 0$，$\dfrac{\partial^2 W(t, T')}{\partial t \partial T'} \geqslant 0$。在 T' 一定时，$W(t, T')$ 对于 t 为凸函数，函数的具体形式与所从事工作的行业或职业形式有关。

$\dfrac{\partial^2 W(t, T')}{\partial t \partial T'} \geqslant 0$，此式说明，随预期工作持续时间的增加，其工资性收入增长量而有所增加。所有工资性收入的关系变量均使用纯收入形式，即工资性收入中扣除工作居住地的基本支出之后的剩余部分。这样的假设利于处理农民工的工资性收入，因为农民工及其家庭多分散于农村和城市时，其可以选择将大部分的收入用于家庭消费，而不需要在收入水平上发生折扣，这也是上一代农民工外出务工的基本状态。

首先，计算均衡工资性收入水平。

$$W^* = \frac{\displaystyle\int_0^{T'} W(x, T')\,dx}{T'} \tag{7-43}$$

进一步可以得到式（7-44）：

$$\theta = \frac{T'^1 \displaystyle\int_0^{T'2} W^{2*}(x, T')\,dx}{T'^2 \displaystyle\int_0^{T'1} W^{1*}(x, T')\,dx} \tag{7-44}$$

当假定从事相同工作的不同劳动者，其均衡工资性收入均为 W^* 时，则根据式（7-43），可得到：

$$\frac{\partial}{\partial T'}\left[\frac{\displaystyle\int_0^{T'} W(x, T')\,dx}{T'}\right] = 0 \tag{7-45}$$

根据式（7-44）可知道，从业流动时，即换工的基本工资性收入比例条件为：

$$\int_t^{T'} W^1(x, T')\,dx \leqslant \int_0^{T'-t} W^2(x, T'-t)\,dx = \theta(T'-t)W^{1*} \tag{7-46}$$

进一步可以得到式（7-47）：

$$\theta \geqslant \frac{\displaystyle\int_t^{T'} W^1(x, T')\,dx}{(T'-t)W^{1*}} \tag{7-47}$$

可以得到此状态下的换工率（ε）：

$$\varepsilon = \text{Prob}\left\{\theta \geqslant \theta_0(t, T') = \frac{\int_t^{T'} W^1(x, T')dx}{(T' - t)W^{1*}}\right\} \qquad (7-48)$$

这里，$\theta_0(t, T')$ 值越大，则换工率越低。因此，如确定换工率 ε 与预期工作持续时间 T' 的关系，只需要判断 $\dfrac{\partial \theta_0(t, T')}{\partial T'}$ 为正值或负值即可。

$$\frac{\partial \theta_0(t, T')}{\partial T'} = \frac{W^1(T', T') + \int_t^{T'} \dfrac{\partial W^1(x, T')}{\partial T'}dx - W^{1*}\theta_0(t, T')}{(T' - t)W^{1*}}$$

$$(7-49)$$

其中，$\dfrac{d\left[\int f(x, y)dx\right]}{dy} = f(y, y) + \int \dfrac{\partial f(x, y)}{\partial y}dx$

从式（7-45）可得，$\dfrac{\partial \theta_0(0, T')}{\partial T'} = 0$，所以只需要检查二阶导

$\dfrac{\partial^2 \theta_0(0, T')}{\partial t \partial T'}$。

$$
\begin{aligned}
\frac{\partial^2 \theta_0(t, T')}{\partial t \partial T'} &= \frac{\dfrac{W^1(t, T')}{\partial T'} + \dfrac{(T' - t)W^1(t, T') - \int_t^{T'} W^1(x, T')dx}{(T' - t)^2}}{(T' - t)W^{1*}} + \\
&\quad \frac{W^1(T', T') + \int_t^{T'} \dfrac{\partial W^1(x, T')}{\partial T'}dx - W^{1*}\theta_0(t, T')}{W^*(T' - t)^2} \\
&= \frac{(T' - t)[W^1(t, T') + W^1(T', T')] - 2\int_t^{T'} W^1(x, T')dx}{(T' - t)^3 W^{1*}} + \\
&\quad \frac{\int_t^{T'} \dfrac{\partial W^1(x, T')}{\partial T'}dx - \dfrac{\partial W^1(t, T')}{\partial T'}(T' - t)}{W^*(T - t)^2} \\
&= A + B \qquad (7-50)
\end{aligned}
$$

对式（7-50）中的 A 项和 B 项进行考察。针对 A 项，需要首先从 $W^1(t, T')$ 入手，因为在 T' 一定的条件下，$W^1(t, T')$ 相对于 t 为凸函数，所以可得式（7-51）：

$$W^1(t, T') + W^1(T', T')$$

$$= \frac{[W^1(T', T') - W^1(t, T')](T'^2 - t^2)}{(T' - t)^2} + \frac{2[T'W^1(T', T')](T' - t)}{(T' - t)^2}$$

$$= \frac{2\int_n^{T'} \frac{[W^1(T', T') - W^1(t, T')]}{T' - t}x + \frac{[T'W^1(t, T') - tW^1(T', T')]}{T' - t}dx}{T' - t}$$

$$= \frac{2\int_t^{T'} \frac{T' - x}{T' - t}W^1(t, T') + \frac{x - t}{T' - t}W^1(T', T')dx}{T' - t}$$

$$= \frac{2\int_t^{T'} W^1\left(\frac{T' - x}{T' - t}t + \frac{x - t}{T' - t}T', T'\right)dx}{T' - t}$$

$$= \frac{2\int_t^{T'} W^1(x, T')dn}{T' - t} \tag{7-51}$$

由式（7-51）可知，A≥0。

而且，

$$B = \frac{\int_n^{T'} \frac{\partial W^1(x, T')}{\partial T'}dx - \frac{\partial W^1(t, T')}{\partial T'}(T' - t)}{W^*(T' - t)^2}$$

$$= \frac{\int_t^{T'} \frac{\partial W^1(x, T')}{\partial T'} - \frac{\partial W^1(t, T')}{\partial T'}dx}{W^*(T' - t)^2}$$

$$= \frac{\int_t^{T'} \int_t^x \frac{\partial^2 W^1(n, T')}{\partial n \partial T'}dndx}{W^*(T' - t)^2}$$

$$= \frac{\int_t^{T'} \int_t^{T'} \frac{\partial^2 W^1(n, T')}{\partial n \partial T'}dxdn}{W^*(T' - t)^2}$$

$$= \frac{\int_t^{T'} (T' - n) \frac{\partial^2 W^1(n, T')}{\partial n \partial T'}dn}{W^*(T' - t)^2} \tag{7-52}$$

因为，$\frac{\partial^2 W^1(n, T')}{\partial n \partial T'} \geq 0$，所以 B≥0。

进一步将 A 与 B 合并，可知$\frac{\partial^2 \theta_0(t, T')}{\partial t \partial T'} \geq 0$，进而$\frac{\partial \theta_0(t, T')}{\partial T'} \geq 0$。

由此证明：相同工作、相同均衡工资性收入条件下，预期工作持续时间越长，换工率越低，间接说明其具有提高收入水平的作用。

7.4 本章小结

本章从收入视角对新生代农民工增收内部环境进行理论分析，首先建立总体理论分析框架；其次是对新生代农民工的人力资本和社会资本收入增长作用的理论探讨；最后结合市民化，阐明收入作用机制。

主要结论如下。

（1）在新生代农民工收入基础上，从业稳定性具有最重要作用。与上一代农民工不同，新生代农民工在城市与农村之间的两栖性较弱，但同样面临就业稳定性问题。由于其劳动观念等因素，其就业稳定性问题更加显著。通过市民化，借助于城市性进行自我重塑，与城市经济和社会文化进行良好匹配，实现个体发展的同时，群体收入水平也将完全融入城市。这个过程中，人力资本、社会资本、从业特征、城市融入等是市民化视角下新生代农民工最重要的收入影响因素，这些因素之间互为影响。

（2）人力资本、社会资本、从业特征和城市融入等通过影响从业稳定性而影响收入。其中，个体特征中人力资本要素为劳动力分化的决定性因素，影响其进城务工后的发展与工作稳定性，人力资本还会影响其城市融入程度，并对从业稳定性产生影响；社会关系网络的强度在其就业中所表现的社会资本可决定其就业能力的强弱和稳定性；从事行业和职业的选择，以及不同行业、不同职业对新生代农民工的不同择业要求，最终反映为新生代农民工不同的从业特征。稳定性因素的影响方式主要包括资本积累（主要是人力资本积累）、从业经验以及改变相应劳动关系等。

（3）理论分析人力资本和社会资本的作用关系、作用机制，以及对收入水平的影响。从结果看，人力资本的增加，可以在经济行为中产生间接提高社会资本存量价值，这是人力资本与社会资本之间存在固有的互补关系，将这种关系运用到农村劳动力转移中收入问题研究中，可以表示为决定和影响其收入水平以及收入变化的重要因素中，除人力资本、社会资本的作用之外，还存在两者耦合作用结果的影响。其中，在社会资本作用基础上，人力资本可以产生重要效应。

（4）根据收入效用理论，收入问题涉及稳定性和收入质量，稳定性是收入质量的基础，收入质量决定收入预期和收入增长。对新生代农民工来说，它也会对其效用偏好产生直接影响。在建立农民工收入效应模型基础上，市民化中新生代农民工收入作用机制体现于流动决策、所表现的劳动者特性以及对收入水平的影响中。最后，通过从业流动凸函数分析，推论相同工作、相同均衡工资性收入条件下，预期工作持续时间越长，换工率越低，间接产生提高收入水平的作用。

第8章 新生代农民工收入属性实证分析

8.1 调查概要

8.1.1 数据来源

2015年1~4月，在山东省内实施问卷调查。按照山东省经济社会发展水平，从全国农村转移劳动力特征看，其农民工流动特征区位介于纯输入地与纯输出地之间。调查问卷以量表测量法为主，从外部社会经济环境的相似性以及可实施性等因素考虑，选定山东省枣庄市薛城区为输出地基点调查的田野地，将其所辖的7个镇街中的两个街道办事处剔除，从陶庄镇、邹坞镇、常庄镇、周营镇、沙沟镇五个乡镇中选取样本。根据薛城区劳动和社会保障局、统计局编制的《2014年薛城区农村劳动力外出务工情况调查报告》，全区农民工数量为3.76万人，可推算其中新生代农民工数量在1.23万人左右。本问卷调查设定为10%调查，即调查人数为1200人。

调查对象为16~34岁之间的农村户籍者，其在户籍所在地以外的城镇务工，并且务工时间累积超过6个月。调查在五个乡镇所属中心小学的大力配合下，通过就学儿童将问卷传递给其亲属，确认后进行回收。具体人数为陶庄镇、邹坞镇、常庄镇各200人，周营镇、沙沟镇各300人①，共发放问卷1200份，回收问卷1121份，回收率93.4%，通

① 根据薛城区农村劳动力外出务工情况调查报告，周营镇和沙沟镇经济发展水平相对较弱，外出务工人员较多。

过对问卷再确认及整理，剔除主要询问项缺损且无法补救的无效问卷后，确定有效问卷为 1082 份，有效回收问卷率 90.2%。

调查问卷有 3 个大项，被分为 A~G 等 7 个中项组成（详见本书结尾的附录）。第一大项为个人基本属性部分，包括被调查者性别、年龄、婚姻状况、受教育程度、外出务工年数、收入水平等；第二大项为以城市融入程度为市民化测定指标的设问部分，主要包括在输入地务工过程中的城市融入度认知结果等；第三大项部分为市民化过程中的个人感知因素，主要包括代际差异特征、社会资本拥有、心理特征、制度障碍等四大题项。具体中项内容为，A 项为人口一般属性项，B 项为人力资本属性项，C 项为社会资本属性项，D 项为从业属性项，E 项为收入属性项，F 项为市民化属性项，G 项为综合感知属性项。

8.1.2 田野地概况

田野地——薛城区地处山东省枣庄市西部，是山东省的南大门，境内东北及东南部有两条山脉，共有大小山头 137 个，大体呈东西方向展布，属沂山余脉。现辖 7 个镇街，分别为陶庄镇、邹坞镇、常庄镇、周营镇、沙沟镇、临城街道办事处、巨山街道办事处，共有 197 个行政村、24 个居委会。2014 年底，人口统计为 44.9 万人，其中城镇人口 17 万人、农村人口 27.9 万人。地理位置，北与枣庄市、滕州市为邻，自东北向东南依次与枣庄市的山亭区、市中区、峄城区接壤，西与济宁市微山县毗连，总面积 423 平方公里。在交通区位上，距离江苏徐州机场 67 公里，距离山东济南机场 250 公里，为京沪高速铁路、京沪铁路、枣临铁路等铁路交通站点城市，京台高速公路、枣临高速公路等国道及店韩路、郯薛路、枣曹路、山官路等省干道穿境而过。其中，薛城站为京沪高速铁路一级站点，到京沪仅需 2.5 小时。从全国、全省及全市主要社会经济指标比较结果看（见表 8-1），其农村人口比例高，城市化率较低，人均耕地面积少，居民收入水平较低。

147

表 8-1　　田野调查区域主要社会经济指标比较（2014 年）

指标	全国	山东省	枣庄市	薛城区
总人口（万人）	136782	9747	401	44
户籍城镇化率（%）	54.77	43.96	36.71	38.72
15~64 岁劳动人口比重（%）	73.51	72.00	74.24	73.47
户均人口（人）	3.00	3.08	3.42	3.60
高中教育人口比重（%）	15.55	13.91	14.08	13.84
人均农作物播种面积（亩）	1.81	1.70	1.52	1.17
三产构成（产值比）	9:43:48	8:48:44	8:54:38	5:79:16
城镇居民人均可支配收入（元）	28844	29222	27596	27758
农村居民人均可支配收入（元）	10489	11882	12145	12073
其中，经营性收入（元）	4237	5431	5083	3862
城乡居民恩格尔系数比	35:38	33:35	33:34	—

注：城乡居民恩格尔系数比为 2013 年数值。"—"表示无相应数据。
资料来源：中国国家统计局编《中国统计年鉴 2015》、山东省统计局编《山东统计年鉴 2015》、枣庄市统计局编《枣庄统计年鉴 2015》及《薛城区 2014 国民经济和社会发展统计公报》《薛城区 2015 年政府工作报告》。

　　薛城区劳动和社会保障局调查资料显示，从农民工现状和特点看，数量规模为 3.76 万人，农村劳动力总占比 32.5%。男性为主，占 64.2%。青壮年农民工（新生代农民工）所占比重为 32.7%，其中，20 岁以下占 21%。农民工受教育程度以初中生为主，比例为 62.6%。受农民工素质、技能影响，就业层次较低，从事简单制造业人员比例为 30%，从事建筑业比例为 25%，从事交通运输业比例为 10%，从事餐饮业比例为 7.4%，从事批发零售业比例为 7.2%。流动空间看，以省内流动为主，占比 75%，其中，区外市内占 35%，市外省内占 40%，省外占比 25%。市外省内务工主要分布于青岛、烟台、济南等地，省外主要分布于北京、上海、广东等。农民工收入水平状况中，月均收入低于 1000 元者占 9%，1000~2000 元者占 19%，2001~3000 元者占 44%，3000 元以上者占 28%。

　　以下，从新生代农民工的一般属性、人力资本属性、社会资本属性、从业属性、收入与生活支出属性以及城市融入属性等方面，探讨和分析市民化过程中新生代农民工收入基本控制因素的描述性统计结果。

8.2　人力资本属性描述分析

8.2.1　一般属性

表8-2为新生代农民工的一般人口属性和流动属性特征的描述性统计结果。

表8-2　　　　　　　　人口属性和流动属性统计（n=1082）

属性	特征	频数（人）	占比（%）
性别	男性	743	68.7
	女性	339	31.3
	合计	1082	100.0
婚姻状况	已婚	384	35.5
	未婚	661	61.1
	其他	37	3.4
	合计	1082	100.0
年龄	16~20岁	180	16.6
	21~25岁	506	46.8
	26~30岁	248	22.9
	31~34岁	148	13.7
	合计	1082	100.0
流动输入地	山东省内（省内流动）	840	77.6
	山东省外（跨省流动）	242	22.4
	合计	1082	100.0
流动输出地	山东省枣庄市薛城区	1082	100.0

注：mean=平均值，SD=标准差，M=中位数。
资料来源：田野调查结果整理而成。

（1）性别和婚姻状况。新生代农民工中，以男性为主，743人，占

68.7%，女性 339 人，占 31.3%。已婚者 384 人，占总人数的 35.5%，未婚者 661 人，占比超过 60%。国家统计局《2014 年全国农民工监测调查报告》显示，男性农民工占 67%，女性占 33%。中国农村劳动力转移初期，从国家层面上看，按照劳动人口中性别比例规律，一般流动人口中男女比例基本保持相同的变化规律，即男性略微超半数，女性稍低于半数。农民工中存在男性居多的现象。由于，在跨省流动和省内流动等流动区域不同分布中以及输入地特定的产业要素状况不同，男女比例也存在较大不同。例如，劳动密集型产业集中的区域、第三产业高度发达的大都市中，在外来劳动力需求上，女性多于男性。与此相反，资源型产业、建筑产业等集中区域，则对男性外来劳动者有更大的需求。当然，这是在输出地社会经济状况一定的假设下，考虑输入地劳动力市场状况得出的结果。本次调查结果男性远多于女性，这是由于劳动力以省内流动为主特别是区外市内为主，并且资源型产业就业较多引致的。

（2）年龄。分年龄段看，平均年龄 26.6 岁，16~20 岁占 16.6%，21~25 岁占 46.8%，26~30 岁占 22.9%，31~34 岁占 13.7%。新生代农民工中，以 25 岁以下的青年为主，占 63.4%，25 岁以上的青壮年占到 1/3 强。从劳动力市场需求关系考虑，符合其基本原则，即在劳动力条件相近的条件下，需方更偏重于年轻劳动者，同时，年轻劳动者也具有流动性高的特点。此处的流动性具有两个方面的意味，一方面，对外来劳动者来说，年轻者的流动半径、流动动力及流动弹性更大；另一方面，年轻者对职业的忠诚性相对较弱，一定程度影响务工岗位的在职持续性。

（3）流动分布。以田野地作为农民工流动的输出地，流动分布以省内和省外区分时，新生代农民工在省内流动，即把生活环境相似、移动空间距离相对较近的省内作为输出地的占到 77.6%，而跨省流动占比为 22.4%。前有所述，根据 2014 年全国各省经济发展综合水平，山东省处于全国第一集团，经济发展差距作用于农民工外出务工跨省流动的"推力"相对较弱，省内内部经济发展差距形成的"推力"，使农民工外出务工的输出地更倾向将其置于省内各个城市之中。根据国家统计局《2014 年全国农民工监测调查报告》，东部地区外出农民工（包括新生代和上一代）以省内流动为主，占 81.7%，跨省流动只占 18.3%。

大趋势上，与全国调查结果基本一致。不同的是，本书的调查对象为80后人群，一方面从年龄、受教育程度、技能等考虑，推测新生代农民工进行跨省流动动机较上一代农民工强烈，所以跨省流动比（22.4%）高于全国平均水平。另一方面从输入地具体区域看，跨省流动主要以江苏、上海、广东、浙江、北京等经济发达的东部地区为主，在跨省流动人数中占到89%；省内流动中，近半数的新生代农民工以省内市外（山东省内、枣庄市外）的青岛、烟台、潍坊等山东东部沿海城市以及济南作为输入地，占比为44%；由于枣庄市矿产资源丰富，在能源、化工等工业发展方面具有较好基础。因此，许多人选择离家较近的区外市内从事非农业产业工作，比例为38%。另外还有18%的新生代农民工以本地农民工的形式，选择区内务工。

8.2.2　人力资本属性

表8-3为新生代农民工人力资本属性特征的描述性统计结果。

表8-3　　　　　人力资本属性统计（n=1082）

属性	特征	频数（人）	占比（%）
受教育程度	小学以下	3	0.3
	小学	66	6.1
	初中	455	42.1
	高中	217	20.1
	中专、技校	180	16.6
	大学专科	124	11.5
	大学本科	37	3.4
	合计	1082	100.0
相关的技能证书或技能资格	有	241	22.3
	否	781	72.2
	DK/NA	60	5.5
	合计	1082	100.0

续表

属性	特征	频数（人）	占比（%）
相关的职业培训或技能培训	有	435	40.2
	否	593	54.8
	DK/NA	54	5.0
	合计	1082	100.0
培训时间	1 周以内	87	20.0
	1~2 周	77	17.7
	3~4 周	49	11.3
	1~2 个月	71	16.3
	3~4 个月	89	20.5
	4 个月以上	62	14.3
	合计	435	100.0

注：DK/NA = 不知道/无回答。
资料来源：田野调查结果整理而成。

152

从受教育程度看，以初中文化程度者居多，占到 42.1%。从社会学可知，具有相同的成长环境（户籍所在地相同）、相似文化程度的人，往往具有相似的生活轨迹，或者具有相似的人生经历路径。换句话说，虽然在相近成长环境中，但由于学历不同，其社会的、地理空间上的流动路径可能会有所不同。同样，即使学历相近，由于成长环境不同，也可能产生不同的流动路径。以上提示，相同成长区域、相同文化程度的劳动力转移者，存在一个固定化的职业路径模式。因此，一方面对新生代农民工来说，初中文化程度决定了其省内流动的固定行为方式。另一方面与上一代农民工相比，新生代农民工文化程度有较大提升，高中、中专、技校等层次者的占比达到 36.7%，大专层次者占到 11.5%。同时，调查发现，20~25 岁组的文化程度明显高于其他年龄组。

与城市务工有关，新一代农民工中，有超过 1/5（22.3%）的人具有从事行业、职业有关的某种技能证书技术或某项技能资格，但多数人（72.2%）没有与从业有关的技能证书或技能资格。当然，随着从业时间和从业稳定性不断增加后，拥有技能证书或技能资格的比例将会有所提高。由于受教育程度相对较高，尤其是接受过正规职业教育或技能教育的人数较多，因此，接受过与当前从事行业或职业有关的某种形式的职业培训或技术技能培训的比例相对较高，占到40.2%，同时，超过一半的人（54.8%）没有接受过与从事工作有关的任何形式的技术或技能培训。在接受过职业培训或技术技能培训者中，培训时间的长短存在两极突出的现象，即参加短期培训和较长期培训的人数较多，1～2周的短期培训人数占比为37.7%，3个月及以上的长期培训人数占比为34.8%，短期培训多为用工单位、户籍所在地或务工地政府部门组织的相关培训，而长期培训则多为参加的职业学校、技工学校等相关职业或技术技能培训。

8.3　社会资本属性描述分析

8.3.1　基本属性

表8-4为新生代农民工基本社会资本属性特征的描述性统计结果。

表8-4　　　　　社会资本基本属性统计（n=1082）

属性	特征	频数（人）	占比（%）
C1 自己认识的人中，有外出务工经验的人有多少（单选）	很多（10人及以上）	313	28.9
	较多（5～9人）	471	43.5
	几个人（2～4人）	218	20.1
	几乎没有	67	6.2
	DK/NA	13	1.2
	合计	1082	100.0

属性	特征	频数（人）	占比（%）
C2 与长辈比，自己的最大优势（可多选，不超过3项）	学历高	514	47.5
	年轻	622	57.5
	有技能	415	38.4
	朋友多	402	37.2
	学东西快	250	23.1
	家庭负担轻	321	29.7
	其他	112	10.4
	DK/NA	11	1.0
	合计	2647	244.6
C3 与长辈比，自己的最大劣势（可多选，不超过3项）	见识少	230	21.3
	工作经验不足	411	38.0
	任性	410	37.9
	不能吃苦	402	37.2
	不够勤俭	660	61.0
	交往能力差	189	17.5
	其他	112	10.4
	DK/NA	28	2.6
	合计	2442	225.7
C4 城市中交往最多的人（可多选，不超过3项）	家里人或亲戚	645	59.6
	老乡	530	49.0
	同学	421	38.9
	同事	335	31.0
	朋友	359	33.2
	其他	132	12.2
	DK/NA	22	2.0
	合计	2444	225.9

续表

属性	特征	频数（人）	占比（%）
C5 城市中可以寻求帮助的人（可多选，不超过 3 项）	家里人或亲戚	587	54.3
	老乡	433	40.0
	同学	380	35.1
	同事	265	24.5
	朋友	420	38.8
	其他	106	9.8
	DK/NA	31	2.9
	合计	2222	205.4
C6 与工作有关的方面，有多少人可以帮助自己（单选）	很多（10 人及以上）	130	12.0
	较多（5~9 人）	412	38.1
	几个人（2~4 人）	363	33.5
	几乎没有	156	14.4
	DK/NA	21	1.9
	合计	1082	100.0
C7 与生活有关的方面，有多少人可以帮助自己（单选）	很多（10 人及以上）	178	16.5
	较多（5~9 人）	442	40.9
	几个人（2~4 人）	340	31.4
	几乎没有	89	8.2
	DK/NA	33	3.0
	合计	1082	100.0

注：（1）DK/NA = 不知道/无回答。
（2）C1 - C7 为问卷调查的问题编号，详见附录 1《青年务工人员调查问卷》。
资料来源：田野调查结果整理而成。

此处的社会资本是指个人社会资本，即个体在一种组织结构中所处位置的价值，以及群体中使成员之间互相支持的那些行为和准则的积蓄。从微观层面上看，社会资本主要着眼于个体行动者社会资本的关系指向特征以及个体社会地位状态对其社会资本获取能力的影响，同时关注行动者所处社会网络结构中的位置、社会网络内外部互动关系等；从宏观层面上看，社会资本的网络结构决定其存在于社会组织、社会团体以及社会建制中，个体无法直接占有，也无法完全操控它，只能首先接近或进入资本网络之中，成为网络成员，或者成为网络连带节点关联，才能运用该资本并使其在自我活动中发挥更大作用。与人力资本、物质资本等其他资本形式相同，社会资本的形式主体是人以及是人与人之间产生的各种联系，存在于人际关系的结构之中，并且，这种个人与组织之间的联系可以给个体带来收益，其外在的指标可以表现为优劣势、声誉、商誉、人缘等。

在工作和生活环境中，新生代农民工已经建立一定的社会网络，并可以从其中获得相关工作和生活经验。具体说，在与自己相识的人群中，从具有外出务工经验的人数看，有较多人（5～9人）的比重最大，占到43.5%，同时，也有6.2%的人所认识的人几乎都不具有外出务工经验。以上提示，多数新生代农民工在外出务工之前，可以不同程度的获得一定的相关信息，并拥有一定的社会网络。

在个体社会资本价值方面，与上一代农民工相比较，新生代农民工对认知性最大的自我优势为，年龄上的优势，即年轻（57.5%），其次为受教育程度较高，即学历高（47.5%），再次则为在技能方面，与受教育程度较高相一致，新生代农民工具有较高的技能水平（38.4%）。另外，与上一代农民工相比较，新生代农民工劣势表现于不够勤俭（61%）、工作经验相对不足（38%）以及任性（37.9%）等方面。

城市务工中，务工者交往最多的人为具有血缘和亲缘关系的所谓家里人或亲戚等（59.6%），其次为具有地缘关系的所谓老乡、同乡者（49%），再其次是具有学缘关系的所谓同学（38.9%），而与血缘、亲缘、学缘、友缘、业缘等各种缘关系之外的人交往相对较少（12.2%）。与上面的结果相似，在城市中遇到困难时，通常在向谁寻求帮助方面，首先是向家里人或亲戚寻求帮助（54.3%），其次是向老乡寻求帮助（40%），还有为利用友缘关系，向朋友寻求帮助（38.8%）。

进一步，在城市务工过程中，从工作和生活两个方面，考察新生代农民工社会资本的拥有程度。其中，工作中可以对自己有所帮助的人的数量上，选择有较多人（5～9人）对自己有所帮助的比重最大，为38.1%，即近四成的新生代农民工在工作上可以得到较多人的帮助，大约 1/3 的人（33.5%）只能得到少数几个人（2~4 人）的帮助。同时，有 14.4% 的人，即使工作中遇到困难，也几乎得不到任何人的帮助。生活中可以对自己有所帮助的人的数量上，同样，选择有较多人（5~9 人）对自己有所帮助的比重最大，为 40.9%，而接近 1/3 的人（31.4%）只能得到少数几个人（2~4 人）的帮助。同时，有 8.2% 的人，即使生活中遇到困难，也几乎得不到任何人的帮助。

8.3.2　从业时间

由于新生代农民工多为 21~25 岁的年轻人，外出务工年数相对较短，平均务工年数为 4 年，中位数为 3 年。其中，务工年数不超过 5 年者占 37.2%，6~8 年占 30.5%，9 年及以上占 13%。劳动时间看，周平均超过 6 天，日平均接近 9 小时。从劳动法规及一般城市居民平均劳动时间标准看，存在超时违规现象。但它符合农民工就业特点，由于多从事非正规就业职业，存在一定无业期，同时为增加收入，劳动者自身会有意识增加劳动时间。因此，单纯从周平均劳动日和日平均劳动时间无法完全判断所处的劳动环境在时间上的恶劣程度（见表 8-5）。

表 8-5　　　　　　　　从业时间属性统计（n=1082）

属性	特征	频数（人）	占比（%）
外出务工的总时间（年）	0.5~2 年	209	19.3
	3~5 年	403	37.2
	6~8 年	331	30.6
	9~11 年	110	10.2
	12~14 年	21	1.9
	15 年及以上	9	0.8
	合计	1082	100.0

属性	特征	频数（人）	占比（%）
目前工作的 在职时间（年）	0～2 年	384	35.5
	3～4 年	377	34.8
	5～6 年	182	16.8
	7～8 年	88	8.1
	9～10 年	39	3.6
	10 年以上	13	1.2
	合计	1082	100.0
每周平均工作 时间（日）	5 日	104	9.6
	5.5～6.5 日	713	65.9
	6.5 日以上	265	24.5
	合计	1082	100.0
每天平均工作 时间（小时）	8 小时及以下	387	35.8
	9～10 小时	419	38.7
	10 小时以上	276	25.5
	合计	1082	100.0

注：mean = 平均值，SD = 标准差，M = 中位数。
资料来源：根据田野调查结果整理而成。

8.3.3　求职途径

前有所述，新生代农民工已经成为城市就业的主体以及城市化的主力军。上一代农民工的求职渠道较为单一，主要利用血缘关系、亲缘关系以及地缘关系等缘关系构建的初级社会关系网络，作为其嵌入城市劳动力市场的主要方式。如表 8-6 所示，新生代农民工与此有很大不同，他们的工作寻求途径具有较强的时代特征，其求职途径也更趋多元化。结果看，获得工作的直接决定因素，通过亲朋好友找到现在工作岗位的比例在各种求职途径中依然最高，为 28.9%；而通过互联网等招聘信息，取得工作的比例超过 1/5，占 20.8%。比较上一代农民工，新生代农民工注重城市中的持久性居住或安家落户，因此，其更容易接受和利用微信、QQ 群等网络信息平台，而较为传统的求职途径，例如新闻媒体广告应聘（6.8%）、中介市场或劳务市场中介应聘（10.2%）等形式的利用率相对处于较低水平。

表 8 - 6   求职途径（单选）

属性特征	频数（人）	占比（%）
学校介绍	92	8.5
政府介绍	109	10.1
亲友介绍	313	28.9
中介市场或劳务市场介绍	110	10.2
网络应聘	225	20.8
新闻媒体广告应聘	74	6.8
用工单位直接招聘	58	5.4
偶然	40	3.7
其他	30	2.8
DK/NA	31	2.9
合计	1082	100.0

注：DK/NA = 不知道/无回答。
资料来源：田野调查结果整理而成。

8.4 从业属性描述分析

8.4.1 从业稳定性

从工作稳定性看，一个人的工作是否稳定，是否能够根据自主愿望维持相对长的时间，是就业质量的重要指标，通常使用从业稳定性指数衡量。根据国际通常使用的方法，可用一份工作保持 6 个月以上的可能性来衡量就业的稳定性。具体测算方法有两种：（1）用工作平均持续时间和换工次数来度量，一个人曾经做过几份工作，平均持续时间越长，更换工作的次数越少，就业越稳定；（2）$S = \dfrac{L_1}{L}$，其中，S 为就业稳定程度，即就业稳定指数，L_1 为到目前为止个人职业生涯中保持时间最长的那份工作持续的时间，L 为参加工作时间的长度。S 越大，就业越稳定。结果上看，第二种方法优于第一种方法，这是因为第二种方法消除了个人在职业生涯早期因寻找合适的工作而自愿辞职造成的影响。在每个人职业生涯的早期阶段，一方面，寻找并选择适合自己的一份工作需要时间；另一方面，最初从事的工作或者不是最适合自己的，或者选择条件和要求随时间而变化，因此可能需要经过不同预期条件下的数次选择，多次换工之后，最终固定下来，较长时间从事某一项工作并稳定下来。如果运用第一种方法进行从业稳定性测算，其结果会出现偏差而使其缺乏客观性。

根据本次调查结果，目前从事的工作平均在职时间约为 2 年，绝大多数人（57.3%）有更换工作（跳槽）的经历，更换工作的平均次数为 2.37 次。更换工作的人群中，超过 1/3（34.4%）的人有过更换工作 3 次以上的经历。年龄、职业生涯早期以及城镇内非正规就业等特点对新生代农民工的职业稳定性产生较大影响（见表 8 - 7）。

表 8 - 7　　　　　　　　从业稳定属性统计（n = 1082）

属性	特征	频数（人）	占比（%）
是否换过工作	是	620	57.3
	否	451	41.7
	DK/NA	11	1.0
	合计	1082	100.0
换过工作者，换工次数	1 ~ 2 次	374	60.3
	3 ~ 4 次	213	34.4
	5 次及以上	33	5.3
	合计	620	100.0

注：（1）mean = 平均值，SD = 标准差，M = 中位数。
（2）DK/NA = 不知道/无回答。
资料来源：田野调查结果整理而成。

进一步考察外出务工期间，"没有换过工作"和"换过工作"的原因时发现（见图 8 - 1），不论哪种情况，最大的理由均为"收入原因"，即因为现在的工作可以获得较好收入，所以一直保持在现在的就业岗位上，或者是因为收入不满意，开始更换到其他的就业岗位上。对新生代农民工来说，决定其更换工作的其他重要理由均为劳动条件原因，具体表现为"劳动时间长""工作累""工作环境差"等，而继续从事当前工作的重要理由则为"工作不累""不拖欠工资"以及"工作环境好"等原因。

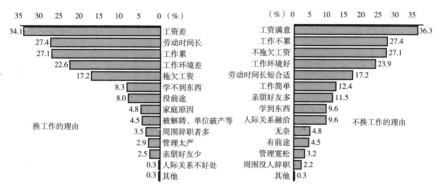

图 8 - 1　外出务工期间有无换工作经历的原因（多选）（n = 1082）

8.4.2　从业结构

表 8 - 8 为就业结构的主要特征。从新生代农民工从业部门的形态属性看，首先以民营企业的占比最大，近 30%，其次是个体承包形式的部门和个体企业形式，比例分别超过 22% 和 17%，最后外资合资企业形式的占比相对较低，约为 11%。山东省虽然属于东部沿海地区，但与珠三角的广东、长三角的上海有所不同，它并不是一个劳动密集型制造业高度聚集的区域，再考虑省内流动因素，在相似流动外部环境下，可以推测就业对象部门选择多为地方企业或是中小企业。另外，从流动媒介看，利用地缘、人缘等各种缘关系实现就业，依然是一个重要途径。因此，进入个人承包形式的就业部门的流动形式，在趋势上有所下降，但依然作为一个重要途径而存在。

表 8 – 8　　　　　　　　从业结构属性统计（n = 1082）

属性	特征	频数（人）	占比（%）
形态属性	国有企业	76	7.0
	乡镇企业	61	5.6
	民营企业	322	29.8
	外资合资企业	121	11.2
	个体企业	189	17.5
	个体承包	241	22.3
	其他	71	6.6
	合计	1082	100.0
规模属性	10 人以下	90	8.3
	11~30 人	183	16.9
	31~100 人	372	34.4
	101~300 人	235	21.7
	301~500 人	117	10.8
	501~1000 人	49	4.5
	1000 人以上	37	3.5
	合计	1082	100.0
行业属性	建筑业	153	14.1
	制造业	338	31.2
	住宿餐饮业	157	14.5
	服务业	94	8.7
	零售批发业	147	13.6
	交通运输业	78	7.2
	农林水产加工业	38	3.5
	其他	78	7.2
	合计	1082	100.0

续表

属性	特征	频数（人）	占比（%）
职业属性	生产员工	456	42.1
	公司职员	119	11.0
	商业员工	251	23.2
	技术员工	90	8.3
	管理人员	55	5.1
	司机、保安	38	3.5
	其他	74	6.8
	合计	1082	100.0

资料来源：田野调查结果整理而成。

从部门规模属性看，以31～100人规模形式为主，占比超过34%，其次为101～300人规模，占比为21.7%，结合上述的从业部门形态属性，这个数字可以间接反映民营企业以及个体企业的规模特性。按照企业普通行业从业人员规模的划分标准，一般说，300人以下为中小企业[1]，新生代农民工的从业单位绝大多数为中小企业部门（61.3%）。

从行业属性看，与农民工监测调查报告的结果有所不同，即新生代农民工行业分布趋于分散，除从事制造业的占比（31.2%）较大外，住宿餐饮业超过从事建筑业的占比（14.1%），为14.5%，零售批发业的占比接近建筑业，为13.6%。另外，前有所述，田野调查地所属枣庄市，矿产资源丰富。因此，"其他"（7.2%）多为从事矿产相关的工作。与上述调查结果相对应，职业属性中，绝大多数为受雇形式从业者，自营业者即"其他"选项的占比仅为6.8%。受雇形式从业者中，以生产员工为主的一般劳动者占42.1%，从事商业相关工作占23.2%，公司职员占11%，在技术员工等专业岗位上以及管理岗位上的占比相

---

[1] 中小企业为相对性概念，通常指与本行业大企业相比规模相对较小的企业。其划分标准通常使用量化指标和质化指标来界定，其中，量化指标通常利用企业从业人员规模、营业收入、资产总额等指标作为划分基准，而质化指标则从经营学角度，利用反映企业经营本质特征的指标作为划分基准。实际划分时，以上两种划分方法还需要结合行业特点。当前，中国中小企业的划型执行国家工业和信息化部、国家统计局、国家发展改革委和财政部等四部门联合下发的《中小企业划型标准规定》（2011年6月18日）的标准。

对不高，分别占8.3%和5.1%。

8.5　收入属性描述分析

表8-9为新生代农民工基本收入方面的属性特征描述性统计结果。

表8-9　　　　　　　基本收入属性统计（n＝1082）

属性	特征	频数（人）	占比（%）
月平均收入	1000元以下	15	1.4
	1001~2000元	144	13.3
	2001~3000元	383	35.4
	3001~4000元	251	23.2
	4001~5000元	140	12.9
	5000元以上	108	10.0
	DK/NA	41	3.8
	合计	1082	100.0
E4收入主要来源（可多选，不超过3项）	固定性工作的工资性收入	803	74.2
	临时性工作的工资性收入	327	30.2
	经营性收入	165	15.2
	财产性收入	141	13.0
	他人资助	60	5.5
	农业收入	44	4.1
	其他	55	5.1
	DK/NA	16	1.5
	合计	1611	148.9

属性	特征	频数（人）	占比（%）
E5 增收途径 （可多选，不超过3项）	提高工资	667	61.6
	换工	312	28.8
	增加工作时间	219	20.2
	兼职	125	11.6
	创业	161	14.9
	提高自身能力	338	31.2
	多交朋友	187	17.3
	利用社会关系	154	14.2
	依靠政府	169	15.6
	其他	70	6.5
	DK/NA	29	2.7
	合计	2431	224.7

注：（1）mean = 平均值，M = 中位数，SD = 标准差。

（2）DK/NA = 不知道/无回答。

（3）E4、E5 为问卷调查的问题编号，详见附录《青年务工人员调查问卷》。

资料来源：田野调查结果整理而成。

8.5.1　收入水平

月平均收入为 2647 元①。对照《山东统计年鉴 2014》中的"就业人员、劳动报酬和社会保障"部分，作单纯比较，其远低于山东城镇单位就业人员月平均工资（3971 元）。月平均收入位于 2001～3000 元区间的人数最多，占比为 35.4%，其次是 3001～4000 元区间，人数占比为 23.2%。月平均收入 3000 元以下、远低于城镇单位就业人员收入水平的合计人数占比达到 50.1%。同时，有 23.2% 的人其收入水平稍低于或接近城镇单位就业人员收入水平，有 22.9% 的人其收入水平在

---

① 此处的月平均收入值非单一设定问题的回答结果，其为以下四项月收入数值的算术平均值：前年（2013 年）的月平均收入、去年（2014 年）的月平均收入、去年（2014 年）收入最高的那个月的月收入和去年（2014 年）收入最低的那个月的月收入。此部分也可参考第9 章的 9.1 部分的内容。

4000 元以上，超过城镇单位就业人员。

8.5.2　收入来源

固定性工作可以时间维度和契约维度进行定义，即为时间连续超过 3 个月、具有劳动合同形式的工作，从中获得工资性收入的比重为 74.2%，这是新生代农民工最主要的收入来源。从短期工作、非连续性工作或临时性工作中获得的工资性收入是第二大收入来源，占比接近 1/3（30.2%）。可以看出，工资性收入为主要收入来源。由于调查选题为不超过 3 项的多选形式，所以在复选总人数中去除不知道或无回答的人数之后，换算为百分比形式时，收入来源中工资性收入的比重达到 $70.8\%\left(\dfrac{803+327}{1611-16}\right)$。按照同样的换算方法，收入来源为自主从事经营性活动（自己做生意等）的比重为 10.3%。通过资本、技术和管理等要素参与社会经济活动所产生的收入（例如利息、房租、股票等），即财产性收入的比重相对较低，为 8.8%。家人、亲戚等他人资助性收入，以及来自与农业相关的收入，其比重更低，均低于 4%。

8.5.3　增收途径

由于调查为多选设问，与上述的收入主要来源的换算方法相同，$27.8\%\left(\dfrac{667}{2431-29}\right)$ 的人认为，提高自己收入水平的最重要途径是通过用工单位提高工资水平来完成。13% 的人认为，可以通过更换工作或更换工种等跳槽方式来增加收入。另外重要的增收途径为，通过掌握更多的知识和技能，提高自身能力（14.1%）来增加收入；通过加班等延长工作时间来增加收入（9.1%）；通过多交朋友，获取相对优良的就业机会，以提高收入水平（7.8%）；受惠于政府颁布的相关政策，使收入水平得到提高（7%）；通过创业提高收入水平（6.7%）；利用现有的各种社会关系，通过社会网络进入相对高收入的行业或用工单位（6.4%）。

8.6　本章小结

本章根据社会调查（田野调查）结果，对流动人口属性、人力资本属性、社会资本属性、从业属性以及收入属性等基础性属性结果进行描述性分析，验证和明确市民化进程中新生代农民工收入基础的主要属性因素结果。

主要结果如下。

（1）流动人口属性。新生代农民工的人口属性中，以男性为主，743 人，占 68.7%，女性 339 人，占 31.3%。已婚者 384 人，占总人数的 35.5%，未婚者 661 人，占比超过 60%。跨省流动和省内流动等流动区域不同分布中以及输入地特定的产业要素状况不同，男女比例存在较大不同。分年龄段看，平均年龄 26.6 岁，16~20 岁占 16.6%，21~25 岁占 46.8%，26~30 岁占 22.9%，31~34 岁占 13.7%。新生代农民工中，以 25 岁以下的青年为主，占 63.4%，25 岁以上的青壮年占到 1/3。以田野地作为农民工流动输出地、流动分布以省内和省外区分时，新生代农民工在省内流动，即把生活环境相似、移动空间举例相对较短的省内作为输出地的占到 77.6%，跨省流动占比为 22.4%。

（2）人力资本属性。受教育程度看，以初中文化程度者为多，占到 42.1%。高中、中专、技校等层次者的占比达到 36.7%，大专层次者占到 11.5%。同时，调查发现，20~25 岁组的文化程度明显高于其他年龄组。22.3% 的人具有从事行业、职业有关的某种技能证书技术或某项技能资格。在接受过职业培训或技术技能培训者中，培训时间的长短存在两极现象，即参加短期培训和较长期培训的人数较多，1~2 周的短期培训人数占比为 37.7%，3 个月及以上的长期培训人数占比为 34.8%。

（3）社会资本属性。在工作和生活环境中，新生代农民工已建立一定的社会网络，并可以从其中获得相关工作和生活经验。在个体社会资本价值上，新生代农民工对自我优势有客观认知。血缘和亲缘交往最多（59.6%），其次为地缘交往（49%）且交往范围较广。工作中，可以得到来自较多人（5~9 人）组群的帮助比重较大（38.1%）；生活中同样，可以得到较多人（5~9人）组群的帮助比重较大（40.9%）。

（4）从业属性。工作稳定性看，一个人的工作是否稳定，是否能够根据自主愿望维持相对长的时间，是从业质量的重要指标，绝大多数人（60.5%）有更换工作（跳槽）的经历，更换工作的平均次数为2.37次。从业部门规模属性看，以31~100人规模形式为主，占比超过34%，其次为101~300人规模，占比为21.7%，结合部门形态属性，这个数字可以间接反映民营企业以及个体企业的规模特性。行业属性看，与全国统计结果有所不同，新生代农民工行业分布趋于分散，除从事制造业的占比（31.2%）较大外，住宿餐饮业超过从事建筑业的占比（14.1%），为14.5%，零售批发业的占比接近建筑业，为13.6%。

（5）收入属性。收入水平上，超过61%的新生代农民工，其收入水平低于城镇单位就业人员的收入水平，22.9%的人超过城镇单位就业人员收入水平。收入来源上，从固定性工作中获得工资性收入的比重为74.2%，这是新生代农民工最主要的收入来源。其他形式的工资性收入为30.2%，财产性收入为8.8%，资助性收入以及来自农业相关收入均低于4%。增收途径上，增收最重要途径是通过用工单位提高工资水平（27.8%），通过更换工作或更换工种增收（13%），提高自身能力增收（14.1%），延长工作时间增收（9.1%）等。

第9章　新生代农民工收入因素实证分析

9.1　收　入　水　平

作为共同的结论性认识，农村劳动力转移的最大动因来自对经济目标的追求，即与农村务农相比，在城市中的务工可以带来更高的现金性收入，这对于提高自身福利水平具有重要意义①。为达成这样的目的，收入标准是选择工作的最重要依据。随着农村劳动力转移的不断推进，以及新生代农民工群体规模的壮大，外出务工的动因出现多元化变化，虽然追求经济目标依然为主要目的，但追求非经济目标的趋势有所增加，随之选择工作的标准也趋于多元化（邢华，2016；咸星兰，2016）。尽管如此，收入因素在外出农民工中尤其是新生代农民工中依然重要，收入水平依然是决定其判断城市务工满足程度以及城市融入程度的最重要因素。收入水平低，以上提及的满意程度低，收入水平高，则满意程度也相对较高。其中，收入水平包含绝对收入水平和相对收入水平，本书的重点置于绝对收入水平。

本章从以下视角进行调查：2013 年，外出务工的月平均收入；2014 年的月平均收入；2014 年的一年中，收入最高月份的收入是多少；2014 年的一年中，收入最低月份的收入是多少。通过获得以上调查结果，并以此计算其算术平均值，得到新生代农民工月平均收入水平值，各描述统计量如表 9 - 1 所示：月平均收入（Mean）为 2647 元，个体平均收入水平的中位数（Median）和众数（Mode）均为 2500 元，最小

---

① 此类参考文献众多，此处省略。

值（min）和最大值（max）分别为 750 元和 11000 元，标准差（SD）
为 410，变异系数（CV）为 0.58。

表 9 - 1　　　　　　　　月收入水平的描述统计量　　　　　　单位：元

项目	频数（人）	Mean	Median	Mode	min	max	SD	CV
2013 年月平均收入	1052	2587	2456	2456	680	8550	581.27	0.57
2014 年月平均收入	1077	2681	2577	2520	720	10800	560.00	0.56
2014 年月收入最高值	1067	3110	2945	2945	2200	11800	768.28	0.61
2014 年月收入最低值	1065	2450	2385	2300	0	4580	552.36	0.60
月平均收入水平	1041	2647	2500	2500	750	11000	410.00	0.58

资料来源：田野调查结果整理而成。

9.2　收入水平影响因素

9.2.1　人力资本因素

　　新生代农民工的收入水平相关影响因素首先来源于其务工的一般属性特征因素，其中最为重要的因素包括人力资本属性特征因素、社会资本特征属性因素、从业结构特征属性因素和从业结果属性因素。在此，从独立因素视角，借助单因素方差分析，明确属性因素与收入水平的关系。需要注意的是，利用 PASW Statistics 18.0 的统计软件，在单因素配置的方差分析中，3 项因素以上的分析结果具有统计意义时，多进行相应的方差齐性检验（Post - Hoc 检验），来确定两两之间的统计学意义，但是，由于这种检验方法具有相当的不稳定性，此处省略方差齐性检验。因此，在 3 项因素以上的结果中即使出现统计学意义，也并不代表整组分类中具有统计学意义的结果。

　　如图 9 - 1a、图 9 - 1b、图 9 - 1c 所示，当使用新生代农民工的性别属性、年龄属性和受教育程度属性代表其人力资本特征时，这些特征因素与其月平均收入水平，均存在显著性统计意义。新生代农民工所具备的人力资本由其所具备的知识、技能、工作经验等综合因素组成，而教育是对人力资本积累的一种投资，学历则是其投资的结果。这样的投资在某种程度上决定了其收入水平。如明瑟（Mincer，1974）所言：收入的决定因素中，个人属性中的个人能力水平决定其收入水平，个人属性中又尤以个人受教育程度和其在劳动力市场上的经验积累程度最为重要。作为劳动者的个体属性，其学历越高，工作经验年限越长，其资本量越大，这也是决定劳动市场供需关系的重要信息。具体看，因为性别属性只具有两项因素，男性月平均收入为 2820 元，高于女性的 2476元，两项差别具有显著的统计意义（p < 0.001），可确定，在外出务工时，男性的新生代农民工存在较为明显的收入优势。在年龄、收入上，虽然具有显著意义（p < 0.001），但如前述，并非任意两项都具有显著意义。结果上，月平均收入的实际差距相对较小，体现于新生代上的收入差处于相对较小区间，16~20 岁组月平均收入最低（2300 元），而31~34 岁组月平均收入较高（3052 元）。在教育水平属性特征因素上，将其分为五种类型，分别是小学及以下水平、初中水平，高中水平、中专和技校水平以及包括大学专科在内的大学水平，与一般性结论相似，学历水平与收入水平呈现正向关系，具有大学学历者其月收入水平相对最高（3110 元）。

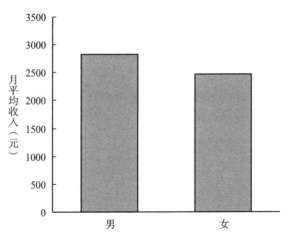

图 9 - 1a　性别属性特征因素分析（n = 1041，p < 0.001）

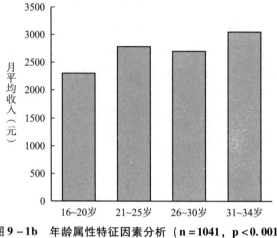

图 9 - 1b　年龄属性特征因素分析（n = 1041，p < 0.001）

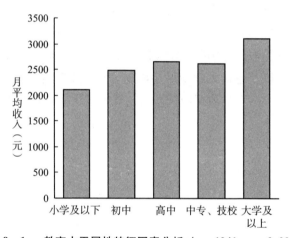

图 9 - 1c　教育水平属性特征因素分析（n = 1041，p < 0.001）

9.2.2　社会资本因素

如图 9 - 2a、图 9 - 2b、图 9 - 2c 所示，使用务工时间长度、周平均工作时间以及求职途径等特征因素作为衡量社会资本水平因素的变量。

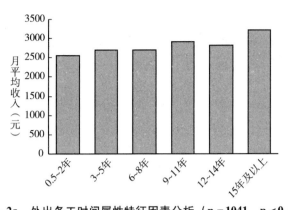

图9-2a　外出务工时间属性特征因素分析（n=1041，p<0.001）

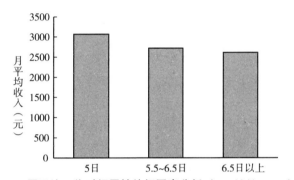

图9-2b　周平均工作时间属性特征因素分析（n=1041，p<0.001）

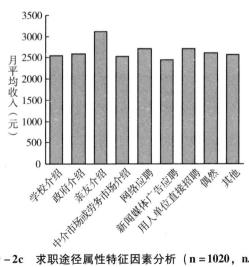

图9-2c　求职途径属性特征因素分析（n=1020，n.s.）

注：n.s.指在统计学5%水平不具有显著意义。

从社会资本属性特征因素看，外出务工时间特征属性因素与其月平均收入水平具有显著性统计意义，而求职途径特征属性因素中年龄与其月平均收入之间，在5%水平上不存在统计显著性。一般说，除人口属性因素之外，新生代农民工的人力资本，还与其外出务工的时间长度有关。对新生代农民工来说，其外出务工经验时间越长，在积累从业技能的基础上，对其社会资本的积蓄和运用具有重要意义。结果看，外出务工时间长度不同，其月平均收入水平有所不同，由于为新生代农民工，虽然其收入差距较小，但具有统计学上的显著意义（p<0.001），外出务工已经15年或超过15年的人，其收入水平最高，其次为9~11年的收入较高，其他因素的收入差别相对较小。周工作时间因素上，外出务工时，其周工作时间不同，其月平均收入水平有所不同，存在较大的收入差距，并具有统计显著意义（p<0.001）。值得关注的是，周工作时间越长，其收入水平越低。其中，每周工作时间为5天的新生代农民工，其月平均收入水平最高（3074元），而周工作时间为6.5天者，则收入水平最低（2610元），与工作5天者相差464元。

另外，求职途径可以间接反映其拥有社会资本的种类和强度，从结果看，虽然不具有统计学上的显著意义，但求职途径不同，收入水平具有较大差异。其中，以包括各种缘关系在内的亲友关系为求职途径的人，其收入水平较高，而一般公共途径，如通过网络、媒体的求职者，其收入水平相对较低。对外出务工的农民工总体来说，由于不同于一般城市居民，其进入劳动力市场的年龄存在较大差异，年龄较大，但进入城市劳动力市场的劳动者，其收入水平相对较低。与此不同的是，新生代农民工进入城市劳动力市场的年龄基本相同，所以务工时间长度与年龄变化趋势基本同向。

9.2.3　从业因素

如图9-3a所示，从业属性因素中的行业特征属性因素看，其他从业条件一定的前提下，新生代农民工的收入水平与其从事行业有关，且在0.1%水平上具有显著性意义。从业行业可以被归纳为建筑业、制造业、住宿餐饮业、一般服务业、零售批发业、交通运输业、农林水产加工业等八种形式。其中，除不易确定明确行业或不清楚自己行业所属的情况外，从事建筑行业和从事交通运输行业的收入水平最高，但纵向水平，建筑行业的收入水平的增长趋势低于其他行业。另外，从事其他行业的收入水平的差距相对较小，其中从事住宿餐饮行业的收入水平为最低，其次为一般服务行业。收入水平差距相对较小，说明收入水平的行业现象不显著。

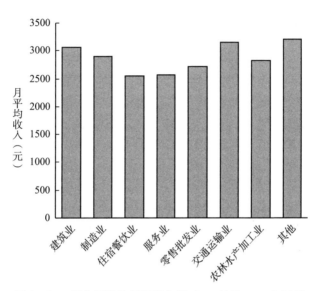

图 9 - 3a　行业属性特征因素分析（n = 1082，p < 0.001）

如图 9 - 3b 所示，根据从业属性因素中的职业特征属性因素看，其他从业条件固定，新生代农民工外出务工时，所从事职业不同，其收入水平有所不同。从业职业可以被归纳为作业员工、公司职员、商业员工、技术员工、管理人员、司机保安等七种形式。其中，在从业部门中从事管理岗位工作或从事技术工作的务工人员，其收入水平相对较高，而从事一般商业服务岗位以及从事司机、保安等职业的人，其收入水平相对较低。以上两者之间收入水平差距较大，说明收入水平的职业分化现象趋于显著。需要注意的是，以上收入水平在从业职业上的不同，在统计学 5% 水平上不具有显著意义。

如图 9 - 3c 所示，观察从业属性因素中的从业部门形态属性可知，其他从业条件一定，新生代农民工外出务工时的从业部门形态可以被归纳为七种形式，分别为国有企业、乡镇企业、民营企业、外资合资企业、

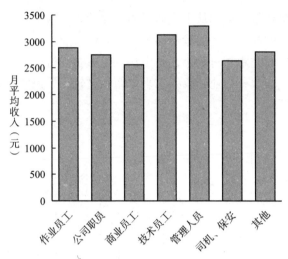

图 9 - 3b 职业属性特征因素分析（n = 1082，n. s. ）

注：n. s. 指在统计学 5% 水平不具有显著意义。

个体企业、个体承包企业和其他形式。所从事工作的部门形态不同，其收入水平有所不同。其中，从业部门形态为外资合资企业和国有企业的务工人员，其收入水平相对较高，而从业部门形态为个体企业或个体承包的人员，其收入水平相对较低。以上两者之间收入水平差异在 1% 水平上，具有显著意义。以上可以看出，收入水平与从业部门形态具有显著关系。

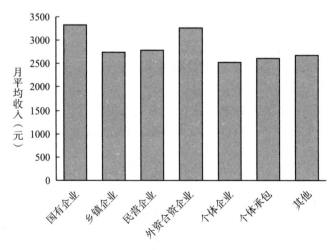

图 9 - 3c 从业部门形态属性特征因素分析（n = 1082，p < 0. 01）

如图9-3d所示，从从业部门规模属性因素可知，其他从业条件一定，新生代农民工外出务工时的从业部门规模可以被分为10人以下部门、30人以下部门、100人以下部门、300人以下部门、500人以下部门、1000人以下部门和1000人以上部门等7个层级。所从事职业的部门规模不同，其收入水平有所不同。其中，从业部门规模为1000人以上和30人以下部门的人，其收入水平相对较高，而从业部门规模为10人以下和300人以下部门，其收入水平相对较低。以上两者之间收入水平差异在1%水平上，具有显著意义。从上可知，收入水平与从业部门规模有关。

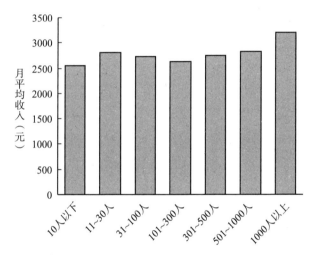

图9-3d 从业部门规模属性特征因素分析（n=1082，p<0.01）

9.3 收入影响因素方差分析

上文中，针对新生代农民工收入水平的内外源性因素，从单因素视角，明确其基本属性特征的内在要素性质和构成。进一步从多因素视角，对这些因素以及这些因素之间存在的交互作用下，如何影响新生代农民工的收入水平以及影响强度进行分析。这里的收入水平依然使用新生代农民工月平均收入，分析方法为单变量多元配置方差法，其主要指示性指标的获取原理如下。

全部观测值总变异的总平方和为 SS_T，因为：

$$\sum_{i=1}^{k}\sum_{j=1}^{n}(x_{ij}-\bar{x})^2 = \sum_{i=1}^{k}\sum_{j=1}^{n}\left[(\bar{x}_i-\bar{x})+(x_{ij}-\bar{x}_i)\right]^2$$

$$= \sum_{i=1}^{k}\sum_{j=1}^{n}\left[(\bar{x}_i-\bar{x})^2+2(\bar{x}_i-\bar{x})(x_{ij}-\bar{x})+(x_{ij}-\bar{x}_i)^2\right]$$

$$= n\sum_{i=1}^{k}(\bar{x}_i-\bar{x})^2+2\sum_{i=1}^{k}\left[(\bar{x}_i-\bar{x})\sum_{j=1}^{n}(x_{ij}-\bar{x}_i)\right]+$$

$$\sum_{i=1}^{k}\sum_{j=1}^{n}(x_{ij}-\bar{x}_i)^2$$

其中，

$$\sum_{j=1}^{n}(x_{ij}-\bar{x}_i)=0$$

因此，

$$\sum_{i=1}^{k}\sum_{j=1}^{n}(x_{ij}-\bar{x})^2 = n\sum_{i=1}^{k}(\bar{x}_i-\bar{x})^2+\sum_{i=1}^{k}\sum_{j=1}^{n}(x_{ij}-\bar{x}_i)^2$$

所以，

$$SS_T = \sum_{i=1}^{k}\sum_{j=1}^{n}(x_{ij}-\bar{x})^2$$

式中，$n\sum_{i=1}^{k}(\bar{x}_i-\bar{x})^2$ 是各处理平均数 $\bar{x}_i$ 与总平均数 $\bar{x}$ 的离均差平

方和与重复数 n 的乘积，反映了重复 n 次的处理间变异。

$\sum_{i=1}^{k}\sum_{j=1}^{n}(x_{ij}-\bar{x}_i)^2$ 为各处理内离均差平方和之和，反映各处理内变

异即误差，称为处理内平方和或误差平方和，记为 SS_e，即，$SS_e = \sum_{i=1}^{k}\sum_{j=1}^{n}(x_{ij}-\bar{x}_i)^2$

因此，$SS_T = SS_t + SS_e$。进一步修正为：

$$C = \frac{x^2}{kn},$$

$$SS_T = \sum_{i=1}^{k}\sum_{j=1}^{n}x_{ij}^2 - C,$$

$$SS_t = \frac{1}{n}\sum_{i=1}^{k}x_i^2 - C,$$

$$SS_e + SS_T - SS_t,$$

F 检验则为：$\sigma_\alpha^2 = \dfrac{\sum_{i}^{k}\alpha_i^2}{(k-1)} = \dfrac{\sum_{i=1}^{k}(\mu_i-\mu)^2}{(k-1)} = 0,$

相当于，$\mu_1 = \mu_2 = \cdots = \mu_k,$

根据统计理论，在 $\sigma_\alpha^2 = 0$ 的条件约束下，$\dfrac{MS_t}{MS_e}$ 的结果，服从自由度 $df_1 = k - 1$ 与 $df_2 = k(n - 1)$ 时的 F 分布状态，即为，$\dfrac{MS_t}{MS_e} \sim F(df_1, df_2)$，$df_1 = k - 1$，$df_2 = k(n - 1)$。

若实际计算的 F 值大于 $F_{0.05}(df_1, df_2)$，则 F 值在 $\alpha = 0.05$ 水平上具有显著性意义，在此，如确定 95% 可靠性，即推断 MS_t 代表的总体方差大于 MS_e 代表的总体方差（5% 风险）即：$\sigma_\alpha^2 = 0$。

实际上，进行相应的 F 检验时，是将由试验数据资料中所计算得到的 F 值与根据 $df_1 = df_t$（这里为大均方，即分子均方的自由度）、$df_2 = df_e$（这里为小均方，即分母均方的自由度），得到临界 F 值。

检验结果详见表 9 - 2 和图 9 - 4。此处，假设劳动力市场的供需关系一定的条件下，作为新生代农民工收入水平的规定外源性因素，包括以下要素：人力资本属性中的性别、年龄和教育水平因素，社会资本属性中的外出务工时间、周工作时间和求职途径因素，从业属性因素中的行业属性、职业属性、从业部门形态属性和从业部门规模属性因素。根据上述因素，在其他影响因素控制下，检验上述因素对收入水平影响的主效应以及交互效应。结果看，新生代农民工的人力资本属性、社会资本属性、从业属性以及交互作用可以解释和说明 70.7% 的收入水平的高低。除求职途径（单因素）、职业属性（单因素）之外，其他外源性因素（单因素）以及单因素之间交互因素在 5% 以上显著性水平上，均对新生代农民工收入水平产生影响。

利用偏差平方（partial η^2）的数值大小说明影响因素的影响力大小，即偏差平方值越大，其影响强度越强。据表 9 - 2 中可以看出，"求职途径 × 年龄 × 外出务工时间"三个因素的交互作用，对新生代农民工收入水平影响最大，三个因素中，求职途径因素在其他因素作为控制条件下不具有 5% 水平上的显著意义，但与年龄因素、外出务工因素结合后，产生收入水平的最大影响效应。结合上文 9.2 节的分析结果可以知道，当求职途径为较为亲近的缘关系、较大年龄的新生代以及外出务工时间较长时，其收入水平相对较高，同样，当求职途径为较为疏远关系、年龄较小以及外出务工时间较短时，其收入水平相对较低。因为收入与多种因素有关，所以收入水平的强解释因素多为交互性混合因素，"求职途径 × 年龄 × 外出务工时间"因素解释力为 17.8%，为最强解释因素。

表 9 – 2　外源性收入影响因素的方差分析

差异源	Type Ⅲ SS	df	MS	F	partialη^2	P – value	
修正模型	124978233.602	178	722417.535	4.333	0.707	0.000	***
切片	30013457.922	1	30013457.922	180.016	0.367	0.000	***
性别	1226308.091	1	1226308.091	7.355	0.023	0.007	**
年龄	2355476.936	4	588869.234	3.532	0.043	0.008	**
教育水平	7978563.098	3	1994640.774	11.964	0.132	0.000	*** ⑤
外出务工时间	4662489.421	5	932497.884	5.593	0.083	0.000	***
周平均工作时间	3359986.742	2	1679993.371	10.076	0.061	0.000	***
求职途径	1659955.755	8	237136.536	1.422	0.031	0.196	n. s.
行业属性	2549276.662	7	364182.380	2.184	0.047	0.035	*
职业属性	1530927.309	6	382731.827	2.296	0.029	0.059	n. s.
从业部门形态属性	2002206.967	6	400441.393	2.402	0.037	0.037	*
从业部门规模属性	2202068.415	6	367011.402	2.201	0.041	0.043	*
教育水平×外出务工时间	5543400.675	17	326082.393	1.956	0.097	0.014	*
教育水平×年龄	8505747.153	11	708812.263	4.251	0.141	0.000	*** ②
求职途径×年龄	6001745.117	18	375109.070	2.250	0.104	0.004	**
求职途径×职业属性	8381504.523	20	419075.226	2.514	0.139	0.000	*** ③

续表

差异源	TypeⅢSS	df	MS	F	partialη²	P – value	
教育水平×外出务工时间×职业属性	7931692.704	37	255861.055	1.535	0.133	0.038	* ④
求职途径×年龄×外出务工时间	11201515.839	27	430827.532	2.584	0.178	0.000	*** ①
误差	51851884.164	511	166726.316				
总变异	854446486.813	885					
修正总变异	176830117.766	883					

注：（1）* = p < 0.05，** = p < 0.01，*** = p < 0.001，n.s. = 在统计学 5% 水平上不具有显著意义。
（2）使用数据来源于前述的图 9 – 1，图 9 – 2 和图 9 – 3。
（3）模拟因变量为新生代农民工月平均收入。
（4）表中各变异源均作为固定因子使用。
（5）乘号 × 为两个因子及三个因子之间交互作用对因变量的影响结果。
（6）圆圈中的数字为收入影响最大的前五位因素。

181

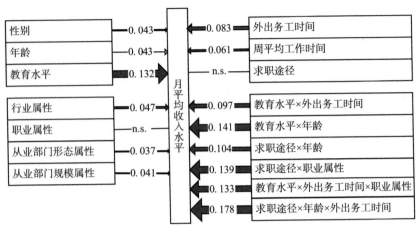

图 9-4　新生代农民工水平决定因素模型（外源性因素）

注：表中数字为相应 partialη^2 值，数值越大，其影响力越强，其影响力强弱用箭头粗细示意。

　　"教育水平×年龄"因素对收入水平的影响力处于第二位，解释力为14.1%。"求职途径×职业属性"因素对收入水平的影响力处于第三位，解释力为13.9%。"教育水平×外出务工时间×职业属性"对收入水平的影响力为第四位，解释力为13.3%。尽管新生代农民工的就业部门处于城市中的非正规劳动者就业部门，但其人力资本中的重要因素——教育水平，依然对其收入产生较强影响。另外，"求职途径×年龄×外出务工时间"对收入水平具有较强影响力，且其与"教育水平×年龄"的影响力具有不同的意义。对新生代农民工来说，虽然自己的教育水平和年龄很难借助自我意识进行相应改变，但是如果可以获得良好的求职途径，并随着年龄的增加，就业经验的不断积累，收入水平同样可以获得提高。再者，从影响力上看，虽然"教育水平×年龄""求职途径×职业属性"以及教育水平对收入水平具有较强解释力，但其交互效应和主效应受控于具有显著性意义的"求职途径×年龄×外出务工时间"所产生的交互效应。

　　综上所述，方差分析结果给予以下提示：（1）对收入水平的影响，与独立因素相比，其多源于交互性因素产生的影响结果；（2）对新生代农民工劳动者来说，教育水平在其收入水平解释力上占有重要位置；（3）劳动经验的积累程度对其收入水平具有较强解释力。

9.4　本章小结

　　本章从新生代农民工收入影响因素视角，根据社会调查（田野调查）结果，在考察新生代农民工收入水平变化基础上，对各个属性中外源性影响因素结果进行探索性分析，验证和明确市民化进程中新生代农民工收入影响的主要外源性因素结果。

　　主要结果如下。

　　（1）收入水平变化。随新生代农民工群体的规模扩大以及外出务工动因的多元变化，虽然追求非经济目标的趋势有所增加，但收入因素在新生代农民工中依然重要，收入水平依然是决定其判断城市务工满足程度以及城市融入程度的最重要因素。在绝对收入水平上，月平均收入为 2647 元，中位数和众数均为 2500 元，最小值 750 元，最大值 11000元，标准差 410，变异系数为 0.58。

　　（2）人力资本因素。当使用新生代农民工的性别属性、年龄属性和受教育程度属性代表其人力资本特征时，这些特征因素与其月平均收入水平均存在显著性统计意义。新生代农民工所具备的人力资本由其所具备的知识、技能、工作经验等综合因素组成，而教育是对人力资本积累的一种投资，学历、技能水平则是其投资的结果。在某种程度上，这样的投资决定了其收入水平。

　　（3）社会资本因素。使用务工时间长度、周平均工作时间以及求职途径等特征因素作为衡量社会资本水平因素的变量，务工时间特征属性因素与其月平均收入水平具有显著性统计意义，而求职途径特征属性因素中年龄与其月平均收入之间，在 5% 水平上不存在统计显著性。外出务工时间长度不同，其月平均收入水平有所不同，虽然其收入差距较小，但具有显著意义。周工作时间不同者之间，存在较大的收入差距，并具有显著意义，周工作时间越长，其收入水平越低。

　　（4）从业因素。其他从业条件一定的前提下，新生代农民工的收入水平与其从事行业有关，具有显著意义。其他从业条件固定，新生代农民工外出务工时，所从事职业不同，其收入水平有所不同，八类行业、七种职业之间，收入水平分化现象趋于显著。另外，其他从业条件一定，新生代农民工的从业部门形态、从业部门规模形式之间，其收入水平存在显著关系。

（5）收入影响因素方差分析结果。利用偏差平方（partialη^2）的数值大小说明影响因素的影响力强度，"求职途径×年龄×外出务工时间"三个因素的交互作用，收入水平的强解释因素多为交互性混合因素，对新生代农民工收入水平影响最大。"教育水平×年龄"因素对收入水平的影响力处于第二位，解释力为 14.1%。"求职途径×职业属性"因素对收入水平的影响力处于第三位，解释力为 13.9%。结果说明，对收入水平的影响，与独立因素相比，其多源于交互性因素产生的影响结果。对新生代农民工来说，教育水平对其收入水平解释力上占有重要位置，劳动经验的积累程度对其收入水平具有较强解释力。

第 10 章 新生代农民工增收长效机制探索分析

10.1 研究方法

10.1.1 分析框架

前有所述，农民工市民化指向是城镇从事非农产业的农村户籍劳动力的市民化，具体说，是指农民工在生活质量、职业活动、社会身份、思想观念和行为方式等方面融合于城镇市民所处社会系统之中。从社会和群体层面上说，这是通过提升产业结构优化水平、提高城镇化率实现经济社会发展目标的一个重要过程，这也是农村转移劳动力即农民工贡献于城镇现代化建设的社会目标。从群体内个体层面上说，新生代农民工市民化是农村劳动力转移人口进入城市，获得工作机会，获得城市永久居住能力条件，取得相应身份，平等享受城镇居民各项公共社会服务，最终成为城市市民的过程（金中夏等，2013）。其他意义上，这是经历空间的移动之后，改变工作和生活区域，享有一定的收入水平，伴随户籍身份的转换，综合素质得到提升，形成相对成熟的市民价值观念，在发生职业以及从业形态的转变、生活方式与行为习惯的转型之后，实现融入城市目标的过程（邱鹏旭，2016）。这两个目标的方向是一致的，但它们的完成结果在现实中经常存在乖离，即农民工在完成社会和群体层面上的贡献之后，却难以实现市民转变或难以实现个体上真正的市民化。对此，除从社会和群体层面上寻找原因之外，还必须从农民工个体内生感知因素方面寻找原因。只有这样，才能找到解决途径和有效对策。目前，虽然已经存在较多的研究成果，但以新生代农民工作为研究对象时，还需要对其差异性，尤其是与上一代农民工相比的差异作为最重要的影响因素来研究，才能得出合理的结论。

在第 7~9 章的理论分析和实证分析基础上，本章运用效用最大化理论进行实证分析。新生代农民工进入城镇从事非农工作之后，均会面临多种选择。例如，定居、再迁移等。假设这种行为的决定因素取决于其收入水平的效用最大化，而收入水平则取决于其内生性和外生性的收入影响因素。简单说，新生代农民工其最终选择一定是能为其带来最大效用的那个城市，而这个效用受到收入水平影响。对效用的测定有多种方法，最常用的是标准效用测定法，又被称为概率当量法和 V - M 法。其基本定义和测定方法如下。

假设，存在一个决策系统（Ω，A，F），其处于离散状态下，其结果值用以下的决策矩阵来表示：

$$O = (o_{ij})_{m \times n} = \begin{bmatrix} o_{11} & o_{12} & \cdots & o_{1n} \\ o_{21} & o_{22} & \cdots & o_{2n} \\ \cdots & \cdots & \cdots & \cdots \\ o_{m1} & o_{m2} & \cdots & o_{mn} \end{bmatrix}$$

其中，矩阵 O 中，第 i 行表示第 i 个可行方案的 n 个可能出现结果值，形成事态体：

$$T_i = (p_1, o_{i1}; p_2, o_{i2}; \cdots; p_n, o_{in}), (i = 1, 2, \cdots, m)$$

决策是对 m 个事态体的排序。

T′ 为存在的简单事态体，使得：

$$T_i' = (p_i', o^*; 1 - p_i', o^0) \sim T_i,$$

此时，问题转化为对 m 个简单事态体 T_i' 的排序。

需要注意的是，到 m 个简单事态体 T_i' 具有相同结果值 o^* 和 o^0，确定其优劣关系时，可以通过比较 p_i' 值决定，得到，$p_i' = \sum_{j=1}^{n} p_j q_{ij}$。

q_{ij} 是结果值 o_{ij} 关于 o^* 与 o^0 的无差异概率，其中：$\max_{i,j}\{o_{ij}\}$，$\min_{i,j}\{o_{ij}\}$。

标准效用测定法（V - M 法）的基本思路是，对于给定结果值，测定其效用值。

设有决策系统（Ω，A，F），其结果值集合为：$O = (o_1, o_2, \cdots, o_n)$，可写作：$o^* \geqslant \max\{o_1, o_2, \cdots, o_n\}$

$o^0 \leqslant \min\{o_1, o_2, \cdots, o_n\}$。

得到结果值，其中每一个结果值 o_j 都对应存在一个概率值 p_j，使得：

$o_j \sim p_j$，o^*；$1 - p_j$，o^0。

此处，p_j 被用作结果值 o_j 的效用值。

标准效用测定法的基本步骤如下：

第一步：设定下式，$u(o^*) = 1$，$u(o^0) = 0$；

第二步：建立简单事态体（x，o^*；$1 - x$，o^0），其中 x 为可调概率；

第三步：反复调整和提问，不断调节可调概率值 x，由决策者决定权衡比较，直到出现当 $x = p_j$ 时，$o_j \sim p_j$，o^*；$1 - p_j$，o^0；

第四步：测得结果值 o_j 的效用，$u(o_j) = p_j = p_j u(o^*) + (1 - p_j) u(o^0)$。

本书中，设定新生代农民工城市中收入水平变化随机效用方程表达式，假设存在 J 种收入水平变化，第 i 位新生代农民工的第 j 种收入水平时的效用函数为：

$$U_{ij} = Z_{11}\beta_{11} + Z_{22}\beta_{22} + Z_{33}\beta_{33} + \cdots + Z_{ij}\beta_{ij} + \varepsilon_{ij}。$$

其中，$i = 1, 2, \cdots, n$；$j = 1, 2, \cdots, n$，U_{ij} 表示第 i 位新生代农民工的第 j 种收入水平时所产生的效用水平值；Z_{ij} 表示影响第 i 位新生代农民工的第 j 种收入水平时的各种感知变量，包括影响收入增长的因素以及城市融入程度等；ε_{ij} 为误差项。这里，如果假设第 j 种收入水平为城市务工时获得收入的话，第 j 种选择的第 i 位新生代农民工选择 ij，说明对此人来说 j 种选择中第 j 种选择的效用最大，即 U_{ij} 最大。此时，新生代农民工收入增长影响因素正向较强，使其收入水平处于较优状态。

根据以上理论基础及田野调查设计目标，内生感知因素分析的基本框架如图 10 - 1 所示。这里，从感知特定因素和感知综合因素两个角度，研究新生代农民工收入影响因素，作为新生代农民工市民化过程中收入增长变化的程度结果。把新生代农民工的收入水平变化看作其收入增长影响因素的内生性变量。在此基础上，把其转化为田野调查中可衡量的感知指标，作为因变量即期望收入水平的判定基准。对此，在新生代农民工一般属性、综合生存满意程度等调节控制下，根据已有研究结

187

果以及本研究中前述的研究结果，选择人力资本、社会资本、从业特征和城市融入等新生代农民工视角下的感知指标为收入增长影响因素。统计部分主要使用 SPSS 22.0 和 Eviews 7.0 分析软件。

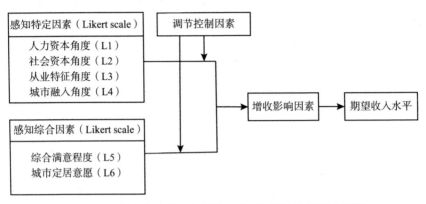

图 10-1　新生代农民工市民化内生感知因素分析基本框架

10.1.2　基本假设

本书借助调查结果，从新生代农民工内生感知视角，将其城市务工达到期望收入水平设定为作为流动性农村转移劳动力从事城市内非农工作之后的最佳个体理论目标，在现实中，其本身特性及其收入影响，宏观环境上需要从人力资本角度、社会资本角度、从业特征角度以及城市融入角度测度其实现预期收入水平目标的过程。

在此，提出本书的上层假设，即将新生代农民工收入增长因素作为其自我实现期望收入水平的判定指标，但新生代农民工城市务工的实际收入水平与期望收入的最佳个体目标之间存在乖离。这里的隐含意义是，重新审视新生代农民工收入增长影响因素，重构其收入增长的实现路径，使收入增长影响因素利于发生正向作用并使期望收入水平成为现实收入水平是构筑新生代农民工收入增长对策的重要依据。在此基础上，提出下层假设，在共性因素（属性因素、满意程度、市民化意愿）作为控制变量条件下，人力资本因素、社会资本因素、从业特征因素以及表征市民化水平的城市融入程度影响新生代农民工的收入水平变化及收入增长。其中，人力资本差异和社会资本差异受制于个体属性差异，从业特征因素受制于经济社会发展环境差异,并与城市融入程度具有相近的社会影响因子,提高新生代农民工的收入水平路径,需要通过新生代农民工市民化中改变收入影响因素的收入决定条件的对策来实现。

10.2 一般感知因素分析

10.2.1 问题提出与方法设计

在新生代农民工收入增长影响因素中,根据已有研究结果,结合新生代农民工社会观察以及与上一代农民工的差异特性,选择以下四个领域。

第一领域(L1):选择新生代农民工与上一代农民工差异性[①]的新生代特征,作为其人力资本的感知特定因素。

第二领域(L2):选择新生代农民工的城市生存特征作为其社会资本、从业特征的感知特定因素。

第三领域(L3):市民意识特征作为其城市融入特征的感知特定因素。

第四领域(L4):制度关联特征作为其市民化过程中保障收入增长的感知特定因素。

每一个领域又分别在复数维度下开发感知因素题项。其中,新生代特征领域主要从与上一代农民工比较的相对优势、相对劣势和差异关系三个维度来设定;城市生存特征领域主要从社会网络、求职途径和务工经历三个维度设定;市民意识特征从城市融入意识相关的融入动机、融

---

① 研究成果表明,新生代农民工与上一代农民工具有较大不同,主要表现在以下几个方面。(1)受教育程度和职业技能水平上,新生代农民工人力资本明显强于上一代农民工。(2)城市务工动机上,新生代农民工以发展型为主,上一代农民工则多为生存型。(3)新生代农民工流动性更强,这在一定程度上影响其人力资本的积蓄。(4)新生代农民工收入水平相对于上一代较低,但支出较高。(5)新生代农民工常规工作时间少于上一代农民工,但非常规(加班等)工作比例较高。(6)新生代农民工参与社会保险以及获取相应福利待遇方面优于上一代农民工。(7)新生代农民工与上一代农民工的社会网络构成均以地缘、业缘和学缘为主,但前者学缘比重较高。(8)新生代农民工城市融入意识以及市民意识认同强烈。关于以上,代表性成果参见参考文献(刘林平等,2013)等。

入行为和心态反应三个维度来设定；制度关联特征领域主要从社会保障、生活保障和市民地位等三个维度来设定。

进一步，对每个维度进行量表题项设计，并通过事前检验，最终合计获得56个题项。具体量表题项内容见文末附录"青年务工人员调查问卷"G部分，序号为G1～G56。在此基础上完成李克特量表（Likert scale）5分尺度项目设计，问题项目赋值原则为：1=完全不同意，2=不同意，3=不同意也不反对，4=同意，5=完全同意。保持取值方向一致，均为"存在（有）"同向。例如，对"存在某某差异"的提问，认为完全存在时，回答"5"。

针对问卷中56个选择题项，在此构建模型，进行探索性因子分析。

假设 $X = (x_1, x_2, \cdots, x_n)$ 为观察到的随机向量，$F = (F_1, F_2, \cdots, F_n)$ 为向量单元，具有不可观测特性。可列式如下：

$$x_1 = a_{11}F_1 + a_{12}F_2 + \cdots + a_{1m}F_m;$$
$$x_2 = a_{21}F_1 + a_{22}F_2 + \cdots + a_{2m}F_m;$$
$$\cdots$$
$$x_n = a_{n1}F_1 + a_{n2}F_2 + \cdots + a_{nm}F_m;$$

从上可以得到：$X = AF + \varepsilon$。

式中，$\varepsilon = (\varepsilon_1, \varepsilon_2, \cdots, \varepsilon_n)'$。

因子分析模型中，其假设条件存在进行以下的设定，即特殊因子与公因子之间、特殊因子之间互为独立关系，其分析关键在于寻找可以包含和代表较多信息的公因子。此时，公因子求解时，所具有的全部变量中，不论任何条件下，首位因子均包含最大信息量，具有最强代表性，其后的因子随着所包含信息量的减少，其代表性递减。这里，末位因子因其信息量较少，即使被忽视也几乎不会影响信息总量，对原始性变量代表性不产生实质性影响。因此，理论上，公因子个体数量不多于观测变量个体数量。

以下是因子分析模型需要满足的三个假设条件。

第1个假设条件：$m \leq n$；

第2个假设条件：$\text{cov}(F, \varepsilon) = 0$；

第3个假设条件：$\text{var}(F) = Im$，$\text{var}(\varepsilon) = \text{diag}(\sigma_1^2, \sigma_2^2, \cdots, \sigma_n^2)$。

另外的附加假设是，因子分析模型中使用的所有变量和因子，不存在量纲不一致性，即为量纲标准化状态。

如果 F_i 被称为第 i 个公共因子的话，而 α_{ij} 则为模型中因子载荷，可作如下假设：

$$x_i = a_{i1}F_1 + a_{i2}F_2 + \cdots + a_{im}F_m + \varepsilon_i, \; i = 1, 2, \cdots, n,$$

则，$E(x_iF_j) = \sum_{k=1}^{m} a_{ik}E(F_kF_j) = \sum_{k=1}^{m} a_{ij}r_{F_k}F_j = a_{ij}$

由于 F_k、F_j 具有不相关性，且 $r_{F_jF_j} = 1$，$a_{ij} = r_{xi}$，F 为因子载荷 α_{ij} 的相关系数，即第 i 个变量对应第 j 个公共因子的相关系数。

$h_i^2 = \sum_{j=1}^{m} a_{ij}^2$，$i = 1, 2, \cdots, n$，作为变量 x_i 的共同度，如下：

$$var(x_i) = \sum_{j=1}^{m} var(a_{ij}F_j) + var(\varepsilon_i) = \sum a_{ij}^2 var(F_j) + \sigma_i^2$$

$$= \sum_{j=1}^{m} a_{ij}^2 + \sigma_i^2 = h_i^2 + \sigma_i^2$$

即 $h_i^2 + \sigma_i^2 = 1$，公共因子所占 x_i 的方差被解释为共同度。其中，共同度的数字与公共因子所包含信息量同向，即共同度越大，公共因子内部所携带 x_i 的信息量越多。

设，　　　　　　　$h_j = \sum_{j=1}^{n} a_{ij}$，$j = 1, 2, \cdots, n$。

其中，s_j 为对 x_i 的公共因子 F_j 的贡献程度，即贡献度，贡献度也是衡量和说明公共因子相对重要性的指标。

在相关数据标准化处理基础上，列出变量相关系数矩阵，得到变量结果。其中，有相关系数特征根、单位特征向量值等。其后，对因子载荷矩阵作最大旋转，得到相应因子分值。最后，根据因子解释性含义作相关差异化分析，进行判别分析，判别对象为具有不同性质和特征的现象因素归结结果。

概言之，因子分析方法是数据变量的化简降维过程，也就是为明确抽象化本质，通过随机性变量，描述分析内核事物所体现的基本结构。在本书中，采用探索性因子分析方法，检验社会调查量表的结构效度。根据统计理论，在此分析前，借助 KMO 检验（Kaiser - Meyer - Olkin test），检验和比较变量中所包含的相关系数，包括简单相关性系数和偏相关性系数。分析结果判定上，当偏相关系数的平方和大于简单相关系数的平方和且超过一定度量数值时，说明变量之间相关性较微弱，因子分析模型不适用于分析处理。反之，简单相关系数平方和数值上，大于偏相关系数平方和数值，与上相反，说明变量之间有较强相关性，存在变量适用于此类分析方法。KMO 检验的同时，还需要进行 Bartlett's 球体检验，对变量的单位矩阵性质进行检验，考察各变量的独立性，并通过 P 值检验其结果，如果 P 值存在统计学上的显著性意义，按照归无检验原则，拒绝原假设，即验证了因子之间的相关性，适用于量表项目的因子分析法，分析结果有效。如果不存在显著意义，则不适用于因子分析法。

根据以上分析方法，首先进行题项的最初筛选。筛选规则按照因子分析模型数理原理，剔除共同度小于 0.3，或者是两个及以上因子载荷绝对值小于 0.3 的题项共计 9 项，最终获取原则性分析目标题项共计 47 项。因子分析前，L1 ~ L4 项目一般测定结果如表 10 - 1 所示。其中，新生代特征领域相关题项合计 10 项，5 点尺度测定，在每个样本的取值范围 10 ~ 50 之间，样本全体平均得分为 31.39（±5.193）。以下类同，城市生存特征领域相关题项合计 13 项，取值范围 13 ~ 65，均值 28.72（±6.322）；市民意识特征领域相关题项合计 11 项，取值范围 11 ~ 55，均值 24.07（±6.782）；制度关联领域相关题项合计 13 项，取值范围 13 ~ 65，均值 39.16（±6.559）。

表 10 - 1　　　　　　　　收入的感知特定因素项目测定基准

相关领域	n	题项数量 ①	分值 ②	平均分值	SD	分值范围 （①×②）
L1	1082	10	1 ~ 5	31.39	5.193	10 ~ 50
L2	1082	13	1 ~ 5	28.72	6.322	13 ~ 65
L3	1082	11	1 ~ 5	24.07	6.782	11 ~ 55
L4	1082	13	1 ~ 5	39.16	6.559	13 ~ 65

其次进行信度和效度检验。因子分析时，其结果是否产生具有统计意义的分析结果，取决于因子分析方法的信度检验和效度检验的判定结果。其中，信度检验结果用于对测量结果的一致性和稳定性的判定，即此分析结果的信赖程度。根据其统计模型原理，采用 Cronbach'α 值对量表的可靠性进行评估，量表可靠信赖程度基准值（Cronbach'α 值）为 0.6 以上。效度检验是用来判断研究中采用的量表是否确实测算出研究

设计预期，即分析结果的确切性。判断基准为，进行 KMO 检验和 Bart-lett 的球体检验，若 KMO 值大于 0.6，并且通过巴特利球形检验（p < 0.000），则量表项目的因子分析结果有效。

10.2.2　领域因素一次因子分析

根据已有研究结果、实践观察以及新生代农民工市民化过程中收入差异特性等因素，利用上述四个领域量表设问的项目测定基准（见表 10-1），对特定因素进行因子提取，获得新生代特征领域特定因素的因子分析结果见表 10-2①。

表 10-2　　新生代特征领域因子分析（n=1082）

项目内容	L1F1	L1F2	L1F3	共同度
L1F1 相对优势因子				
G1 与上辈务工的人比，学历较高	0.863	0.030	-0.151	0.728
G6 与上辈务工的人比，比较敢想敢干	0.852	-0.157	0.002	0.680
G4 与上辈务工的人比，学东西较快	0.777	0.040	-0.176	0.673
G5 与上辈务工的人比，家庭负担较轻	0.559	0.020	0.321	0.459
L1F2 相对劣势因子				
G12 与上辈务工的人比，做事情有长性	-0.068	0.925	-0.163	0.643
G11 与上辈务工的人比，能吃苦	-0.090	0.716	-0.003	0.521
G13 与上辈务工的人比，比较勤俭	0.088	0.635	0.030	0.629
G14 与上辈务工的人比，交往能力较强	0.062	0.529	0.287	0.481
L1F3 差异关系因子				
G9 与上辈务工的人比，工作经历较丰富	-0.201	-0.174	0.803	0.528
G7 与上辈务工的人比，务工条件有较大改善	-0.170	0.048	0.633	0.479

注：Cronbach'α 值 = 0.890，KMO 值 = 0.862，Bartlett 的 P 值 = 0.000。

① 表 10-2～表 10-5 的量表题项具体内容见本书结尾附录"青年务工人员调查问卷"G 部分，序号 G1～G56，有效题项 47 问。

193

Cronbach'α 值 = 0.890，说明新生代特征领域量表具有良好的检测结果信度。KMO 值 = 0.862，Bartlett 球体检验 P 值 = 0.000，说明因子分析方法有效。因为需要做二次因子分析，所以因子提取方法采用主因子分析法，旋转法为具有 Kaiser 标准化的 Promax 方法，旋转在 6 次迭代后收敛，获得 3 个收入相关因子。此时，累计方差的贡献率已超过70%。3 个因子分别是：L1F1 相对优势因子，与上一代农民工相比，新生代农民工所具有的感知性内在优势；L1F2 相对劣势因子，与上一代农民工相比较，新生代农民工自身存在的感知性内在弱点；L1F3 差异关系因子，务工过程中体现的新生代与上一代之间存在的感知性群体差异。

城市生存特征领域特定因素的因子分析结果见表 10 - 3。

表 10 - 3　　　　　　城市生存特征领域因子分析（n = 1082）

项目内容	L2F1	L2F2	L2F3	共同度
L2F1 社会网络因子				
Q17 城市务工时，与当地人交往最多	0.805	- 0.068	0.041	0.601
Q15 工作遇到困难、麻烦时，会有人帮我	0.785	- 0.115	0.141	0.581
Q16 生活遇到困难、麻烦时，会有人帮我	0.716	0.113	- 0.143	0.524
Q25 平时与老乡经常来往	0.715	- 0.011	0.017	0.499
Q18 城市务工时，与老乡、同学交往最多	0.711	0.010	- 0.026	0.488
Q20 我会参加城市当地组织的一些社会活动	0.577	- 0.085	0.095	0.436
Q19 我已经结识了一些城市当地的朋友	0.443	0.105	- 0.040	0.399
L2F2 求职途径因子				
Q22 找工作主要依靠朋友的介绍	- 0.028	0.932	- 0.065	0.787
Q23 找工作主要依靠公开的信息，自己去找	0.050	0.649	0.101	0.459
Q21 找工作主要依靠家人、亲戚的介绍	- 0.018	0.596	0.050	0.454
L2F3 务工经历因子				
Q26 务工过程增长了我的社会经历	0.097	- 0.001	0.835	0.721
Q27 务工过程增长了我的交往能力	- 0.129	- 0.069	0.622	0.508
Q28 务工过程增长了我的思考能力	0.199	0.097	0.504	0.363

注：Cronbach'α 值 = 0.871，KMO 值 = 0.825，Bartlett 值的 P 值 = 0.000。

　　Cronbach'α 值 = 0.871，说明城市融入领域量表具有较好信度。KMO 值 = 0.825，Bartlett 球体检验 P 值 = 0.000，说明因子分析方法有效。因子提取方法采用主因子分析法，旋转法为具有 Kaiser 标准化的 Promax 方法，旋转在 6 次迭代后收敛，得到 3 个因子，累计方差贡献率为 73.54%。3 个收入相关因子分别是，L2F1 社会网络因子，表示新生代农民工在生活、工作中与人交往等相关感知性特征因素；L2F2 求职途径因子，从另外一个角度说明社会网络的相关感知性特征因素；L2F3 务工经历因子，表示务工过程给新生代农民工带来社会经历的积累、交往能力的提高以及个人思考判断能力的提升等相关感知性特征因素。

　　市民意识领域特定因素的因子分析结果详见表 10 - 4。

表 10 - 4　　　　市民意识特征领域因子分析（n = 1082）

项目内容	L3F1	L3F2	L3F3	共同度
L3F1 融入动机因子				
G29 外出务工的主要目的是赚钱	0.716	- 0.023	0.022	0.544
G30 外出务工的主要目的是向往城市生活	0.694	0.153	- 0.013	0.588
G31 外出务工的主要目的是增长见识	0.579	- 0.112	0.066	0.484
L3F2 融入行为因子				
G34 自己能较好地适应城市的生活	0.173	0.698	- 0.111	0.540
G32 只要自己努力，完全可以融入城市	0.119	0.662	0.006	0.532
G38 我大致理解市化的含义	0.184	0.637	- 0.051	0.520
G37 综合看，拥有一个城市居民的身份很重要	- 0.254	0.559	0.177	0.356
L3F3 心态反应因子				
G40 在城市，没有感觉到孤独	- 0.013	- 0.154	0.950	0.795
G41 在城市，感觉生活很有意思	- 0.059	0.153	0.590	0.443
G42 在城市，感觉比农村有前途	0.181	0.211	0.551	0.605
G39 在城市，没有感觉有什么不公平	- 0.040	0.035	0.531	0.412

　　Cronbach'α 值 = 0.881，说明城市融入领域量表具有较好信度。KMO 值 = 0.861，Bartlett 球体检验 P 值 = 0.000，说明因子分析方法有

效。因子提取方法采用主因子分析法，旋转法为具有 Kaiser 标准化的 Promax 方法，旋转在 11 次迭代后收敛，得到 3 个因子，累计方差贡献率为 70.21%。3 个因子分别是，L3F1 融入动机因子，表示新生代农民工城市务工主要目的等相关感知性特征因素；L3F2 融入行为因子，表示新生代农民工融入动力的内生性感知性特征因素；L3F3 心态反应因子，表示务工过程给新生代农民工带来精神层面上的压力、经历等相关感知性特征因素。

制度关联领域特定因素的因子分析结果详见表 10 - 5。

表 10 - 5 制度关联领域因子分析 （n = 1082）

项目内容	L4F1	L4F2	L4F3	共同度
L4F1 社保保障因子				
G46 加入医疗保险没有什么难度	0.711	0.369	0.066	0.657
G47 加入养老保险没有什么难度	0.617	0.192	0.267	0.518
G48 加入失业保险没有什么难度	0.599	0.179	0.208	0.458
G55 进入务工单位时，都会签订劳动合同	0.592	0.276	0.212	0.518
G49 加入工伤保险没有什么难度	0.583	0.318	0.015	0.465
L4F2 生活保障因子				
G45 农村户口基本不影响现在的生活	0.287	0.754	0.016	0.653
G44 农村户口基本不影响现在的工作	0.028	0.741	0.159	0.597
G52 外出务工前，接受过相应的职业培训	0.379	0.656	0.193	0.614
G53 进入务工岗位前，接受过相应的技能培训	0.266	0.623	0.169	0.538
L4F3 市民地位因子				
G50 与城市居民比，不存在同工不同酬	0.218	0.080	0.881	0.849
G51 与城市居民比，不存在招工歧视	0.138	0.331	0.829	0.819
G56 如决定城市定居，一定要有政府帮助才行	0.151	0.024	0.716	0.561
G54 务工过程中，提高自己技能的途径较多	0.157	0.351	0.456	0.370

注：Cronbach'α 值 = 0.841，KMO 值 = 0.806，Bartlett 值的 P 值 = 0.000。

Cronbach'α 值 = 0.841，说明城市融入领域量表具有较好信度。KMO 值 = 0.806，Bartlett 球体检验 P 值 = 0.000，说明可以做因子分析。主因子分析法是在因子提取方法中经常被采用的方法，而旋转方法在 Kaiser 标准化的 Promax 方法作用下，经过旋转 9 次迭代之后达到收敛状态，得到 3 个因子，累计方差贡献率为 71.36%。3 个因子分别是，L4F1 社保保障因子，表示新生代农民工在医疗、养老、失业等社会保障方面的状态等相关感知性特征因素；L4F2 生活保障因子，主要包含户籍影响、职业培训等方面的感知性特征因素；L4F3 市民地位因子，表示务工过程尤其是求职中，新生代农民工与城市一般居民之间的主要差异等相关感知性特征因素。

10.2.3　四领域因素二次因子分析

在新生代特征、城市生存特征、市民意识特征和制度关联特征等四个领域，利用 Promax 旋转方法，每个领域分别抽取 3 个因子。根据因子分析理论，相同领域内部各因子之间存在相关关系。如果各领域之间的因子同样存在相关关系的话，则表明 12 个因子内部存在共同的因素。从 12 个因子的相关系数检测结果看（见表 10 – 6），均存在统计意义上的显著性。因此，通过二次因子分析，从 12 个因子提取共通因子，对特征因素做进一步降维处理。

从每一个因子载荷行列中可以得到相应的因子得分，利用 12 个因子的得分，按照特征值 >1 的抽取原则，进行二次因子分析。因子提取方法采用主因子分析法，旋转法为具有 Kaiser 标准化的 Varimax 方法，旋转在 7 次迭代后收敛，得到 3 个因子，累计方差贡献率为 61.76%（见表 10 – 7）。第一因子由一次因子分析结果中的 L1F1 相对优势因子、L1F3 差异关系因子、L1F2 相对劣势因子、L2F1 社会网络因子和 L2F3 务工经历因子抽取集成，可以将其命名为 TF1（内生动力因子）；第二因子由一次因子分析结果中的 L3F1 融入动机因子、L3F2 融入行为因子、L2F2 求职途径因子和 L3F3 心态反应因子抽取集成，可以将其命名为 TF2（精神诉求因子）；第三因子由一次因子分析结果中的 L4F1 社保保障因子、L4F2 生活保障因子和 L4F3 市民地位因子抽取集成，可以将其命名为 TF3（制度包容因子）。

197

表10-6　　各个因子得分相关系数

	L1F1	L1F2	L1F3	L2F1	L2F2	L2F3	L3F1	L3F2	L3F3	L4F1	L4F2	L4F3
L1F1	1											
L1F2	0.630**	1										
L1F3	0.512**	0.554**	1									
L2F1	0.644**	0.516**	0.571**	1								
L2F2	0.651**	0.584**	0.521**	0.520**	1							
L2F3	0.384**	0.303**	0.441**	0.347**	0.485**	1						
L3F1	0.276**	0.285**	0.499**	0.364**	0.490**	0.358**	1					
L3F2	0.360**	0.268**	0.357**	0.309**	0.458**	0.645**	0.381**	1				
L3F3	0.482**	0.340**	0.413**	0.457**	0.454**	0.460**	0.393**	0.434**	1			
L4F1	0.503**	0.387**	0.509**	0.555**	0.426**	0.429**	0.477**	0.344**	0.685**	1		
L4F2	0.253**	0.229**	0.384**	0.337**	0.272**	0.389**	0.325**	0.388**	0.578**	0.572**	1	
L4F3	0.354**	0.199**	0.221**	0.155**	0.185**	0.409**	0.145*	0.411**	0.363**	0.358**	0.247**	1

注: *** 表示 $p < 0.001$, ** 表示 $p < 0.01$, * 表示 $p < 0.05$。

表 10 - 7　　　收入相关因子二次聚集因子分析（n = 1082）

因子项目	TF1	TF2	TF3	共同度
TF1 内生动力因子				
L1F1 相对优势因子	0.749	0.217	0.218	0.657
L1F3 差异关系因子	0.740	0.123	0.127	0.578
L1F2 相对劣势因子	0.702	0.146	0.359	0.643
L2F1 社会网络因子	0.664	0.359	0.101	0.580
L2F3 务工经历因子	0.600	0.333	0.235	0.526
TF2 精神诉求因子				
L3F1 融入动机因子	0.370	0.789	0.180	0.792
L3F2 融入行为因子	0.298	0.660	0.328	0.631
L2F2 求职途径因子	0.123	0.628	0.286	0.492
L3F3 心态反应因子	0.338	0.346	0.276	0.310
TF3 制度包容因子				
L4F1 社保保障因子	0.203	0.185	0.798	0.712
L4F2 生活保障因子	0.265	0.256	0.695	0.620
L4F3 市民地位因子	0.120	0.244	0.412	0.243
旋转后因子载荷平方和	2.889	2.050	1.845	
方差贡献率（%）	27.15	21.21	13.40	

以上 3 个因子的得分作为检验新生代农民工市民化程度变量的特定因素变量。同时，为综合评价新生代农民工市民化中收入影响的特定因素，特设定 TF（综合因子），其取值为 3 个因子得分与各自因子贡献率的乘积之和。TF1（内生动力因子）、TF2（精神诉求因子）和 TF3（制度包容因子）的因子得分越高，其作为特定因素对收入影响越大。

10.3　综合感知因素分析

10.3.1　综合感知因素描述分析

根据调查观察以及新生代农民工收入特性，对其收入影响的综合因素变量进行测量①。

"F1 要在城市中永久定居，你有这种想法吗？1 完全没有　2 没有　3 不好说　4 有　5 强烈"

此处，使用"城市中永久定居"，表示新生代农民工的自我城市融入过程中，最终成为新市民的意愿测度指标，其影响宏观市民化目标完成过程中综合引力的强度。因为"永久定居"意味着成为城市市民的一员，而"想法"等同于"意愿"。因此，将设问结果做适当内容转换后，列出新生代农民工的市民意愿的频数分布表（见表 10 – 8）。其中，在城市务工只是作为一个谋生过程，完全不想在城市永久定居，成为市民意愿很低者，其有效百分比为 4.1%。市民意愿较低者，其基本不会在城市定居者的有效百分比为 5.0%。对是否在城市永久定居犹豫不决，成为市民意愿不明确者占 20.3%。有市民愿意，会在城市永久定居者占 44.1%。市民意愿强烈，一定会在城市永久定居者占 26.5%。城市融入度为今后打算在城市永久定居为测定基准，其包含定居意愿和定居行动两层含义的融合结果。从新生代农民工自身考虑，除去超过 1/5 的人（20.3%）处于是否定居不明确的状态之外，只有不到 1/10 的人（9.1%）不打算在城市定居，超过 70% 的新生代农民工准备在城市定居，其中 26.5% 的人有较为强烈的市民意愿。

表 10 – 8　　　　　　新生代农民工市民化意愿程度分布

赋值	市民化意愿	频数	百分比（%）	有效百分比（%）	有效累计百分比（%）
1	很低	43	4.0	4.1	4.1
2	低	53	4.9	5.0	9.1
3	不好说	215	19.8	20.3	29.4
4	高	466	43.1	44.1	73.5
5	很高	280	25.9	26.5	100.0
DK/NA		25	2.3	—	—
合计		1082	100.0	100.0	—

注：DK/NA = 不知道、无回答。

———————————

① 量表题项的具体内容见本书结尾附录"青年务工人员调查问卷"，序号标注为 F1 ~ F3。

"F2 对自己目前城市中的生活、工作等总体生存状况的满意程度：

1 非常不满意　2 不满意　3 不好说　4 满意　5 非常满意"

此处，城市中综合生存状况的满意程度，表示新生代农民工在城市融入过程中，对整体行为结果的满足程度，即全部生存状况的满意度指标，其包含收入因素以及其他生存条件因素。同时，其影响宏观市民化目标完成程度的预期结果。表 10 - 9 为新生代农民工综合生存满意度分布。其中，在自主城市融入过程中，对目前城市生活和工作状况，感到非常不满意的有效百分比为 8.0%，其次，不满意的有效百分比为 19.2%，介于满意和不满意之间，即"不好说"的有效百分比为 28.3%，满意者占 32.5%，完全满意者占 12.0%。从城市生存综合满意度看，新生代农民工自主感知中，有接近 1/3 的人（28.3%）人处于满意和不满意的临界状态，随着外出务工时间的推移，会产生一个更为明确的认知结果。有超过 1/4 的人（27.2%）对现在所处状态表示不同程度的不满。另外，有超过 2/5 的人（44.5%），对自己在城市中所处的状态表示不同程度的满意。

表 10 - 9　　　　　　新生代农民工城市生存满意度分布

赋值	满意度	频数	百分比（%）	有效百分比（%）	有效累计百分比（%）
1	非常不满意	84	7.8	8.0	8.0
2	不满意	203	18.8	19.2	27.1
3	不好说	301	27.8	28.3	55.5
4	满意	345	31.9	32.5	88.0
5	非常满意	128	11.8	12.0	100.0
DK/NA		21	1.9	—	—
合计		1082	100.0	100.0	—

DK/NA = 不知道、无回答。

"F3 总体来说，对自己目前的收入水平的满意程度：

1 非常不满意　2 不满意　3 不好说　4 满意　5 非常满意"

此处，新生代农民工城市务工中，对自己目前实际收入水平的感知性评价，表示其自主城市融入过程中，最终融入城市成为新市民的重要影响指标。同时，其满意程度还会影响宏观市民化目标完成过程中综合引力的强度。因为对自己目前收入的满意程度具有较强相对性，所以，这是一个来自纵向时间轴的与我比较和横向群体轴的与他比较的结果（见表 10-10）。在满意度分布中，近 40% 的新生代农民工，对自己目前的收入水平状况感到不满，其中，12.8% 的人"非常不满意"，27% 的人"不满意"。有超过 1/4 的人对目前收入水平，介于不满意与满意之间，即可以勉强接受这样的收入水平，并且，其今后收入水平的变化，会改变收入满意度的结构，一定时期后，其收入水平得到提高，则群体对收入水平的满意程度将得到提升，相反，满意程度则下降。超过 30% 的人对自己目前的收入水平状况感到满意，其中，21.9% 的人"满意"，10.2% 的人"非常满意"。

表 10-10　　　　　新生代农民工收入水平满意度分布

赋值	满意度	频数	百分比（%）	有效百分比（%）	有效累计百分比（%）
1	非常不满意	138	12.8	13.1	13.1
2	不满意	292	27.0	27.8	40.9
3	不好说	274	25.3	26.1	67.0
4	满意	237	21.9	22.5	89.5
5	非常满意	110	10.2	10.5	100.0
DK/NA		31	2.9	—	—
合计		1082	100.0	100.0	—

DK/NA = 不知道、无回答。

另一方面，与表 10-9 的结果对照后，可以发现如下有意义的异同点，即新生代农民工的生存满意度和收入水平满意度的趋势分布具有相似性，但在其度量水平上有所不同，生存满意度的"不满"水平低于收入水平满意度，而生存满意度"满意"水平高于收入水平满意度。以上可说明，综合因素考虑，即使对城市中生存状态感到可以接受，但在单纯的收入因素上，还存在较多不满，如果提高其收入水平，不仅可以提高收入满意度，而且还可以提高城市生存综合满意度的水平。

根据以上结果，对综合因素变量进行描述性统计分析，结果如

表 10 - 11 所示。

表 10 - 11　　　　　　　综合感知因素变量的描述性统计

综合因素变量	有效样本数	均值	标准差	极小值	极大值
市民化意愿程度（F1）	1057	3.8392	0.9825	1.0000	5.0000
城市生存满意度（F2）	1061	3.2168	1.0050	1.0000	5.0000
收入水平满意度（F3）	1051	2.8944	1.1262	1.0000	5.0000

从表 10 - 11 中数据结果可看出，市民化意愿程度均值最大，标准差最小，说明对新生代农民工来说，在城市中务工，并成为城市中一员的市民化意愿较为强烈，且趋势较为集中。同时，一方面，对与城市生活、工作有关的生存状况，其满意程度也超过其满意水平平均值（数值为3），但标准差较大，反映内部存在对状态感知的一定差异性。另一方面，对在城市中自己目前的收入水平，其满意程度相对较低，水平低于满意水平平均值（数值为3），且标准差大，存在较大内部差异。

10.3.2　综合感知因素回归分析

为从不同维度检验以上感知特定因素和感知综合因素对新生代农民工城市融入度（市民化）的影响，在此构建基本 OLS 模型。

$$Y = \beta_0 + \beta_1 X_1 + \beta_2 X_2 + \beta_3 X_2^2 + \beta_4 X_3 + \beta_5 X_4 + \beta_6 X_4^2 +$$
$$\beta_7 X_5 + \beta_8 X_6 + \beta_9 X_7 + \beta_{10} X_8 + \varepsilon_1$$

其中，Y 表示因变量，β_0 为常数项，ε_1 为残差项，β 为系数，X表示自变量。

1. 因变量说明

因变量 Y 的含义为市民化进程中新生代农民工的收入水平。这里，其取值使用综合感知因素中的 F3 值来说明，为五分分类变量，5 分为收入水平高，1 分则为收入水平低，其他为介于收入水平较高与收入水平较低之间的收入程度。其中，使用收入水平满意度上的"非常满意"为收入水平高，赋值为 5；"满意"为收入水平较高，赋值为 4；"不好说"为收入水平不高不低，赋值为 3；"不满意"为收入水平较低，赋值为 2；"非常不满意"为收入水平极低，赋值为 1。根据以往研究，对其进行自然对数变换，使之更符合多元线性回归的条件。对因变量的说明从四个视角分别用于检验自变量对因变量的说明结果。四个视角分别为"全体样本（有效样本数）"视角、"市民化进程可期望度高"视角、"市民化进程可期望度低"视角和"市民化进程可期望度不确定"视角，并由此分别构建四组 OLS 模型。

因为新生代农民工市民化推进程度取决于两个主要因素：市民化意愿程度和可实现程度，所以市民化程度的取值来自综合因素中的问 F1 和问 F2 虚拟变量的平均值①。其中，四个视角中，全体有效样本数为 1038；"市民化进程可期望度高"为问 F1 和问 F2 算术平均值大于 3 的样本数，合计为 589 人；"市民化进程可期望度低"为问 F1 和问 F2 算术平均值小于 3 的样本数，合计为 185 人；"市民化进程可期望度不确定"为问 F1 和问 F2 算术平均值等于 3 的样本数，合计为 264 人。

2. 自变量说明

自变量 X 的含义：

X_1 表示性别；X_2 表示年龄；X_3 表示受教育程度；X_4 表示工龄（表示外出务工年数）；X_5 表示从业稳定性。

以上 5 个变量作为控制变量使用。

X_6 表示 TF1（内生动力因子）；X_7 表示 TF2（精神诉求因子）；X_8 表示 TF3（制度包容因子）。

以上 8 个变量为自变量。自变量取值规则如下：X_1 按照性别的二分分类变量法的原则，男性为 1，女性为 2；X_2 年龄和 X_4 工龄（外出务工年数）为数值型变量；X_3 受教育程度为按顺序划分的虚拟变量，按照小学、初中、高中、大专、本科等 1～5 的五分分类变量法；X_5 为顺序虚拟变量，以换工次数表示从业稳定性（可参见表 8 - 7），按照 1～4 的四分分类变量法进行取值。其中，换工次数 5 次及以上为 1，换工次数 3～4 次为 2，换工次数 1～2 次为 3，没有更换过工作为 4；X_6、X_7、X_8 分别为 TF1（内生动力因子）、TF2（精神诉求因子）、TF3（制度包容因子）因子得分的数据型变量。

---

① 具体计算方法为，求问 F1 和问 F2 的虚拟结果的算术平均值。

　　另外，在模型中引入年龄变量项、工龄变量项，以及它们的变量平方项，通过作平方处理后，可以使其变化更符合劳动力市场中实际的变化规律。因为一般劳动者进入劳动力市场后，随着其年龄、工龄的增加，其收入水平会逐渐提高，当年龄、工龄达到一定年限后，收入水平达峰值，多可稳定并至退休。但新生代农民工与此不同，由于其进入城市劳动力市场的年龄与其工龄不存在明显的正向关系，有人很年轻时就进城务工，工龄有较长积累，收入水平相对较高，有人进入城市劳动力市场较晚，年龄虽较大，但工龄较短，收入水平相对较低，即很多情况下，不存在规律性结果，即年龄大、工龄长、收入水平相对高的现象。因此，需要对新生代农民工的年龄项和工龄项进行平方修正。

3. 回归结果及解释

　　OLS 模型回归的主要结果如表 10 - 12 所示。

表 10 - 12　新生代农民工收入感知因素 OLS 模型检验（Beta 值）

自变量（Beta 值）		模型 1（全样本）	模型 2（期望度高）	模型 3（不确定）	模型 4（期望度低）
x_1	性别	0.154	-1.297***	-1.125***	0.127
x_2	年龄	0.420	0.541	-0.096	0.541*
x_2^2	年龄的平方项	-0.356	-0.334	0.219	-1.273*
x_3	受教育程度	0.014	-0.058	-0.011	0.092
x_4	工龄	-0.535***	-1.055***	-0.793***	-0.146
x_4^2	工龄的平方项	0.499***	0.832***	0.779***	0.013
x_5	从业稳定性	0.160**	0.110	0.067	0.127
x_6	TF1（内生动力因子）	0.175**	0.345***	0.220**	0.228**
x_7	TF2（精神诉求因子）	0.151*	0.130	0.170*	0.188*
x_8	TF3（制度包容因子）	0.211***	0.141*	0.201**	0.087
F 值		9.584***	6.978***	5.399***	4.569***
Adj. R^2		0.715	0.525	0.497	0.663
频数（n）		1038	589	264	185

　　注：* 表示显著度 $p < 0.05$；** 表示显著度 $p < 0.01$；*** 表示显著度 $p < 0.001$。采用双尾检验。
　　因变量：市民化进程中新生代农民工的收入水平。

本书的一个重要研究目的是从主体能动和内生分化两个方面，即通过新生代农民工内部因素，对其市民化进程中的收入水平状况进行探讨和分析。因此，在全体样本基础上，需要进一步从内部分化视角做更深入的探究。从这个目的出发，从综合因素中的新生代农民工的市民化进程可期望程度入手，区分新生代农民工市民化进程可期望程度较高群体的收入水平状态，建立模型 2。区分新生代农民工市民化进程可期望程度不确定群体的收入水平状态，即对自身的市民化意愿和城市中生存满意度尚不存在明确认识的群体，建立模型 3。区分新生代农民工市民化进程可期望度较弱群体的收入水平状态，即对自身的市民化意愿处于"很低"和"低"状态，以及城市生存满意度处于"非常不满意"和"不满意"状态群体的收入水平，但这个群体在收入水平得到提高后，其状态发生转向，有可能成为市民化进程可期望度较高群体。据此，建立模型 4。

在模型 1～模型 4 中，均以市民化进程中新生代农民工的收入水平为被解释变量（因变量），代表人力资本水平的性别因素、年龄（包括年龄平方项）、受教育程度、工龄即务工年数（包括工龄平方项）以及从业稳定性等变量控制下，利用市民化相关特定因素的三个因子得分，从四个视角进行多元回归分析。从四个模型的方差分析结果看，F 值均处于小于 0.1% 的显著水平上，回归方程有效。

模型 1 的结果分析如下。

在全体样本条件下看，对市民化进程中新生代农民工收入水平影响方面，在 0.1% 水平上具有显著影响意义的变量为工龄、工龄的平方项和 TF3（制度包容因子），在 1% 水平上具有显著意义的变量为从业稳定性、TF1（内生动力因子）和 TF2（精神诉求因子）。使用样本的总体中，其他变量不具有 5% 水平上的显著意义。一方面，工龄对收入水平的影响表现为，单纯务工年数看，在一定务工年数内，存在工龄越长，收入水平相对越低的倾向（Beta 值为负值）。另一方面，工龄平方项的 Beta 值为正值，表明务工年数超过一定长度后，则随着务工时间的增加，收入水平有所提高。

以上获得的有价值结果，从劳动经济学视角看，工龄长利于人力资本的积累，可以为从业单位创造更多的劳动价值，但这个结论的前提是，较长的劳动年龄区间内，并且劳动者的初始人力资本相同或相近。

新生代农民工是一个较为特殊的劳动群体，其劳动年龄区间范围较为窄小，且劳动者初始劳动人力资本有很大不同。结合前述章节的描述性结果，新生代农民工具有年龄越低，受教育程度越高的倾向。因此，即使劳动者的工龄较短，但由于其受教育程度较高，可以从事非低端领域工作，以及非低端职业，其收入水平可以高于较长工龄但处于低端行业或职业的新生代农民工。

从业稳定性对收入水平的影响表现为工作越稳定，收入水平相对越高。由于新生代农民工在性别、年龄、受教育程度等个人一般属性具有一定均质性，因此在新生代农民工群体内部，这些因素对其收入水平的影响，在统计学意义上不存在显著意义。工龄、从业稳定性等存在显著影响，并且其影响效果强于性别、年龄和受教育程度等个人一般属性的效果。

综上所述，从个人特征和人力资本变量看，对新生代农民工来说，影响其收入水平的因素主要源于新生代农民工的持续就业和从业稳定性。

在控制个人特征和人力资本变量条件下，综合感知因素因子均具有统计学意义。其中，TF3（制度包容因子）在 0.1% 水平上、TF1（内生动力因子）和 TF2（精神诉求因子）在 1% 水平上具有显著意义。可以证明，从个人感知视角上，制度因素、个人动力因素和个人精神因素均从正面影响其市民化进程中的收入水平，在相应制度保障下，即新生代农民工主体从制度层面感受到的包容程度越高，具有积极向上的心态，努力提高自身价值，则个人发展动力和城市融入动力越强，个人心态越好，其收入水平越高。

模型 2 的结果分析如下。

从市民化进程期望度高的新生代农民工群体看，对市民化进程中新生代农民工收入水平影响上，性别变量，工龄、工龄平方项变量，TF1（内生动力因子）变量在 0.1% 水平上具有显著意义，TF3（制度包容因子）在 5% 水平上具有显著意义，其他变量不具有 5% 水平上的显著意义。

性别变量的 Beta 值为负值表明，在这个群体中，相对于女性，男性的收入水平较高。工龄、工龄平方项变量对这个群体收入水平的影响特征与模型 1 结果相同，即在一定期间内，工龄越短，其收入水平越高，但当务工年数超过一定长度，则随着务工时间的增加，其收入水平将会提高，换言之，市民化意愿强烈以及城市中生存满意度较高的群体中，由于个人特征、人力资本以及机遇等原因，虽然务工时间较短，但比较工龄长的人，其收入水平相对较高。当务工时间超过一定时期后，其收入水平开始有所提高。对此，其政策提示含义在于，对市民化进程期望度较高的群体来说，初期的政策包容、就业环境的改善，以及职业技能培训的实施等人力资本的提升手段的运用结果，对提高新生代农民工收入水平具有重要意义。

在控制个人特征和人力资本变量的条件下，TF1（内生动力因子）和 TF3（制度包容因子）具有显著意义。这里，内生动力包括代际差异、新生代优势、社会网络、务工经历等因素，制度包容包括社保保障、生活保障和市民地位等（见表 10-7）。回归结果表明，在市民化期望度高的群体中，这些因素对其提高其收入水平具有重要意义。或者说，在不断强化的市民化举措和政策保障下，在与上一代农民工相比，新生代农民工如何发挥优势、回避劣势、建立自己的社会网络以及更好地积累工作经验是提高其收入水平的重要条件。

模型 3 的结果分析如下。

从市民化进程期望度不确定的新生代农民工群体看，对市民化进程中新生代农民工收入水平影响上，性别变量，工龄、工龄平方项变量在 0.1% 水平上具有显著意义，TF1（内生动力因子）和 TF3（制度包容因子）变量在 1% 水平上具有显著意义，TF2（精神诉求因子）在 5% 水平上具有显著意义，其他变量因素不具有 5% 水平上的显著意义。

与模型 2 结果相似，性别变量 Beta 值为负值，表明在这个群体中，相对于女性，男性收入水平较高。同样，工龄、工龄平方项变量对这个群体的收入水平的影响结果是，在一定期间内，工龄越短，其收入水平越低，但当务工年数超过一定长度，则随着务工时间的增加，其收入水平将会提高。即使其市民化意愿不确定、对城市生存满意度处于"不好说"的状态，但同样，政策包容、就业环境的改善，以及职业技能培训的实施等提高人力资本的结果，将会带来收入水平的提高。同时，使处于犹豫不决状态的新生代农民工进一步融入城市，并明确自身实现市民化的目标。

在控制个人特征和人力资本变量的条件下，TF1（内生动力因子）、TF2（精神诉求因子）和 TF3（制度包容因子）对提高新生代农民工市民化程度的影响具有显著意义，方向为同向。虽然对自身意愿方面，对融入城市、实现市民化尚存犹豫，但如果在制度方面提高包容程度，同时提高人发展的能力和动力越强，充分发挥新生代优势，提高其收入水平的同时，可以较好地融入城市，并实现市民化目标。

模型 4 的结果分析如下。

从市民化进程期望度较弱的新生代农民工群体看，对市民化进程中新生代农民工收入水平影响上，TF1（内生动力因子）变量在 1% 水平上具有显著意义，年龄、年龄平方项变量、TF2（精神诉求因子）变量在 5% 水平上具有显著意义。在此群体中，其他变量在 5% 水平上不具有显著意义。

与上述的模型 1～3 的结果有所不同，当自身市民化意愿较弱，且城市生存满意度较低时，其年龄及年龄平方为其收入水平的有意义影响因素。其中，年龄变量 Beta 值为正值，提示在一定年龄范围内，年龄越大，其收入水平越高。当超过一定年龄范围后，年龄平方变量 Beta 值为负值，年龄越大，而收入水平越低。由于存在这样的特性，所以该群体收入水平的提高将会改变市民化意愿以及对城市生存状态的满意程度。

在控制个人特征和人力资本变量的条件下，TF1（内生动力因子）和 TF2（精神诉求因子）对收入水平存在有意影响。一方面，内生动力越强，精神诉求响应程度越高，其收入水平越高。另一方面说明，这个群体的新生代农民工，需要在市民化进程中加强自身内在发展动力，合理提出市民化的正当诉求，以明确和完成自身实现市民化的目标。

10.4　收入影响因素的现状关联分析

因变量 Y 的含义为市民化进程中新生代农民工的收入水平。其取值原则同前述章节（10.3.2）一致。从三个视角对因变量进行说明，三个视角分别为市民化进程可期望度高视角（简称可期望度高，KQWDG）、市民化进程可期望度低视角（简称可期望度不确定，KQWDB）、市民化进程可期望度低视角（简称可期望度低，KQWDD），并由此分别构建三组多重回归模型。

自变量是因子分析中获得的新生代农民工市民化进程中收入水平影

响因素，共计 12 因子。具体为：L1F1 = 相对优势因子；L1F2 = 相对劣势因子；L1F3 = 差异关系因子；L2F1 = 社会网络因子；L2F2 = 求职途径因子；L2F3 = 务工经历因子；L3F1 = 融入动机因子；L3F2 = 融入行为因子；L3F3 = 心态反应因子；L4F1 = 社保保障因子；L4F2 = 生活保障因子；L4F3 = 市民地位因子。

多重回归结果见表 10 – 13。

表 10 – 13　市民化进程中收入水平现实影响因素的多重回归分析

自变量	KQWDG	KQWDB	KQWDD
L1F1 相对优势因子	0.106	0.252	0.164 *
L1F2 相对劣势因子	− 0.240 **	0.119	0.036
L1F3 差异关系因子	0.391 ***	0.071	0.050
L2F1 社会网络因子	0.090	0.008	− 0.034
L2F2 求职途径因子	0.153 *	0.170 *	− 0.049
L2F3 务工经历因子	0.047	− 0.331 **	0.257 ***
L3F1 融入动机因子	0.003	0.046	0.061
L3F2 融入行为因子	0.188 **	0.005	0.010
L3F3 心态反应因子	− 0.219 **	0.110	0.044
L4F1 社保保障因子	0.124	0.029	0.037
L4F2 生活保障因子	0.331 ***	0.412 ***	0.026
L4F3 市民地位因子	0.018	0.023	0.239 ***
F 值	10.725 ***	12.011 ***	14.339 ***
Adj. R^2	0.512	0.576	0.460
频数（n）	589	264	185

注：* 表示显著度 $p < 0.05$；** 表示显著度 $p < 0.01$；*** 表示显著度 $p < 0.001$。双尾检验。
因变量：市民化进程中新生代农民工的收入水平。表中主要数字为标准回归系数。

从市民化进程期望度程度较高（KQWDG）的新生代农民工群体看，L1F3 差异关系因子和 L4F2 生活保障因子在 0.1% 水平上具有显著意义，L1F2 相对劣势因子、L3F2 融入行为因子和 L3F3 心态反应因子在 1% 水平上具有显著意义，L2F2 求职途径因子在 5% 水平上具有显著意义。以上说明：在市民化进程可期望程度高的群体中，收入水平主要受制于以上因子因素的影响。其中，与上一代农民工相比，新生代农民工价值差异性越突出，其收入水平越高。同时，良好的心理因素、较为强烈的城市融入行为以及相对较好的社会保障也是提升其收入水平的重要影响因素。

从市民化进程期望度程度不确定（KQWDB）的新生代农民工群体看，L4F2 生活保障因子在 0.1% 水平上具有显著意义，L2F3 务工经历因子在 1% 水平上具有显著意义，L2F2 求职途径因子在 5% 水平上具有显著意义。这个群体中，收入水平主要受制于城市生活的可保障程度。同时，务工经历越复杂，则收入水平相对较低。另外，求职途径越多，求职过程中可利用的各种缘关系资源越丰富，则收入水平相对越高。

从市民化进程期望度程度较低（KQWDD）的新生代农民工群体看，L2F3 务工经历因子、L4F3 市民地位因子在 0.1% 水平上具有显著意义，L1F1 相对优势因子在 5% 水平上具有显著意义。这个群体中，收入水平主要受制于城市中的务工经历、城市中融入程度以及新生代农民工的相对优势等影响因素。由于这个群体的市民化意愿相对较弱，并且在城市中的生存状况相对较差，所以，在务工经历上，虽然相对较为坎坷和复杂，但可以保证获得一定水平的收入。同时，在各群体中，与上一代农民工相比，其优势部分越明显，则收入水平越高。

10.5　本 章 小 结

本章在第 7~9 章的理论和实证分析结果基础上，根据效用最大化理论，从感知特定因素和感知综合因素两个角度，对新生代农民工市民化过程中的收入增长变化进行实证研究。设定上层假设为，将新生代农民工收入增长因素作为其自我实现期望收入水平的判定指标，但其实际收入水平与期望收入的最佳个体目标之间存在乖离。这里隐含的意义是，重新审视收入增长影响因素，重构增收实现路径，构筑增收对策。设定下层假设为，在共性因素（属性因素、满意程度、市民化意愿）作为控制变量条件下，人力资本因素、社会资本因素、从业特征因素以及表征市民化水平的城市融入程度会影响其收入水平变化。

主要结果如下。

（1）对新生代特征、城市生存特征、市民意识特征和制度关联特征等四个领域，借助李克特量表（Likert scale）5分尺度进行测度，二次因子检验后，从内生动力因子、精神诉求因子和制度包容因子等感知特定因素中，最终获得TF1（内生动力因子）、TF2（精神诉求因子）和TF3（制度包容因子），并通过3个因子得分与各自因子贡献率的乘积之和，获得新生代农民工收入影响的TF（综合因子）。

（2）从综合感知因素描述性分析结果看，市民化意愿程度均值最大，标准差最小，可说明新生代农民工在城市中务工，并成为城市中一员的市民化意愿较为强烈，且趋势较为集中。一方面，对在城市生活、工作有关的生存状况，其满意程度也超过其满意水平平均值（数值为3），但标准差较大，反映内部存在对状态感知的一定差异性。另一方面，对在城市中自己目前的收入水平，其满意程度相对较低，水平低于满意水平平均值（数值为3），且标准差大，存在较大内部差异。

（3）根据综合感知因素回归分析获得四个研究结果。第一，在全体样本条件下看，收入水平影响上，工龄、工龄的平方项和TF3（制度包容因子）在0.1%水平上具有显著性，从业稳定性、TF1（内生动力因子）和TF2（精神诉求因子）在1%水平上具有显著性，其他变量在5%水平上不具有显著性。其中，工龄对收入水平影响明显，务工时间增加，收入水平提高，这是由新生代农民工劳动者的群体特性决定的。工作越稳定，收入水平相对越高，这是由于新生代农民工在性别、年龄、受教育程度等个人一般属性上具有一定均质性。在控制个人特征和人力资本变量条件下，综合感知因素因子均具有显著性。第二，从市民化进程期望度高的新生代农民工群体看，性别变量，工龄、工龄平方项变量，TF1（内生动力因子）变量对收入水平在0.1%水平上具有显著性，TF3（制度包容因子）在5%水平上具有显著性，其他变量因素无显著性。其中，男性的收入水平较高。工龄、工龄平方项变量的影响与第一个结果相同。结果表明，在市民化期望度高的群体中，内生动力因素、制度包容因素对其提高其收入水平具有重要意义。第三，从市民化进程期望度不确定的新生代农民工群体看，对收入水平影响上，性别变量，工龄、工龄平方项变量在0.1%水平上具有显著性，TF1（内生动力因子）和TF3（制度包容因子）变量在1%水平上具有显著性，TF2（精神诉求因子）在5%水平上具有显著性，其他变量因素不具有5%显著水平。与第二个结果相似,相对于女性,男性收入水平较高。即使其市民化意愿不确定、对城市生存满意度处于一般状态,随着政策包容、就业环境改善及职业技能提高,将带来收入水平及融入城市意愿提升。第四,从市民化进程期望度较弱的新生代农民工群体看,TF1(内生动力因子)变量在 1% 水平上具有显著性,年龄、年龄平方项变量、TF2(精神诉求因子)变量在 5% 水平上具有显著性。此群体中,其他变量不具有 5% 显著性。当自身市民化意愿较弱且城市生存满意度较低时,其年龄及年龄平方为其收入水平有意义的影响因素。内生动力越强,精神诉求响应程度越高,其收入水平也越高。

(4)收入影响因素的现状关联分析中,从市民化进程期望度程度较高的新生代农民工群体看,L1F3 差异关系因子和 L4F2 生活保障因子在 0.1% 水平上具有显著性,L1F2 相对劣势因子、L3F2 融入行为因子和 L3F3 心态反应因子在 1% 水平上具有显著性,L2F2 求职途径因子在 5% 水平上具有显著性。提示此群体收入水平受制于以上因子因素的影响。从期望度程度不确定群体看,L4F2 生活保障因子在 0.1% 水平上具有显著性,L2F3 务工经历因子在 1% 水平上具有显著性,L2F2 求职途径因子在 5% 水平上具有显著性。提示此群体收入水平主要受制于城市生活的可保障程度。从期望度程度较低群体看,L2F3 务工经历因子、L4F3 市民地位因子在 0.1% 水平上具有显著性,L1F1 相对优势因子在 5% 水平上具有显著性。提示此群体收入水平主要受制于城市中的务工经历、城市中融入程度以及新生代农民工的相对优势等影响因素。

第 11 章 构建新生代农民工增收长效机制

11.1 长效机制基石分析

11.1.1 基于实证结果的策略引导

根据以上章节的理论分析和实证结果，尤其是新生代农民工收入影响因素现状关联性分析结果（详见表 10 - 13），如果每一个因子作为一个特定因素，可以引入两个概念，即特定因素满意度和特定因子重要度。根据新生代农民工调研结果，通过这两个概念，从新生代农民工收入增长对策层面，提示对策构筑方向和着力点。

特定因素满意度 = 12 个因素各自因子得分 > 0 的人数/调查者总人数 × 100%。特定因子重要度 = 每一个因子得分与 TF（综合因子）的皮尔逊相关系数（Pearson correlation coefficient）。其中，前有所述，TF（综合因子）可以被看作为新生代农民工收入水平影响因素的总和。计算方式：TF（综合因子）= TF1 内生动力因子得分 × TF1 内生动力因素的因子贡献率 + TF2 精神诉求因子得分 × TF2 精神诉求因素的因子贡献率 + TF3 制度包容因子得分 × TF3 制度包容因素的因子贡献率，最后得到图 11 - 1。其中，设定满意度判断基准为 50%，重要度基准为 0.6，以此划分四个象限，落于每个象限的特定因素均对各自市民化中提高新生代农民工收入水平对策具有重要的提示意义。

特别需要注意的是右下象限中的因素：L3F2 融入行为因子、L4F1

社保保障因子、L4F2 生活保障因子和 L4F3 市民地位因子。这 4 个因素在新生代农民工收入水平化影响因素中具有较大重要性（重要度值高）。换言之，为实现新生代农民工收入长效增长目标，不断提高其市民化程度、改善新生代农民工收入水平，需要改善和提高这 4 个因素的正向作用效应。从满意度看，这 4 个因素分值均低于平均水平（50%）。因此，如何强化新生代农民工城市融入的志向、改善社会保障和生活保障环境以及提高新生代农民工在城市中的地位，有效解决市民化过程中的问题，将是新生代农民工更好地融入城市，并实现收入水平长效增长目标的决定因素。尤其是生活保障方面，只有在根本上立足城市、实现市民化转变，才能使其收入水平不断得到提高。因此，上述 4 个因素为新生代农民工提高其收入水平的关键性要素，所在象限可定义为关键性要素区域。

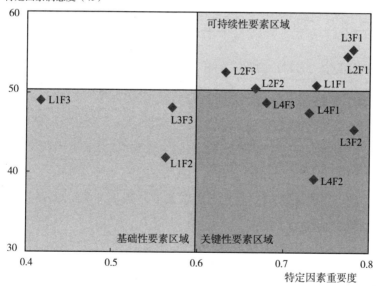

图 11 - 1　收入水平特定影响因素的政策含义

右上象限中存有 5 个因素，分别是 L1F1 相对优势因子、L2F1 社会网络因子、L2F2 求职途径因子、L2F3 务工经历因子和 L3F1 融入动机因子。在新生代农民工收入水平化影响因素中，这五个因素的特定因素重要度超过 0.6，具有较大重要性，是影响新生代农民工收入长效增长目标的重要因素，是市民化中影响提高新生代农民工收入水平的重要因素，改善这5个因素具有正向作用效应。从满意度看，5个因素分值均高于平均水平（50%），即保持5个因素的相对良好状态，是增加收入水平的可持续性保障。因此，上述5个因素为新生代农民工提高其收入水平的可持续性要素，所在象限可定义为可持续性要素区域。

在左下象限中存在3个因素，即 L1F2 相对劣势因子、L1F3 差异关系因子和 L3F3 心态反应因子。在新生代农民工收入水平化影响因素中，这3个因素的特定因素重要度相对较低，低于指数 0.6，是市民化中影响提高新生代农民工收入水平的基础保障因素。从满意度看，3个因素分值均低于平均水平（50%），虽然说明其不具有决定性作用，但需要进一步完善和改进这些因素的正面作用，以奠定增加收入水平的可持续性基础。因此，上述3个因素为新生代农民工提高其收入水平的基础性要素，所在象限可定义为基础性要素区域。

11.1.2 基于长效机制理论的策略引导分析

根据霍尔（Hall，1978）的相对收入理论，基于消费视角认识，一般劳动者的消费取决于其所能获取劳动报酬的相对收入水平，而不是现期绝对收入水平。其中，收入不具备独立性，农村转移劳动力的收入会以周围市民收入为对照，在市民收入高于外来务工人员收入的现实状态下，高收入者对低收入者的收入和消费产生影响，并在此基础上，收入和消费均产生"示范效应"。收入行为在时间上是非可逆的，即现期收入会受到以往收入影响，尤其是周围人群（市民）收入以及自己收入高峰时期的影响。对消费者来说，暂时性收入降低，不会使消费水平下降。但是，当出现暂时性收入增加时，则会引起消费的增加，这就是通常所说的消费"棘轮效应"。以上现象可用下式表示：$C = K \times Y$。其中，C 表示现期实际消费；K 表示为消费与收入比，一般为小于1的正数；Y 为现期相对收入。在一定程度上，相对收入学说对收入独立与收入时间可逆性假设进行了修正。

根据弗里德曼（Frideman，1957）的持久收入理论，劳动者收入可以被分为暂时性收入和持久性收入。其中，暂时性收入为表现于时间性和收入可获得性上，时间性指非连续、临时工作等短期性收入，收入可获得性指偶然性、不可复制性等情况下的奖金、遗产、馈赠、意外等收入。持久性收入是指劳动者可获得的长期性、稳定性收入。根据上述观点，消费可做相应分类，可分为暂时性消费和持久性消费，前者是指非经常性消费，后者则是经常性消费。为提高劳动者生活水平（消费），主要需要从提高其长期性和持久性收入入手，而不是依靠短期性收入。这是因为，为实现效用最大化，理性消费者一般会根据持久性收入选择消费决策，而不是短期性收入。改善生活水平多依靠于持久性收入，生活水平与持久性收入形成固定关系，与暂时性收入之间的关系则不具稳定性。上述分析结果，可以用公式表示：$CP = K \times YP$。其中，CP 为持久性消费，K 为持久性消费与持久性收入之比，YP 为持久性收入，为小于1的稳定正数，主要与收入影响因素（例如，年龄、文化、从事领域、职业、工龄等）有关。

前有所述（详见第3章），根据劳动力流动理论，农民工收入问题是农民工问题在特定劳动者收入问题上的延伸，它源于人口增长下农业生产率提高以及社会经济发展过程中所产生的劳动力需求增加，并随之引起的大规模农村劳动力向城市转移、进入二三次产业劳动力市场时产生的。农村劳动力转移上的劳动力流动特指不同地区之间的人口流动。这种流动，由刘易斯模型首次论证了农工部门之间实现平衡增长过程中，农村剩余劳动力向工业部门移动的决定性意义。后经过乔根森模型的修正，进一步论证了这种二元经济劳动力流动的宏观动因。由于农产品需求受生理限制等原因，其表现为有限性，对工业品需求则随着经济发展可以无限增长，这种消费结构变化，使更多劳动力从农村（农业部门）转移到城市（工业部门），转移的重要保障条件为维持一定收入水平，并通过市民化过程实现收入水平的增加（孙晓芳，2012）。哈里斯 - 托达罗模型认为，在效用最大化的利益驱使下，个体劳动力实现自由流动，对提高整个社会资源配置效率具有重要意义，而预期收入差距以及职业可获得性是影响劳动力流动决策的主要动机，即相对和绝对的收入水平是农村劳动力进入城市的最大动力。随着经济发展和市民化的推进，一方面，农民工迁移规模出现非规律性收缩和扩张，但同时城乡收入差距出现单方向性的扩大趋势。另一方面，城市劳动力市场存在显著的二元化现象，农民工往往只能进入体制外的次级劳动力市场或体制内单位的临时性用工岗位，而无法保障与城市居民同等报酬。因此，导致农民工希望通过更换工作来寻求较高收入保障，"跳槽"次数较多，或长或短，存在求职空档期，从而降低了从业稳定性（肖红梅，2015）。

根据工资理论，农民工收入水平为综合因素的影响结果。除自身人力资本因素外，其他外部因素也对其收入水平产生重要影响，主要表现在两个方面，一是制度环境对农民工收入水平的预期控制，与农业收入水平、城市最低工资制度、农民工流动迁移模式等有关，二是对被雇佣者来说，主方即雇佣相关人，例如政府、企业、城市居民等相关利益主体，权衡成本与收益，基于经济理性，会对农民工收入水平形成负面影响（罗明忠等，2015）。

古典经济学代表人物威廉·配第认为，收入（工资）是作为劳动价值分割的重要组成部分存在的，是维持劳动者生活所必需的生活资料的价值。生产产品的劳动价值被用于三个方面：补偿消耗的生产资料、维持劳动者及其家庭生活（以工资收入形式）以及产生的剩余部分（纯收入形式）。其中，工资收入和纯收入呈现"跷跷板现象"。斯密则指出，工资收入水平在同一区域内趋于相等。假如劳动力市场具有竞争性、劳动力资源处于自由流动状态时，在一定时期内，在不同地区或不同行业之间，如果收入水平出现较大差异，会促使劳动者在不同地区和行业间流动，从而使工资收入水平趋于相等。

事实上，在不同地区之间或同一地区内，存在货币性工资的较大差异现象。究其原因，与工作性质不同有关，包括工作环境是否良好、劳动技能难度、职位职责等。另外，与劳动者的行业、职业转换限制政策有关。克拉克（1959）指出，基于边际生产力工资理论，劳动者产生的边际收益决定其工资收入水平。马歇尔的观点是，现代复杂技术条件下，客观上，各种劳动价值存在着较大差异。不同形式的劳动，创造不同价值，具有不同的劳动价格均衡点。其中，从供给视角看，劳动成本决定劳动供给价格，包括培训、职业教育等成本。舒尔茨等经济学家提出的人力资本理论认为，资本具有物质资本和人力资本的特性，其中人力资本依附于劳动者自身，由受教育程度、知识技能、健康状况等构成，人力资本通过人力资本投资形成，包括教育支出、保健支出等。其中，以教育支出为主，人力资本累计价值高的劳动者，其收入水平较高（张俊，2015）。以上理论对农民工收入问题具有较强解释力。虽然农民工整体受教育程度相对较低，边际生产力较弱，因而，劳动力价值相对有限，收入处于较低水平。比较而言，新生代农民工人力资本价值较高，且劳动群体的不断扩大，理论上需求价格应该有较大提升。但是，根据现实分析，即使具有一定的劳动技能，并不断提高劳动生产率，创造着较高的经济效益，其收入水平也远低于城市居民。转换视角看，其收入水平依然具有较大的提升空间，可以利用长效机制和对策，使收入水平接近或符合其创造价值的能力。

11.2　增收长效机制的建立原则

11.2.1　整体性原则

根据机制的界定（详见第 3 章的 3.7.1），机制具有系统固有特性，它是一个整体，需要保持系统完整性的同时，系统的组成因素之间相互联系和制约，组成一个统一体。另外，系统内部某些因素的变化能导致其他因素产生相应改变，进而引致系统发生变化，甚至出现改变本质的结果。同样，新生代农民工增收长效机制为一项社会系统工程，涉及众多因素，譬如社会因素、经济因素等，也会涉及众多部门，譬如教育部门、农业部门、工业部、科技部门、组织部门等。因此，需要因地制宜，注重这个群体的整体发展规律和群体特性，创造群体收入普增效果，为新生代农民工群体参与正常的经济活动创造平等机会，并切实发挥社会保障作用，保障收入增长和分配的合理结果。对此，运用各种机制，譬如运行机制、保障调节机制和评价机制等，构成增加新生代农民工收入长效机制的主要构件，通过机制与结构要素的有效结合，促进新生代农民工增收长效机制产生整体功能和综合效益最大化效果。

11.2.2　动态性原则

世界上一切事物都是绝对运动的，这种动态特性是事物运动的内在属性。换言之，运动是物质的内在本质属性。对新生代农民工收入增长长效机制来说，同样存在这样的属性。提高收入水平的环境是复杂的和多变的，这是现实状态，增收长效机制需要通过不断修正和调整以便适应这种状态。具体而言，我们的经济体制为社会主义市场经济体制，与单纯的市场经济体制相同，在劳动力市场上，需求决定供给，即劳动力需求决定劳动者供给。新生代农民工从事非农产业部门生产活动时，应根据劳动力市场规律，相应调整自己的就业策略。与此同时，应不断吸收和接受具有劳动价值的新知识、新技能，以此提升在劳动力市场上的自我竞争实力。本质上讲，提升自我价值的过程，也决定了增收长效机制存在动态性。这种动态性具有激励作用，建立长效机制的目的是提高新生代农民工收入水平，并改善其就业环境，为解决"三农"问题及其他社会经济发展问题提供动力。由于具体机制构件不是一成不变的，因此增收长效机制也不是不变的，没有固定模式，一切是动态的。否则，长效机制会失效。

11.2.3　公平性原则

坚持公平性是建立收入增长长效机制的前提条件，进入劳动力市场之前，新生代农民工可以获得资源共享和人力资本积累上的公平机会，是公平竞争的市场规则的保证。现实中，市场条件下的收入水平存在差距，在接受合理差距的基础上，关注相对弱势群体，创造改善内外部环境的条件，提高新生代农民工的生活水平，缩小这种差距，实现分配公平，可以实现包容性增长的社会经济目标。新生代农民工所处务工条件复杂多样，区域自然资源享赋、社会经济发展水平差距较大，需要因地制宜，区别对待，在国家总体战略下，发挥优势特点，形成具有公平性的机制模式，循序渐进，促进其增收长效机制不断完善并稳健发展。

11.2.4　可持续性原则

新生代农民工增收长效机制是一项系统工程，必须遵循系统的整体性原则，才能具有可持续性。在确保为新生代农民工提供准入机会与规则公平前提下，通过完善与新生代农民工相关的制度体制，为增强其自力能力营造良好的环境，增强其内部造血功能，机制建立还要注重培育和增强其增收自生能力，使增收机制具有可持续性（李实，2015）。因此，首先需要重"量"更重"质"。现阶段在保证新生代农民工收入阶段性增加的同时，通过其增收带动社会经济生产要素的有效配置，为社会生产力发展提供永久动力。其次发挥"看不见的手"的作用，确立市场在资源配置中的决定性地位，提高新生代农民工主动参与劳动力市场的热情和能力，并提高自身收入。最后在构建增收机制时，以理论联系实际，必须符合当前国情，突出长效机制的可实施性和可操作性。

11.3 增收长效机制的基本内容

11.3.1 长效机制的结构构成

1. 长效机制构件

如果从机制来说，其运行模式和原理与其构造有关。同样，对生物体来说，其生长方式和机理也与其构造有关。这里，如果忽略结构，机械或是生物体的构成决定其功能属性，就如同化学中，水分子的组成必须有氢原子和氧原子，也只能有氢原子和氧原子，否则，就变成了其他物质。机制尤其是长效机制也是同样的，某种有效的长效机制，它的组成要素和成分是特定的，即 A 机制严格对应 a 或 a 集合的要素成分。

2. 长效机制结构

人类社会的进步，已经使物质和功能与结构的对应关系较为清晰地展示出来，其具体表现为，构件相同，但由于其组成方式不同，将形成不同的物质或具有不同的功能。劳动者与资本提供者结合起来，形成工业企业，工业企业以资本交换或契约方式，可以形成企业集团。这是一个结构化的过程。相同的道理，要素以不同方式的结合而形成结构，这些结构产生的效应即形成机制，要素不同，或者要素的组成不同，其机制也不同（刘楠，2016）。

3. 环境交互关系

机制集合存在于系统之中，被分为自然的、机械的及社会的各种形

221

式，不论哪种形式，都需要在不同程度上与其所处环境发生联系，对环境是否适应、适应的强度，都关系到各个系统是否具有可持续性发展即长效性。同时，也决定各个系统是否能够对其作用对象产生重要效果。因此，长效机制与其所处环境要素以及作用原则、作用原理有关。

11.3.2 增收长效机制系统组成

新生代农民工增收长效机制作为一个系统，其内容较繁杂。根据前述的理论分析和实证结果，参考已有的相关研究成果，可确定新生代农民工增收长效机制的基本系统框架，即长效机制的基本结构如图 11 - 2 所示。长效机制的构件分为两个层级，从增收目标导向看，在长效机制中，存在前述所证明的三种基本要素，即关键性要素、基础性要素和可持续性要素，这是长效机制外层结构的主要内容。从作用机制看，外层结构中，包括微观发育机制、中观组织机制和宏观调控机制等三个机制。

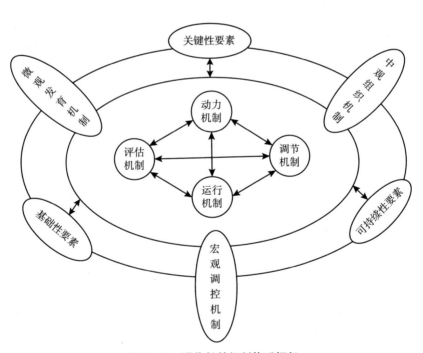

图 11 - 2　增收长效机制体系框架

内层结构中，则通过动力机制、运行机制、调节机制和评估机制①的作用，以及四种机制的交互关系，产生机制效应。

1. 外层机制

在劳动力市场上，新生代农民工是一个具有特殊性的群体，而并非是被定义为弱势群体的单一特性。前面大量的理论分析和实证研究表明，因为在众多维度上涉及多种因素。因此，其收入水平及其提高收入水平的过程为一项系统工程，按照应用经济学基础分类，新生代农民工增收长效机制中应该由三个子系统所组成，并且分别构成各自的结构机制。

（1）微观发育机制。为增收长效机制外层结构中的动力系统。当前的经济体制为社会主义市场经济体制，包含市场经济的诸多特性。在此基础上，前述的结果表明，从数量规模和价值规模上说，新生代农民工正在成为城市劳动力市场尤其是次级劳动力市场的核心。因此，在提高其收入水平的机制系统中，他们是增收系统中的内生变量。作为理性经济人，在外出务工行为中，不断提高个人人力资本价值，参与城市劳动力市场务工，具有较多的职业选择和职业转换行为，追求收入最大化，这是新生代农民工提高收入水平（增收）的内在动力机制，是增收长效机制系统中劳动力主题所呈现的内在驱动力量，这种力量是新生代农民工增收的内在动力机制在劳动力市场资源配置及配置结果中的作用基石，根据人力资本作用理论，他们提供具有价值的人力资本，这是整个社会资源配置的微观基础，构成社会经济效益的来源，也是中观的组织条件和市场条件以及宏观的社会、政策制度的作用基础。

（2）中观组织机制。为增收长效机制外层结构中的外力系统之一。各种经济组织体，以产业化经营为主要形式，是新生代农民工进入城市劳动力市场的载体，它可以有效引导新生代农民工进入，并通过各种形式降低新生代农民工进入劳动力市场的成本，使他们通过灵活有效的利益机制共享组织产业发展所获得的社会利益，有效地发挥新生代农民工的作用，解决特定劳动力群体与大市场之间的矛盾。中观上，完善新生代农民工的劳动主体地位，提供并增加他们增收的能力，是增收系统中

223

---

① 除四种机制外，保障机制也是机制系统作用效应的重要基础和条件，但在多数情况下，无法从外部影响和改变保障机制的作用方式，而只能去适应它的要求。关于保障机制的内容，将在第 12 章重点阐述。

的重要支撑和保障。

（3）宏观调控机制。为增收长效机制外层结构中的外力系统之二。政府及其政策是宏观调控机制的实施主体，其理论基础为市场失灵理论。由于历史原因，新生代农民工收入水平的变化"弱质性"是宏观调控的无奈现实选择。为寻找有效解决"三农"问题途径中，政府需要改变一系列结构性调整，如城市政策、劳动政策以及人口政策等，创造使新生代农民工收入增加的条件，在调控产业结构、技术结构的同时，通过对交换结构、分配结构以及消费结构的宏观调控，借助政策制度变迁，形成政府通过宏观政策和行动手段构成的支持增收系统，保护和调节新生代农民工的收入，为增收创造条件，这也是整个增收机制系统正常运行的引导力量和推动力量，决定着系统运行方向。另外，借助缩小收入差距政策，在保证效率优先的基础上，实现兼顾公平的效果。

综上所述，微观发育机制（内部动力机制）、中观组织机制和宏观调控机制构成新生代农民工增收运行机制的三个子系统，各个系统的结构功能、实施效果以及实施可持续性，决定着新生代农民工增收长效机制的总体运行效果。长效机制是长期复杂的动态系统，根据系统理论，系统组成中的子系统，其作用的发挥，不但取决于各个子系统运行之后的效果，还取决于各个子系统的耦合强度。

2. 内层机制

（1）动力机制。动力机制是新生代农民工增收长效机制的根本，可分为内部动力和外部动力两个部分。内部动力来自新生代农民工对提高自身收入水平的原动力需求，也是实现外出务工目标而表现出的原动力。外部动力则来自市场导向机制的作用。社会主义市场经济体制条件下，随着城市化水平的不断提高，解决社会经济发展过程中的"三农"问题，需要遵循市场规律，通过提高城市劳动市场主力军的城市生存能力，实现社会活动目标。广义范畴上，动力机制还包括政策支持机制、制度创新机制以及可持续发展机制的内容。

（2）运行机制。首先是导引机制，即充分认知新生代农民工的收入水平及其影响因素，确定各个层级的增收中心目标，逐层分解，形成目标结构增收网络系统，对应行动，实现总体目标的过程。其次是控制机制，即注重结果更注重运行过程，积极解决过程中出现的问题，构建过程控制机制，处理好增收过程中的各种关系，实现增收目标。最后是纠偏优化机制，即在机制实施过程中，对可能出现的目标轴线偏离，进行纠偏控制解决。同时，在长效机制的开放性巨系统中，优化协同各种影响要素，使其系统功能最大限度地发挥作用。

（3）调节机制。首先是反馈机制。对增收长效机制的运行，及时反馈效果信息，协调机制运行中出现的系统互动，并解决相关问题，对于背离机制目标的行为，及时给予修正。在这个过程中，通常的反馈形式可以被分为事前信息反馈、过程信息反馈和事后信息反馈等三种。其次是约束机制。激励约束机制是调节和管理增收长效机制的要点，它直接关系到总和机制效果，建立科学合理的激励约束机制可以体现管理成效。虽然新生代农民工的结构较为分散，无法使用特定法则对其行为进行约束，但可采取激励方式导引方向。

（4）评估机制。评估的过程是增收长效机制系统尤其是内层系统优化的过程。通过评估，为增收长效机制提供运行系统信息，为机制主体做出正确决策提供依据。还可以通过评估，对机制系统进行进一步完善，及时发现问题，及时纠正偏差。在确定评估内容后，通过以下流程对增收长效机制进行评估：一是评估论证，确定评估目的，主要论证机制价值和机制的可行性；二是制定评估实施方案，包括评估目标、评估条件、评估方式以及结果分析等安排；三是评估相关信息，包括信息收集、信息整理以及信息分析；四是增收长效机制评估总体情况的综合评价和评估结论。

11.3.3　增收长效机制的系统耦合

1. 耦合方式

（1）适应性耦合。新生代农民工增收长效机制的整体运行，需要具有相应运行条件的协助和配合。因此，在市民化进程中，考虑"三农"问题的社会、经济因素的影响，立足于社会经济政策下的结构性特征，各个系统之间需要统筹安排，要适应社会经济发展新阶段的新特点和新要求。

（2）协调性耦合。在新生代农民工增收长效机制中，存在多种主客体关系，国家、社会（主要是以城市形式存在的）、新生代农民工三者之间，存在统一关系的同时，还存在各自不同利益。在增收长效机制中，对新生代农民工来说，其主要目标为收入最大化，社会追求城市稳定及其居民利益最大化的保障，政府则需要保证财政收入和政治利益最大化。为此，需要创新协调三者之间利益关系的机制，使其实现总和效应的"帕累托最优"。

2. 耦合目标

因为各个运行机制具有不同作用，为保证新生代农民工增收长效机制的运行方向，需要按照规定的耦合形式进行功能上的结合和统筹。前有所述，增收的内在驱动力来源于内力系统（微观发育机制），这是增收效果的源泉和基础，也是长效机制的核心要素部分。对于内力系统来说，可以通过中观组织机制（外力系统1）增强其动力性，强化新生代农民工提高其收入水平的能力。因此，在三者耦合中，具有推进力和增强支撑力的重要作用，也是耦合其他两种机制形式的媒介。运用宏观调控机制（外力系统2），调节各种政策和社会利益关系，为新生代农民工可持续性地提高收入水平提供有力保障，以实现总和社会目标。因此，从耦合形式上，通过耦合，增收长效机制形成一个整体系统，三者相互作用，形成内部和外部增收力量的聚合和扩散，在三个维度上，形成正立三角形的"一体两翼"形态，构成动态结构，呈现复杂系统性（见图 11 –3）。

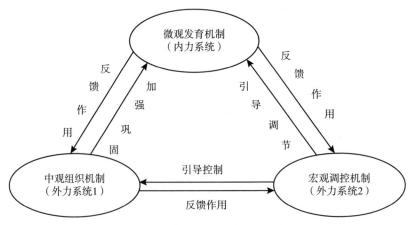

图 11 –3　增收长效机制构成系统的耦合

11.3.4　增收长效机制运行目标

1. 系统协调

各系统之间存在相互惠顾的关系，可以利用内部动力系统的微观发育机制，调动和激发新生代农民工提高自身人力资本的积极性，使其收入水平向上提升。利用外部动力系统的中观组织机制，在城市化进程中，规范城市劳动力市场，明确市场经济条件，通过市场的自行调节功能，使新生代农民工劳动群体的自身利益得到维护和保障。由于是社会主义市场经济体制，更离不开外部动力系统的调控，尤其是政府的宏观调控，市场经济越发达，政府宏观调控作用愈发重要，它已成为现代化市场经济中不可或缺的内在调节机制，其调控方式以经济政策、行政手段以及法律形式为主。

2. 以人为本

新生代农民工收入水平的提高与社会经济发展密切相关，经济发展并不是目的，它是新生代农民工增收的手段。所以，需要建立以人为本的机制观念，解决新生代农民工收入问题，实现以人为本的收入增长，逐渐缩小市民化过程中城市劳动者之间的收入差距，进而缩小城乡之间以及农村内部的收入差距，有效解决"三农"问题中的贫困问题以及衍生出的社会公平、机会均等等问题，促使政府职能从单纯的经济发展目标向经济发展目标与社会发展目标并重的方向转变，创造新生代农民工增收的社会环境。

3. 公平兼顾效率

注重公平与效率的统一和谐。公平观念来源于经济学与社会学的结合，不同的社会发展阶段和社会制度，其公平观的理念内涵有所不同。当前，与新生代农民工收入问题相关联，其中的公平观涉及以下三个方面：一是在社会地位、经济地位中，各社会成员的平等；二是参与社会经济活动中被给予的相应机会处于平等状态；三是主要包括收入分配为主的社会经济发展成果分配平等。

一般意义上，效率指投入产出比。其中，社会收入视角下，投入指生产要素，主要包括劳动者（新生代农民工）、资本、技术等，产出指劳动力市场中的生产成果，主要包括产品和服务的数量等。公平兼顾效率主要体现于劳动者、劳动机会以及劳动结果的平等与效率的多元性关系上。在追求新生代农民工增收目标过程中，应从以上多个途径协调公平与效率关系，包含社会位置、经济位置、参与经济活动机会以及收入分配上，协调公平与效率关系。这样，才能实现增收长效机制目标。

4. 统筹城乡发展

统筹城乡发展意味区域发展、经济社会发展的统筹，可产生人与自然的和谐。虽然实施统筹兼顾基于政府的管理行为，但这样的发展观为提高新生代农民工收入水平、解决"三农"问题，推进城市化发展具有重要意义，它也为解决各层间收入差距等问题提供了指导方向和行为规范。一方面，在城市化过程中，发展城市经济，推进工业化，使新生代农民工收入水平得到合理提升；另一方面，大力发展现代化农业，用经营工业的理念经营农业，通过提高农业生产效率、增加农业收入，缩小收入差距。同时，使新生代农民工有一个更加稳固的城市生存基础。

11.4 增收长效机制的建立

11.4.1 市民化背景

前有所述，新生代农民工市民化与城镇化进程之间存在重要的关联意义，新生代农民工在主动性向城市融入的同时，还需要创造良好的客观融入环境，才能最终实现完全市民化。自改革开放以来，特别是进入21世纪后，随着农业生产率的不断提高，大量的农村劳动力，特别是处于劳动人口年龄构成前端的年轻劳动人口，向城市移动，这也是他们在自身生存环境中做出的理性选择。根据推拉理论，在农村低收入以及生活设施不完善等推力因素下，城市较高的收入、较多发展机会等成为有效拉力，在两者共同作用下，农村年青劳动力大规模向城市流动，这是一定时期内不可逆转的趋势。现在，中国依然是发展中国家，实现现

代化的途径在于缩小工农以及城乡之间差别。如图 11 - 4 所示，与发达
国家农民到市民一次转移不同，农民工向市民的转化需要分阶段进行，
要经过从农民→农民工→市民化→市民的不断融入和转化过程。并且只
有克服障碍，融入城市，农民工才能真正实现现实意义上的市民化。

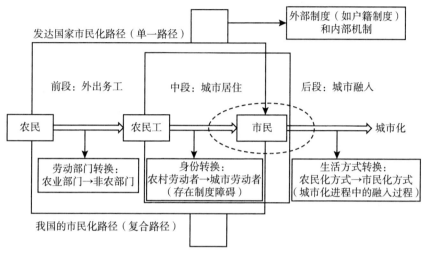

图 11 - 4　新生代农民工市民化路径

资料来源：由刘传江、徐建玲（2008）改编而成。

随着工业化和城镇化的推进，统筹城乡发展的重要力量将来自新生
代农民工。其中的绝大多数人向往融入城市。一方面，随着经济社会发
展、城乡二元结构改革、政策完善与创新，他们将实现市民化；另一方
面，新生代农民工市民化过程具有的复杂性和长期性。这是因为，
（1）中国幅员辽阔，区域间经济社会发展差异明显，造成不同城市对
于市民转化人口接纳能力有所不同。同时，新生代农民工群体中，由于
内部的个体分化，而使其具有差异化的特征。（2）农民工到市民的转
化意味着职业、社会身份的变化，以及生活方式、工作方式、意识形态
等方面的转换，在内生性动力推动下，还需要依靠制度层面的政策调
整，以及社会的共同扶持。（3）新生代农民工市民化是一个成本投入
过程，除各级政府承担的成本外，新生代农民工自身需要相应成本的支
出。在不断提升自身资本以及不断改善就业制度、社会保障下，其融入
能力才能得到有效发挥，才能实现融入目标。

11.4.2 基于 SD 模型的增收长效机制运行

自 1956 年创立以来，SD（系统动力学）作为管理科学和系统科学的分支学科，其发展和应用主要表现为，在分析研究非线性复杂大系统和进行科学决策等方面，成为一种有效的理论方法和实践手段。

SD 的基本理论含义如下（张波等，2010）。

（1）如图 11 - 5 所示，在系统中，变量之间存在反馈环因果关系，可称为反馈因果互动关系。由这种关系产生的系统复杂性被称为动态性复杂，其中包括延迟，指数量变化经过一段时间才能得到响应的现象。

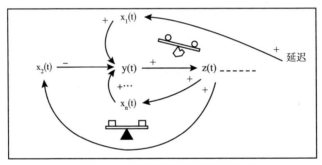

图 11 - 5　反馈因果互动关系的示意

（2）在系统构成中，存在具有线段式的复杂关系，这种关系被称为变量的开环式因果链关系，而由此产生的复杂特征则被称为细节性复杂。细节性复杂的描画对象的适应条件多为线段式（开环）因果关系。如图 11 - 6 所示，当处于上述的线段式（开环）因果关系状态中时，由其系统的输出量或者子系统的输出量决定，其不需要再经过因果链作用，可以自行返回系统或者子系统。

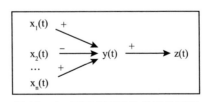

图 11 - 6　开环式因果链关系的示意

　　SD 为描画系统动态性复杂提供了有效的理论与方法。但在实际应用中，动态性复杂定义与细节性复杂定义之间存在本质区别，一般来说，社会经济系统中的复杂现象或者社会经济系统中复杂现象中现实问题的解决策略，其构筑过程是由动态性复杂造成。但实际问题的对策建模中，传统的流图建模法的确缺乏较强规范性。因此，目前多利用图论原理，按照建立流位流率系统的方法，对 SD 中的流位和流率之间关系进行定性分析。使用并引入流率基本入树、流位变量、嵌运算、流率变量以及其他概念，通过系统中具有最基本性质的流率变量，达到规范化建模目标，并将反馈环计算变得更简便和清晰。

　　从国民经济和社会发展视角，根据 SD 流率基本入树方法，使用 Vensim 系统动力学分析软件，建立相应的新生代农民工市民化即农民工向市民转化程度的社会经济系统动力图。其基本形态如图 11 - 7 所示。

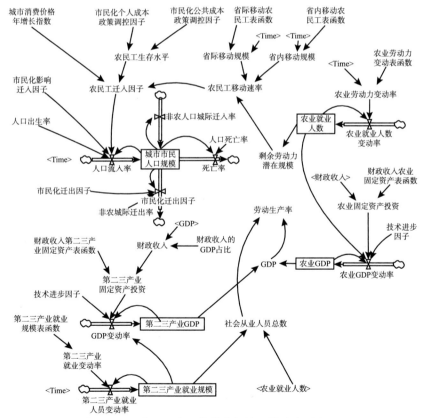

图 11 - 7　农民工市民化社会经济系统动力形态图

农民工市民化的系统动力示意图（SD 流图）是经济社会视角下的农民工向市民转变即市民化大系统。虽然新生代农民工具有群体特殊性，但在市民化对策思考时依然需要服从于这个大系统规律和特性要求。大系统中一般因素为新生代农民工市民化特定因素和综合因素的理论基石，从市民化过程看，根据新生代农民工市民化实践结果，建立简易流率基本入树模拟模型，提取新生代农民工市民化建模方程要素，并将其作为实施对策的基础和内容（见图 11 -8）。

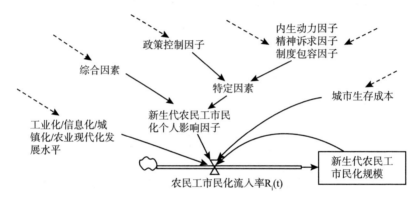

图 11 -8　新生代农民工市民化主要影响因素基本入树模拟

制定设计新生代农民工在市民化过程中的增收长效机制安排，需要综合考虑收入影响因素，从上述内容可知，存在外层影响结构和内层影响系统，包含微观发育机制（内部动力机制）、中观组织机制和宏观调控机制，根据新生代农民工外出务工相关收入状况和田野调研结果，提取新生代农民工增收长效机制建模方程的基本要素，借助系统动力学方法，建立新生代农民工增收长效机制的系统反馈结构模型（见图 11 -9），其包括要素增收长效机制作用保障的对策基础和内容。

图 11 -9 中，"制度保障等关键性要素$\xrightarrow{+}$外出务工环境$\xrightarrow{+}$第一二产业从业收入$\xrightarrow{+}$新生代农民工收入水平"为正向因果链，说明"制度保障等关键性要素"与"外出务工环境"具有同向性，保障和完善关键性要素，可以使外出务工环境得到优化，反之无法满足关键要素，则无法保障良好的务工环境。正向因果链构成正向反馈环，也被称为同向或增长反馈环。正向反馈环是指环中某一变量相对增加后，一轮

反馈后，此变量相对再增加，反之亦然，相对减少后的一轮反馈可带来相对再减少。

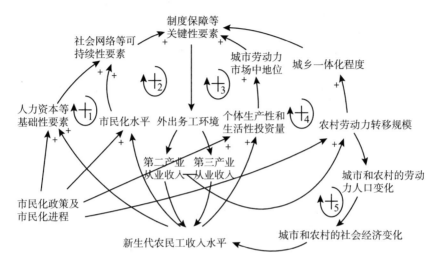

图 11 - 9　市民化进程中新生代农民工增收反馈环结构基模

根据以上反馈环含义，图 11 - 9 中存在以下四个主要正反馈环。

（1）人力资本等基础性要素拉动提升新生代农民工水平正向反馈环，人力资本等基础性要素是提升新生代农民工收入水平的基本条件，其环结构如下：人力资本等基础性要素——→社会网络等可持续性要素——→制度保障等关键性要素——→外出务工环境——→第二三产业从业收入——→新生代农民工收入水平——→人力资本等基础性要素。

（2）市民化水平提升新生代农民工收入水平正向反馈环，市民化水平是提升新生代农民工收入水平重要的社会条件，其环结构如下：市民化水平——→社会网络等可持续性要素——→制度保障等关键性要素——→外出务工环境——→第二三产业从业收入——→新生代农民工收入水平——→市民化水平。

（3）个体生产性和生活性投资量提升新生代农民工收入水平正向反馈环，个体生产性和生活性投资量是提升新生代农民工收入水平的支持条件，其环结构如下：个体生产性和生活性投资量——→城市劳动力市场中地位$\xrightarrow{+}$制度保障等关键性要素$\xrightarrow{+}$外出务工环境$\xrightarrow{+}$第二三产业从业收入$\xrightarrow{+}$新生代农民工收入水平$\xrightarrow{+}$个体生产性和生活性投资量。

（4）农村劳动力转移规模提升新生代农民工收入水平正向反馈环，随着农村劳动力转移规模的扩大，会对其收入水平产生更多的关注，其环结构如下：农村劳动力转移规模$\xrightarrow{+}$城乡一体化程度$\xrightarrow{+}$制度保障等关键性要素$\xrightarrow{+}$外出务工环境$\xrightarrow{+}$第二三产业从业收入$\xrightarrow{+}$农村劳动力转移规模。

另外在图 11 - 9 中，伴随农村劳动力向城市转移、城市化程度提高的同时，其转移结果对城市和农村的劳动力规模产生影响，进而引起城市和农村社会经济的一系列变化，即农村劳动力转移规模$\xrightarrow{}$城市和农村的劳动力人口变化$\xrightarrow{-}$城市和农村的社会经济变化，并形成负向因果链。因为反馈环中存在负向因果链，从而可能构成负向反馈环，即反馈环中的某一变量相对增加时，经一轮反馈运行后，此变量相对减少，反之，负反馈环中的某一变量相对减少之后，经一轮反馈，此变量相对增加。由此看出，负向反馈环具有反向性，为制约性反馈环状结构。

负向反馈环的主要表现为，随着农村劳动力的大规模进入城市，农村建设的劳动主力军规模缩小，农村出现不同程度的"空心化"现象。同时，增加城市劳动力市场、社会保障等方面的压力，存在不同程度的"城市病"现象。其主要结构如下：

（1）农村劳动力转移规模$\xrightarrow{}$城市和农村的劳动力人口变化$\xrightarrow{}$城市和农村的社会经济变化$\xrightarrow{-}$新生代农民工收入水平$\xrightarrow{+}$人力资本等基础性要素$\xrightarrow{+}$社会网络等可持续性要素$\xrightarrow{+}$制度保障等关键性要素$\xrightarrow{}$外出务工环境$\xrightarrow{+}$第二三产业从业收入$\xrightarrow{+}$农村劳动力转移规模。

（2）农村劳动力转移规模$\xrightarrow{}$城市和农村的劳动力人口变化$\xrightarrow{-}$城市和农村的社会经济变化$\xrightarrow{-}$新生代农民工收入水平$\xrightarrow{+}$市民化水平$\xrightarrow{+}$社会网络等可持续性要素$\xrightarrow{+}$制度保障等关键性要素$\xrightarrow{}$外出务工环境$\xrightarrow{+}$第二三产业从业收入$\xrightarrow{+}$农村劳动力转移规模。

（3）农村劳动力转移规模$\xrightarrow{}$城市和农村的劳动力人口变化$\xrightarrow{}$城

市和农村的社会经济变化——$\overline{}$→新生代农民工收入水平——$^+$→个体生产性和生活性投资量——$^+$→城市劳动力市场中地位——$^+$→制度保障等关键性要素——$^+$→外出务工环境——$^+$→第二三产业从业收入——$^+$→农村劳动力转移规模。

11.5 本章小结

本章在第 10 章研究结果基础上，分析新生代农民工增收长效机制基石，建立增收长效机制原则，提出长效机制的基本内容，并在新生代农民工市民化背景下，探讨和研究基于 SD 模型的增收长效机制运行。

主要结果如下。

（1）根据前述实证结果，将每一个收入影响因子作为一个特定因素，引入特定因素满意度和特定因子重要度，从增收对策层面，选择对策构筑方向和着力点。结果中，得到三个对策象限区域。其中，融入行为、社保保障、生活保障因子、市民地位等四项影响要素构成关键性要素区域；相对优势、社会网络、求职途径、务工经历、融入动机等五项影响要素构成可持续性要素区域；相对劣势、差异关系、心态反应等三项影响要素构成基础性要素区域。

（2）新生代农民工增收长效机制需要按照整体性、动态性、公平性和可持续性原则，其构建分为两个层级。增收目标导向上，长效机制外层结构的主要内容由关键性要素、基础性要素和可持续性要素组成。作用机制上，外层结构包括微观发育机制、中观组织机制和宏观调控机制等三个机制。内层结构则通过动力机制、运行机制、调节机制和评估机制的作用，以及四种机制的交互关系，产生机制效应。适应性耦合和协调性耦合方式，形成增收长效机制的系统耦合。增收长效机制形成一个整体系统，其中的内力系统、中观组织机制、宏观调控机制三者相互作用，形成内部和外部增收力量聚合和扩散的动态结构，其运行目标准则为系统协调、以人为本、公平兼顾效率和统筹城乡发展。

（3）随着工业化和城镇化的推进，统筹城乡发展的重要力量来自新生代农民工。随着经济社会发展、城乡二元结构改革、政策完善与创新，新生代农民工向往融入城市，实现市民化。另外，这个过程具有复杂性和长期性。在此背景下，运用 SD 模型，提取新生代农民工增收长效机制建模方程的基本要素，建立正向和负向因果链，形成四个主要正反馈环和三个主要负反馈环，建立增收机制有效运行模式。

第 12 章　增收长效机制的作用保障

12.1　国外经验借鉴

12.1.1　日本经验及启示

第二次世界大战结束初期，日本依然是一个零散型农业为主的国家，耕地少，山地多。但相对于自然禀赋，其劳动力资源十分丰富，农民进入城市外出务工，成为其农村劳动力转移的主要方式。但这个过程较为短暂，通常被认为前后只用了 13 年时间（马克继，2009），便基本实现农村转移劳动力的市民化。来自农村的外出务工者其收入水平得到一定程度的提高，可维持城市生活需要，成为城市居民。这个过程中，日本农村人口非农化模式，即农民市民化模式，主要是采用"跳跃型"转移与农村非农化转移相结合的模式。利用这个模式，较快地实现城市化，使其成为发达国家中农村外出务工者增收、实现其市民化的成功典范。从提高外出务工者收入水平的农村劳动力转移方式看，其主要经验及启示如下。

（1）政府作用显著。政府一方面大力推进农村和农业的建设，另一方面通过振兴城市区域经济发展，尤其是重视规划性建设，充分运用法规政策保障及财政扶持等手段，出台相应法津及中长期发展规划，为第二三次产业振兴提供发展方向及基本发展条件保障。通过以上努力，首先创造和提高了城市就业条件，为进城农村劳动力获取必要收入及提高收入水平提供了保障。在此基础上，法律保障、政策规划以及财政支持，使农村劳动力在务工地的收入得到提高，同时，加快了农村外出务工者的市民化进程，提升了国家城市化水平。

（2）在法律保障下，整顿金融支持环境。一方面，重视农业及农村的金融支持，不断提高农业的现代化发展水平，从而使农业劳动生产效率得到较大幅度提高，促进了农村城市化水平；另一方面，加大对城市工业和商业部门的金融支持力度，按照国家产业总体政策目标，制定相应发展项目，对国家支持和鼓励的项目，给予金融重点支持，使产业吸纳就业能力得到提高，通过促进产业分工，使农村外出务工者的收入不断增加。

（3）重视农村外出务工者的人才培养。为适应城市产业化和现代化的发展，重视对农村外出劳动力的职业教育和培训，政府支持与动员社会力量相结合，提高了农村劳动力在城市中人力资本的价值。在这个过程中，从职业教育和职业培训规划入手，在决策中避免少数人决策的现象，遵循雇佣单位积极配合、农村外出务工者广泛参与的制度化原则，争取所有社会力量参与到城市化、市民化建设中去，形成高人力资本的城市社会文化，为更好地实现农业人口市民化奠定了良好的基础。同时，在建设与管理城市这项庞大而复杂的系统工程中，坚持有计划地培养优秀建设人才，保证劳动者可以获得合理的劳动报酬。

（4）充分发挥中小城市在增加外出务工者收入方面的特有综合功能。尽管日本大城市圈为农村劳动力转移的主要输入地，但随着大城市人口的快速增加，中小城市作为农村劳动力转移的接受"池"的作用逐渐增大。因此，日本没有忽视中小城市的作用，尤其是遍布全国各地的3万~10万人的中小城市，把它们发展成第二三次产业综合经济体，通过强化这些中小城市对农村外出务工者增收的综合作用，包括提升中小城市在经济方面、生态方面、社会方面等功能作用，挖掘农业人口市民化的潜力，实现农业人口在城市劳动力市场中的增收目标。

12.1.2 英国经验及启示

作为世界上第一个实现工业化的国家，英国面对农村劳动力转移等社会变化时，无先例可以借鉴，其在市民化进程中如何提高外出务工的农村劳动力收入水平等方面，践行新思想和新计划，并在较短时间内，达到较高的城市化水平，积累了农村外出务工者增收的经验。其主要经验及启示如下。

（1）大城市主导农村外出务工者市民化进程中的增收方式。英国在实现其近代工业化的进程中，从城市化发展视角看，其具有的最突出特点是，采用大中城市高速发展、中小城市稳步发展的模式，中小城市的市民化进程相对较为缓慢。因此，在早期，农村外出务工者很大程度上集中于大城市。例如，多集中于以伦敦为代表的十个大城市，而中小城市中作为劳动力转移输入地的作用相对微弱。截至 1851 年，全国城市化率超过 85%，并基本实现外来劳动力向市民的转变，农村转移劳动力的收入水平得到较大提升，从而使这十个大城市的城市人口达到全国总人口的 23%（朱信凯，2005）。随后，这种集中型的城市化模式产生出较强的周边辐射力，带动周边地区的城市化，也使在周边中小城市务工的农村劳动力的收入水平得到较大提高。

（2）伴随新城建设的市民化进程，推进有效增收。一方面，政府制定和实施行动规划，充分发挥政府主导作用，快速发展新城建设，在短时间内，推动城市化发展。另一方面，促进产业发展，不断增加居民收入水平，有效地解决二战结束后出现的城市无序发展、产业就业不充分等问题。同时，实施被誉为"皇冠上明珠"的城市规划建设项目，在建造新城、开发旧城基础上，重点实施辐射型郊区城市化发展模式，使外来劳动力有更多的就业机会，提高其收入水平。

（3）强化交通网络建设的市民化进程中，推进有效增收。随着城市化的快速推进，在较短时间内，实现了国家的市民化发展目标。城市化建设及城市一般劳动者收入水平的提高，除得益于英国发达的农业、较高的农业劳动生产率之外，与英国交通产业的大力发展有关。其中，最具代表性的是英国在当时最为先进的交通运输业，包括先进的陆路运输、水路运输等交通基础设施条件方面，保证了其他产业乃至国家社会经济发展的顺利进行，也为顺利实现城市化目标提供了有力保障。同时，大大改善和提升了农村劳动力转移人口在内的新市民的工作及收入条件。

（4）注重城市环境治理，增加新进入者的收入水平。英国也曾出现包括严重的环境问题在内的"城市病"，它给市民化带来重大打击，同时也反映出英国城市化、市民化初期的盲目性（朱信凯，2005）。随后，为使农民健康、可持续地向市民转变，国家从重新规划城市体系建设入手，并着手解决城市内部出现的一系列社会问题，通过长期治理，保障了市民化效果以及城市居民的收入水平。

12.1.3 美国经验及启示

与以上国家不同，美国国土辽阔，面积为世界第四位。同时，美国人口众多，是一个文化、民族多元化程度极高的国家。1776年，美国宣布独立。截至1790年，它还是一个农业国家。尽管美国成立历史只有约240年，但现在它已经成为世界最发达国家之一，其城市化和市民化发展速度很快，其主要经验及启示如下。

（1）市场主导下的市民化和农村劳动力增收方式。市民化过程中，美国经历了不同发展阶段，主要可以分为集中城市化阶段和郊区化阶段。集中城市化是指，农村人口从农村快速向城市输入，或者从东北部、南部地区向中北部和西部迁移。不论是市民化，还是农村外出务工者的增收，其始终坚持市场机制主导模式（朱信凯，2005），出台支持生产要素自由流动的相关政策，促进人口自由流动，并使其在就业及收入上获得相对平等的权利。以上对转移到城市的农村劳动力增收并定居城市提供了重要基础和条件。

（2）通过资源开发与工业化协调发展促进市民化，同时提高了农村外出务工者的收入水平。这个过程中，美国非常注重农村和城市的均衡发展，创造了城市化与农业经济协调发展的典型模式。一方面，有效利用其丰富的资源要素，吸引大量农村劳动力转入非农产业，加快相应区域的城市化建设。另一方面，利用人才优势，通过不间断的技术革命，利用工业化带来的技术、工业产品，使农业生产率大幅提高，同时也促进了工业生产的发展。以上都为实现市民化目标奠定了雄厚的物质基础，也为农村外出务工者增收提供了有力保障。

（3）通过分散型城市市民化方式，提高了农村外出务工者收入水平。首先，经过城郊城市化扩散到分散型城市发展的城市化道路，突出城市特色，提高城市竞争力，使农村转移劳动力尽快融入城市，加快市民化进程。在城郊化时期，城市化的发展重点为区划横向延伸或大市区化方面。在此基础上，逐步使城市化在区域范围上得到很好的扩散。同时，强化城市化内部的产业支撑，重视优势强势产业的集约化发展，形成鲜明产业特点，增强产业在增加劳动力收入方面的功能，也使农村转移劳动力的市民化过程更具多向选择。

12.2 尊重包容融入意愿

了解认识新生代农民工融入城市的愿望，为实现这种愿望，政府政策和措施关系到其市民化的过程和结果。在当前新型城镇化进程中，需要以人为本，重视外来人口主体。其中，新生代农民工是外来人口的生力军。因此，在国家政策层面上，通过制定相应的法律法规进行制度规制，进而推动并维护居民、公民的基本权益，进一步促进实现民主法治社会的目标；从内容上，农民工是城市化重要主体和动力要素，政府城市化政策的重点是农民工的选择取向上。在扩大城市空间规模的同时，城市化需要人口规模增加和结构变化，同时在城市化战略实施中要给予融入意愿强烈、具备融入条件的新生代农民工政策援助。对于半城市化、伪城市化等问题，农民工在农村、农地和农业问题上决策选择动力不足是其主要原因。如果单纯地进行地域转移，或者是职业更换，农民工无法实现自我愿望，也无法完全融入。从这个意义上说，尊重新生代农民工的期望，不但要在大城市为其创造市民化条件，更需要宏观规划，科学统筹。同时，加快中小城市建设，主要是建设有效的公共社会服务设施建设，提高服务水平。

新生代农民工融入城市、实现其市民化是一项系统性工程，为实现这个目标，要经历一个制度层面的创新过程和非制度层面的培育过程，需要长期规划、积极实施和不断调整。要尊重事物发展的规律，掌握辩证思维方法，冲破制度惯性和惰性，允许多种模式并存，循序渐进地解决新生代农民工的城市融入问题。同时，不同层次的城市要在尊重新生代农民工个人意愿基础上，支持和辅助其不断提高自身的人力资本和社会资本价值，顺应国家新型城镇化建设相关战略和政策需要。在经济发展以及城镇化建设进入一个新的调整和转变时期内，政府根据新生代农民工自身优势，以及城市收入水平等生存条件，分层次、分时期地促进新生代农民工融入城市。

12.3 增加劳动资本价值

12.3.1 提升人力资本价值

理论上说，人力资本的价值通常是通过劳动力价格来体现的。当前，新生代农民工增收背景下的人力资本的价值还有待于提高，需要从教育和培训做起，提升自我人力资本价值。总体上，可考虑构筑以下策略。(1) 根据时代的发展和要求，从内容上以补偿教育为主，采用通过成人教育模式等多种形式，增加新生代农民工的技能知识水平。(2) 发展多种职业教育，并将其渗透到农村文化教育中，构建以输入地在职教育为主的农民工教育模式。(3) 从需求导向出发，以政府、用工单位以及新生代农民工个体多方担责模式，构建新型的人力资本提升机制。总之，从广义人力资本视角看，增加新生代农民工自身人力资本的起始点是有效解决其人力资本培育机制问题，包括在职培训、职业教育、子女义务教育等方面。

职业培训方面。鼓励新生代农民工参加培训，尤其是用工单位等，应支持和鼓励初高中毕业的新生代农民工以取得大中专学历为目的的职业提升学习，为用工单位提供相应技术领域的专业技术人员、专业技术骨干的后备力量。在劳资关系上，增加用工单位技术、管理经验的宣传力度，规范关系，使新生代农民工人力资本在工作中得到提高。在政府监管方面，创新和强化监督和管理手段，注重劳资双方利益权衡，保护新生代农民工权益和看重资方利益并举，在维护新生代农民工合法劳动权益的同时，使其在在职期间可以得到更多的专业技能方面的培训。

职业教育方面。在基础教育和专业教育之间，存在职业教育。使新生代农民工接受不同程度的职业教育，一方面可以使其教育结构更加完整，也是融入城市、实现市民化，增加收入的基础；另一方面前有所述，从市民化意愿来说，新生代农民工市民化愿望较为强烈，容易理解和接受职业教育方式对其增收的意义，也是主要受教群体。同时，与其在务工单位中具有更强适应性一样，其接受教育能力较强。因此，可以从职业教育中收到较好效果。首先，政府要完善培训资金的投入机制，增加职业教育力度，对职业教育成本，可以通过增加政府预算等方式予以解决。其次，鼓励和补贴用工单位，加大对新生代农民工职业教育的投入，使用工单位成为职业教育的执行主体。最后，通过政府介入，整合职业教育资源，改造、完善更多的职业教育机构参与新生代农民工的职业教育，提高职业教育效率和质量，完善职业教育基础设施，推进农村外出务工者职业教育，鼓励发展公办、民办等多种教育形式。

义务教育方面。新生代农民工进入城市务工，城市成为其新生活和新工作的居住地，他们在城市中需要政府的相应政策的支持，有地方政府部门已经明确出台相关政策，由输入地政府承担相应公共服务责任，包括新生代农民工的就业服务、社会保障服务以及其子女的教育服务等多项职责，相关支出逐步将被纳入输入地财政预算。但是，从实际情况看，还存在较多问题。包括如何提供子女教育服务，尤其是义务教育服务，增加地方政府财政投入积极性等方面的举措，还需要进一步筹划和实施。

12.3.2　培育和提升社会资本价值

当前，农民工群体缺乏必要的组织性。为改善这样的状况，提高群体组织化程度，创造新生代农民工实现增收目标的有效外部条件，需要充分发挥政府、官方组织以及民间组织多方的力量和作用。一方面，针对与当地居民的社会交流和沟通不畅问题，从交往条件的创造和改善入手，实现良好沟通效果，扩展新生代农民工社会资本的来源，营造有利于市民化进程下新生代农民工融入城市及社区的社会环境。另一方面，对新生代农民工来说，虽然其适应能力较强，但还需要在不同的工作、生活环境中，有意识和有目的地强化自身增强社会资本的收获意识，不断维护和投资于社会资本以增加其价值和效用，在扩展社会空间、增加交往以及获得认同感的同时，不断提升职业素养和技能水平，充分利用年龄优势，提升其社会资本空间。

具体的培育和提升策略如下。

（1）努力建立契约性社会资本。进一步规范和完善工会功能，从政策要求上切实落实相关制度和规定，将新生代农民工纳入城市工会组织内部，通过组织的力量给予扶持，提高其组织地位及其相应的政治地位，增强话语权。同时，扩大社会网络，在亲缘、业缘之外，通过融入社区内部，建立更广泛的地缘关系网，增强其认同感与归属感。

（2）培育和完善制度性社会资本。新生代农民工不间断融入城市，带来市民化进程的加快，随着城市化后各项制度的完善，会建立一个更加规范的城市公共品供给制度，其结果是增加了制度性社会资本存量。具体策略上，首先要保证利益诉求渠道的畅通，其次是赋予其参与社会事务、行使民主的权利，最后是逐步提高新生代农民工在各种组织，包括党的代表大会、人民代表大会以及各级工会中代表比例，拓宽参政议政、权益表达以及决策管理中的权利主张、权利行使渠道。

（3）努力统筹人力资本与社会资本，提高两者关联度，发挥联动增值效应。对于新生代农民工，如果将不断增加的人力资本量与城市经济社会发展环境紧密融合，会产生巨大的社会价值和经济价值，为新生代农民工增收创造更多的发展空间。同时，还要不断更新和补充人力资本价值，这对新生代农民工提高其城市适应性，加快融入城市具有重要作用。

12.4　加快推进人口户籍管理制度改革

12.4.1　户籍制度的基本功能

户籍管理制度是世界各国普遍采用的重要行政管理手段，也是一个国家基础行政服务手段之一，它的基本管理形式是居民在所居住区域的人口信息登记，登记内容根据一个国家的政治体制、经济发展水平、民族思维模式以及历史文化习俗确定。虽然制度结构形式多样，但不论任何形式，户籍是管理结构的基本元素，它包含两个基本内容，个体公民信息和社会人口信息。前者为政府职能部门通过登记居民个人信息，证明公民身份，明确公民的民事权利和行为义务，并为其在社会活动中提供便利；后者为政府通过户籍管理，提供社会经济发展以及治安管理等各项行政管理所需要的人口信息。在此基础上，户籍制度实现了人口基本信息管理（XXGL）、公共安全管理（AQGL）和移动人口管理（RKGL）三大社会功能（见图 12 – 1）。

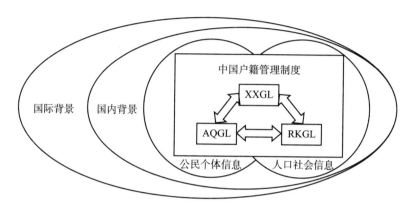

图 12 – 1 我国户籍管理制度社会功能示意

12.4.2 户籍管理制度属性特征

功能属性方面。首先，制度基本属性上具有一定的封闭性和"世袭性"。子女的随母入户，母亲是农业户口，则子女继承农业户口，实现农转非只有通过升学到大学、中专后在城镇就业，参军等，途径极为有限。"先天规则"[①] 使生活环境以及人力资本的激励作用失效。其次，制度体系属性上具有刚性。最早期的户籍管理制度与"统包统配"的劳动管理制度、城镇居民生活品的计划分配制度以及城镇居民的福利制度构成了"四位一体"的社会管理体系。在这个体系中，各个制度相互关联，户籍管理制度为其他三个制度的控制要素。凭借这个管理体系的遮蔽作用，依靠经济约束手段实现对人口流动和城市规模的调控。最

---

① 社会学理论将决定社会阶层地位以及社会流动的社会规则分为两大类，一类为先天规则，普遍存在于封建社会制度和传统社会构造之中，性别、出身等先天要素往往决定其社会阶层地位，社会阶层的封闭性，决定社会流动多发生于阶层内部，阶层上行跨越缺乏必要的通道。另一类为后天规则，先天要素不具有社会阶层地位的完全决定性，在现代社会流动机制作用下，阶层流动存在有效的通行途径（陆学艺，2004）。

后，制度管理属性具有复杂性。人口流动半开放时期之前，行政管理方式为四等级管理，严格控制农转非；适当限制小城市至中等城市、中等城市至大城市、大城市至特大城市的入户；不限制同等级别城市之间的户口变动；鼓励人才流动以及干部调动。管理方法异常复杂，以静态方式，重视"户"和"籍"，尤其在采用居民身份证之前，缺乏对个人信息的管理，登记记载错综复杂，户口分类混乱。改革开放前，户籍管理制度的受益对象主要为城镇人口，制度基本功能之外的附属于户籍之上的政治、经济、文化等社会功能不断得到强化，制度功能的结果表现为社会空间及劳动力市场被分割。其结果产生了二元结构社会差别，社会阶层和区域阶层差别影响人们的价值观和社会观，按照人为设定的某种社会特性区分社会构成成员，这种特性转化为社会身份，根据其不同，可以行使的社会权益分成各个区段，赋予其不同资源配置，形成置前社会集团和置后社会集团，前者具有优势，后者则更多地表现为弱势群体特性。

12.4.3 户籍管理制度改革

户籍管理制度是社会有效管理不可缺少的制度，它是不可或缺的，但功能在使其逐渐消除附属利益，并回归其基本的人口信息管理功能上。当户籍制度特有的功能属性作用于农民工时，清晰地透视出独特的制度属性，这些属性的社会表现形式构成农民工问题的基本内核，反映出市场经济下经济发展与传统户籍管理制度之间错位导致的权利差异，从中可以清晰映射户籍制度的属性功能结果。在制度改革之前，这些问题影响农民工城市务工的稳定，增加其务工成本，进而影响其收入水平的提高。因此，需要对户籍管理制度进行全面改革，以解决如下问题。

（1）社会成本分担问题。新生代农民工的教育水平虽有所提高，但依然相对较低，进入特定的行业和工作岗位受限，其往往被置于次级劳动力市场。随着对流动人口限制的解禁，二元户籍管理制度下的二元结构逐渐瓦解，新生代农民工不断涌入城市，城市社会流动性加剧，逐渐形成一个新的劳动市场二元化结构，处于相对下位劳动市场的成员，需要承担更多的劳动市场调整和变化带来的社会管理及公共服务成本。

因此，市民化进程中，需要合理解决社会成本分担问题。

（2）社会保障权利问题。新生代农民工即使常年在城市工作和生活，由于相应的社会保障制度建立在原籍即出生地户籍基础之上，20世纪90年代后期之前，其常常游离于城市社会保障制度之外。目前，随着社会保障体系的逐步完善，已经建立起利于新生代农民工的社保条件和环境，但其认知度和参与率还相对较低，需要进一步提高制度体系的实控效果。

（3）子女教育问题。2005年之前，农村劳动力向城市移动已成为中国经济发展中劳动力供给的常态，举家移动模式自然增加，子女教育特别是义务教育问题相伴而生，在崇尚教育的社会环境下，成为农民工问题的一大分支。法律上，"公民接受教育的平等权利"沿着"中央指导、地方负责、各级管理"的地方政府管理原则执行，它与户籍管理制度形成联动，按照户籍所在地的教育对象人数编制财政预算并由当地政府管理义务教育。这是一个现实性问题，它不同程度地影响新生代农民工在城市务工的稳定性。目前，尤其是大中城市，按照《义务教育法》规定的接受教育基本权利，农民工子女教育问题已经得到较好解决。

当前，可以根据当地经济社会的发展水平以及综合承载力，对新生代农民工，绝大多数省份已开放中小城市户籍，在满足相应条件前提下，开放大城市、特大城市户籍。只有这样，才能持续从事某项工作，并成为自身提高收入水平的重要保证。当然，户籍制度改革不是单一制度变革，它需要其他制度变革的协同和配合，尤其要面临财政制度与城镇管理制度之间强关联性下的协调和匹配问题。因此，需要同步性和配套性的决策。

12.5　提高社会保障水平

12.5.1　科学选择社保项目

科学地选择新生代农民工的社会保障项目。（1）养老保险。调研结果表明，新生代农民工在城市务工时，存在换工、居住地更换现象，并且，其参保率相对较低。这些都会对其稳定就业及收入水平提升产生不利影响。对此，需要对养老保险的过渡形式和对接形式进行创新，增加新生代农民工群体中的养老保险覆盖率。（2）医疗保险制度。对于常年稳定从业的新生代农民群体，在城镇职工基本医疗保险制度的设定和提供上，要具有灵活性和可操作性。对季节性外出从业的转移人群，可以将其纳入新型农村合作医疗保险制度。对于流动性较大的新生代农民群体，可灵活提供相应医疗保障条件。（3）工伤保险。与养老保险和医疗保险的特点不同，工伤保险具有成本相对较低、意外保障性强、操作性强等特点。同时，其不存在保险对接、对转以及账户累计问题。工伤保险对劳动者和用工单位双方均具有特定功能，对新生代农民工说，它可以分散劳动意外风险，以及劳动伤害补偿功能，对用工单位，它可以通过劳动职业报偿以及劳动意外理赔功能，降低经营风险，同时使被雇佣者降低劳动风险。（4）失业保险。依据新生代农民工的劳动特性，包括务工从业时间、从业经验、职业稳定性以及行业特性、职业特性等，坚持多策并举原则，建立相应制度约束，并逐步扩大新生代农民工群体中城市失业保险及低保的覆盖范围。

12.5.2　完善保障机制

进一步健全和完善社会保障机制。在社会保障统筹层面上，进一步提高社会保障的功能性，强化各类保险在不同行政区域之间的作用，这些主要体现于不同行政区划之间社会保障项目、保障内容以及保障条件的可转移性，形成相互对接和延续制度机制。新生代农民工的输入地或务工从业地等人口信息出现变动时，如果已经建档和拥有个人账户，则账户信息以及相应社会保障权益，根据变动的时间信息等，既可以采取只接不转的变动更新方式，如果具有长期性，也可以将相关信息完全移交于新的输入地或从业地，对接续条件和标准可以按照转入地正在执行的费率进行相应评估和测算，逐步消除不同区划之间对于流动人口社会保障方面存在的不便和障碍。与此同时，为实现对外出务工者所属社会保障项目管理的最优控制目标，可以利用设定过渡时期等方式，完善新生代农民工所属社会保障在监督、管理以及运行机制方面的制度策略。

12.6　完善劳动保护机制

12.6.1　劳动保护法律法规

针对具有鲜明时代特性的新生代农民工群体，在其社会保障领域，通过出台和完善相关劳动保护法律法规，首先明确相关领域的主客体关系，以及主客体在劳动保护方面的责任义务。其次是强化不同劳动群体对象的司法保险制度，不断创新对应性制度，拓宽诉求渠道和途径，增加法律保护精度和力度。最后是有效贯彻国家颁布的《劳动法》，建立健全劳动保护法律法规体系，并保证法律法规体系正常运行，使劳动保护相关执法部门切实做到有法可依，以其为准绳，提高法律法规的运用效率，使其在解决劳动保护问题中发挥重要作用。

12.6.2　劳动权益保障制度和劳资关系新体系

在完善劳动权益保障制度和建立劳资关系新体系中，坚持以政府为责任主导，同时，动员全社会，使社会全方位共同参与其中。在政府工作以及绩效评定中，纳入新生代农民工劳动权益保障的内容。对新生代农民工的权益保护，力求在权益保护的组织建设、权益保护实施以及劳资关系调节等方面中，充分发挥政府和社会的重要作用，严格遵守《中华人民共和国工会法》等法律法规，建立适合于社会经济发展下的新型劳资关系体系，完善实施策略，建立健全各级工会组织，创造更有利于新生代农民工加入的新环境，动员和支持他们加入并积极参加工会活动，发挥工会组织作用，维护新生代农民工劳动者权益。

12.7 创新社会公共制度

12.7.1 创新农村土地制度

实现市民化关系到新生代农民工收入水平提高目标的实现。从新生代农民工的市民化水平看，城镇化质量差，城市融入度低，虽然对农村土地的依赖越来越弱，但市民化与农村土地的特殊关联性依然是新生代农民工市民化中一个特殊问题，在一定程度上，它对推进新生代农民工市民化以及提高新生代农民工收入水平方面产生了负作用。新生代农民工市民化也关系到新型城镇化的建设，这个过程中，农村土地问题也与新生代农民工有关，现行农村土地制度中存在诸多滞后于社会经济发展现状的问题。对此，首先从农村土地制度改革、制度创新入手，其次通过城乡制度的通联，将农村土地问题置于城市化发展大框架下统筹构筑对策，为推进新生代农民工市民化、改善其收入水平提供保障。

对农村土地制度的改革创新，内容上，可从以下几个方面着手。(1) 针对土地所有制，可在保持集体所有制度的基础上，建立和完善土地产权及其交易方面的制度和规则；(2) 建立健全土地流转机制，包括土地流转变更及相关的补偿制度，补偿制度以经济补偿为主，置换补偿为辅；(3) 在流转土地使用权方面，进行有效的制度化管理，强化农村地籍管理，发掘土地及其附属物的融资功能等。

12.7.2 创新劳动就业制度

创新劳动就业制度，以新生代农民工为对象，建立相应的用工制度，使其务工置于城乡劳动力市场一体化的从业环境中，保障其实现自身劳动价值。从人口流动视角看，新生代农民工群体存在输出地和输入地两个区域性联系，从业原则需要符合城乡统筹的对等原则，为保证从业价值，新生代农民工务工管理要纳入一般社会管理范畴。并且，对应其规模建立相应配套服务机构和部门。例如，中介服务机构等。对服务方实施服务绩效评价和管理，服务采用"一站式"形式。在劳动力市场上，针对各种从业需求，提供与劳动力市场需求高度契合的从业条件。同时，设置为新生代农民工提供各种服务的劳动市场信息交流窗口及信息系统，实时提供从业资讯，保证从业信息通畅。

政府要充分利用金融政策和财税政策等手段，改善投资环境、扶持和推进中小企业发展，由于中小企业单位在资金、技术和人力资源上存在相对弱势的从业环境，存在较多的发展瓶颈，需要社会各个阶层的助力，以创造突破瓶颈的条件，缓解中小企业单位在其发展条件上存在的困难。扶持对象上，对符合国家现行发展政策，并具有较大发展潜力的中小企业进行重点扶持，主要包括高新科技类型企业以及现代服务业等。促进和引导企业进行产业升级转型，逐步转型、淘汰不具有发展前途的高耗能、高污染类型企业单位。

12.7.3　创新公共服务制度

为消除增收不利因素，解决新生代农民工居住生活空间边缘化问题，需进一步完善城市住房保障体系，将新生代农民工纳入住房保障体系，以住房公积金等相应政策为导向和依据，统筹管理住房信息管理系统，使其发挥紧密、动态效能。同时，对新生代农民工公开住房保障方面的各类信息。通过降低相应城市生活成本，使新生代农民工务工收入产生相对增长效果。生活和工作空间上，可从输入地和输出地两个维度构筑相应策略。以文化教育为例，新生代农民工以及其子女面临如何接受相关教育以及提高教育水平的问题，对输入地来说，当地政府需要对各种教育资源进行新筹划，将新生代农民工子女的义务教育无条件地纳入当地教育规划中，在教育资源的配置上与城镇儿童统筹，使新生代农民工子女获得均等的教育机会。对输出地来说，当地政府应重点谋划和关注新生代农民工留守子女的义务教育问题，保证其子女顺利完成学业并享受选择接受更高层次教育的权利。另外，在新生代农民工及其家属的疾病防疫和控制等公共卫生方面，存在同样的问题，基于输入地（居住地），为其提供平等的适龄儿童免疫和计划生育等各项公共卫生服务项目。按照法律规定，与当地城市居民同权，即新生代农民工享受公共卫生服务方面同等权益。通过以上举措，为新生代农民工增收提供必要的社会生存保障，并考虑将此纳入政府工作考核内容。

当前，公共服务已基本将新生代农民工纳入其中。今后，政府以及社会各界需要积极筹划，从内容上，进一步体现均等化原则，建立更加完善的社会保障体系，以防范未来风险，尤其是建立养老保障体系，使新生代农民工更好融入城市，通过人力资本的不断积累，其收入水平得到提高。这个过程中，设定调节机制，调整政府财政支出体系，使其更加符合动态社会经济发展需要。同时，动员社会各种力量，创新和升级相关支出分配结构，运用多种方式，谋求多方合作，建立市民化成本共担机制，降低新生代农民工的市民化风险，追求更高职业收入水平。在实施过程中，创造新生代农民工实现市民化及增收的社会环境条件，从相互合作方式、合作机制入手，谋求在政府与市场、社会组织之间的有效合作。借助 BOT、TOT 等多种手段和渠道，打通社会资金的进入途径，统筹安排、全面推进的综合性方式，实现政府与市场、政府与社会组织之间的合作。填补保障性住房建设和维护的资金缺口，合力解决新生代农民工的城市居住问题。在其他社会保障方面，引入更多的社会组织，包括民办民营教育机构、民办医疗机构、公益组织、慈善机构等，使其在新生代农民工群体社会保障性服务中发挥作用，间接分担政府责任，减轻政府财政压力。

12.8 本章小结

本章论述新生代农民工增收机制的作用和保障。在国外经验借鉴基础上，构筑如下保障措施。

（1）增加劳动资本价值。通过职业培训、职业教育、成人教育、义务教育等方式，增加新生代农民工的技能知识水平，提升自我人力资本价值。培育社会资本价值，提升其社会资本空间。最终，增加新生代农民工自身资本价值，并实现价值最大化。

（2）改革户籍管理制度。在把握户籍管理制度的基本功能、基本属性特征基础上，加快户籍管理制度的全面改革，解决附属的社会成本分担、社会保障权利、子女教育等问题。

（3）提高社保水平。科学地选择新生代农民工的社会保障项目，并在社会保障统筹层面上，进一步提高社会保障的功能性，强化各类保险在不同行政区域之间的作用，健全和完善社会保障机制，提高新生代农民工社会保障水平。

（4）完善劳动保护机制，通过出台和完善相关劳动保护法律法规，明确相关领域的主客体关系及其责任义务。强化不同劳动群体对象的司法保险制度，完善劳动权益保障制度和建立劳资关系新体系，强化对新生代农民工的权益保护。

（5）创新社会公共制度。通过创新农村土地制度，解决滞后于社会经济发展现状的现行农村土地制度问题，使新生代农民工顺利实现市民化目标。创新劳动就业制度，切实保障新生代农民工劳动价值的实现。消除增收不利因素，创新公共服务制度，为新生代农民工提供最大的社会生存保障。

第 13 章 结论与结语

市民化进程中，新生代农民工收入增长问题和策略是一项系统工程，它涉及经济学、社会学、政治学、人口学等学科的基本理论和方法，其研究理论的起点源于发展经济学。其中，重要的理论思想源于现代经济增长理论、包容性经济增长理论、二元经济理、劳动力市场理论、社会收入分配理论以及收入增长机制理论等。本书的研究过程，遵循"提出问题→现状描述→理论分析→实证分析→出路探寻"的基本思路，运用综合性研究方法，进行理论和实证分析研究。主要研究数据来源于中国经济社会发展统计数据库数据、官方大规模调查数据以及独立进行的社会调查结果等。

本书的主要内容：（1）基于群体特征差异演化的新生代农民工收入背景研究；（2）市民化进程中，新生代农民工收入结构因素分析；（3）群体特征演化与收入结构框架下的新生代农民工收入实证研究；（4）新生代农民工收入增长长效机制研究；（5）增收的有效途径及实施对策研究等。针对以上研究内容，做出如下基本研究假设：（1）新生代农民工市民化进程中的收入增长结果取决于内生性因素和外生性因素的控制效果；（2）新生代农民工在收入水平和收入结构与目标群体（市民）之间的差异及其程度决定其收入影响因素特性；（3）调整和优化新生代农民工收入控制因素是增收的必要条件；（4）借助长效机制和有效实施路径，实现新生代农民工可持续增收的政策目标。

主要结论如下。

（1）收入背景的总体特征表现在，新生代农民工成为外出农民工的主要力量，农民工负担系数逐年降低，其自身城市融入能力增强。流向分布特征上，偏好于大中城市的流动趋势明显，规模变化具有一定波动性，外出规模增速出现放缓，出现明显的拐点，呈现特化趋势。从业结构特征上，择业以制造业为多，存在明显的择业意识转变。生活特征上，收入水平、消费水平和居住条件更接近于城市居民等。

（2）收入决定性来源为工资性收入。收入来源结构及其变动，揭示了新生代农民工务工中拥有资源的配置状况及其利用效率情况。并且，收入职业构成最大特征在于群体内部分化，其结果构成其收入水平差异的内生性因素。市民化过程中，新生代农民工表现出教育、从业等方面的优势特性，城市融入愿望强烈。同时，增收基础障碍主要体现于内部人力资本和社会资本价值不足之外，还存在市民化的社会障碍之中，主要有城镇化发展困境，以及由社会体制结构、城镇住房制度、社会保障制度、土地制度、城市劳动用工制度等形成的不合理制度集所产生的障碍。

（3）人力资本、社会资本、从业特征、城市融入等是市民化视角下最重要的收入影响因素，且存互为影响。新生代农民工在性别、年龄、受教育程度等个人一般属性方面具有一定均质性。从个人特征和人力资本变量看，主要收入影响因素源于其从业持续性和稳定性。个人感知视角上，制度因素、个人动力因素和个人精神因素均从正面影响其市民化进程中的收入水平，在相应制度保障下，即新生代农民工主体从制度层面感受到的包容程度越高，具有积极心态，努力提高自身价值，个人发展动力和城市融入动力越强，其收入水平越高。

（4）对市民化期望度较高的新生代农民工群体来说，政策包容、就业环境的改善以及职业技能培训的实施等人力资本的提升手段的运用结果，对提高其收入水平具有重要意义。在不断强化市民化举措和政策保障下，新生代农民工如何发挥优势、回避劣势、建立社会网络以及更好地积累工作经验是提高其收入水平的重要条件。即使市民化意愿不确定，政策包容、就业环境的改善以及职业技能培训的实施等提高人力资本的结果，也可以提高发展能力和动力，带来收入水平提高。同时，可以较好融入城市，实现市民化目标。在控制个人特征和人力资本变量条件下，内生动力越强，精神诉求响应程度越高，其收入水平越高。以上说明，需要在市民化进程中强化自身内在发展动力，合理表达市民化正当诉求，明确市民化目标，并实现自身目标。

（5）按照整体性、动态性、公平性和可持续性原则，建立新生代农民工增收长效机制系统。系统由内力系统、中观组织机制、宏观调控机制组成，三者相互作用，形成内部和外部增收力量的聚合和扩散，构成动态结构。从增收目标导向看，关键性要素、基础性要素和可持续性要素是长效机制外层结构的主要内容，包括微观发育机制、中观组织机制和宏观调控机制等三个机制。内层结构则通过动力机制、运行机制、调节机制和评估机制的作用以及四种机制的交互关系，产生机制效应。另外，在市民化背景下，SD 模型中提取新生代农民工增收长效机制建模方程基本要素，形成四个主要正反馈环和三个主要负反馈环。

（6）借鉴国外经验，提出新生代农民工增收机制作用保障措施。首先，通过职业培训、职业教育、成人教育、义务教育等方式，增加劳动资本价值。其次，明确户籍制度等制度属性特征，解决制度附属属性问题，加快推进人口户籍管理制度的全面改革。再次，科学选择社会保障项目，健全和完善社会保障机制，提高新生代农民工社会保障水平。最后，完善劳动保护机制，创新农村土地制度、劳动就业制度和公共服务制度等社会公共制度。

总之，从发达国家经验看，多是经历短暂的农村劳动力转移阶段后，完成了由农民到市民的农村人口城市化过程。在中国，由于二元社会结构等制度原因，需要经历从农民—农民工—市民的中国市民化路径。这个过程中，存在诸多问题，被称为"农民工问题"。而收入问题则是农民工问题的延伸。新生代农民工是一个与前不同的具有高度同质化的农民工新群体，其市民化过程中的收入问题，它是经济快速发展过程中，于社会结构变化、体制变化等特定特殊背景下产生的，需要以全新视角进行分析研究。从研究背景和意义看，如何有序融入城市，并最终实现自身市民化的目标是新生代农民工面临的重要社会命题，它涉及中国国情下建设和谐社会、保障公平社会权益的重大社会问题。推进新生代农民工群体向市民转化，是从根本上解决"三农"问题的关键，是推动工业化和城镇化的必然选择，也是解决城镇化质量问题的重要途径。而新生代农民工增收是有效解决问题的切入点和实现途径之一，它对于缩小群体间收入差距，提高中国城镇化水平，实现真正意义上的经济发展，具有理论价值和应用意义，在推进公平社会建立、助力"三农"问题有效解决、促进工业化和城市化建设方面也具有重要作用。

附录

青年务工人员调查问卷

调查对象。您需要同时满足以下两个条件：（1）年龄 16～34 岁；（2）在户口所在乡镇以外的城市打工，并且打工时间累计超过半年。

各位青年朋友：您好！

我们是山东财经大学的调查团队，为了解外出务工青年朋友的生活和工作情况，进行此次问卷调查。调查不记录个人姓名，回答无所谓对错，只要把自己在城市务工时的真实情况和想法填上就可以。所有问卷只进行汇总处理，不做他用，请放心。

衷心感谢您的合作！

A1 性别：1 男　2 女

A2 出生年月：19_____年_____月

A3 户口所在地：_____市_____区县_____乡镇/街办

A4 户口性质：1 农业户口　2 非农业户口　3 不清楚

A5 目前在什么地方务工：_____省_____市_____县市区

A6 婚姻状况：1 未婚　2 已婚　3 其他（离婚、丧偶等）_____

B1 文化程度：1 小学以下　2 小学　3 初中　4 高中　5 中专、技校　6 大专　7 本科　8 研究生

B2 您是否有务工相关的技能证书或技能资格（单选）：1 有　2 没有　3 不清楚

B3 您是否接受过务工相关的职业培训或技能培训（单选）：1 有

2 没有　3 不清楚

B4 如接受过培训，合计的培训时间（单选）：

1 不超过 1 周　2 大约 1~2 周　3 大约 3~4 周　4 大约 1~2 个月

5 大约 3~4 个月　6 超过 4 个月

B5 如接受过培训，培训的主办者（单选）：

1 打工的企业　2 技校等学校　3 户口所在地政府办的培训班　4 务工地政府办的培训班　5 民办机构　6 其他＿＿＿＿＿

B6 如果没有接受过培训，其理由（可多选，不超过 3 项）：1 认为没必要　2 认为有必要，但不知道找谁　3 认为有必要，但费用太高　4 认为有必要，但没有时间　5 根本不知道有这回事　6 其他＿＿＿＿＿

C1 自己认识的人中，有外出务工经验的人（单选）：

1 很多（约 10 人及以上）　　2 较多（约 5~9 人）　　3 只有几个人（约 2~4 人）　　4 几乎没有

C2 与你的长辈比，自己的最大优势（可多选，不超过 3 项）：1 学历高　2 年轻　3 有技能　4 朋友多　5 学东西快　6 家庭负担轻

7 其他

C3 与你的长辈比，自己的最大劣势（可多选，不超过 3 项）：1 见识少　2 工作经验不足　3 任性　4 不能吃苦　5 不够勤俭　6 交往能力差　7 其他＿＿＿＿＿

C4 你在城市中交往最多的人（可多选，不超过 3 项）：1 家里人或亲戚　2 老乡　3 同学　4 同事　5 朋友　6 其他＿＿＿＿＿

C5 在城市遇到困难或麻烦时，你通常向谁寻求帮助（可多选，不超过 3 项）：1 家里人或亲戚　2 老乡　3 同学　4 同事　5 朋友　6 其他

＿＿＿＿＿

C6 工作上遇到困难时（包括找工作等），能帮上忙的人大约有多少（单选）：

1 很多（约 10 人及以上）　　2 较多（约 5~9 人）　　3 只有几个人（约 2~4 人）　　4 几乎没有

C7 生活上遇到困难时（包括找工作等），能帮上忙的人大约有多少（单选）：

1 很多（约 10 人及以上）　　2 较多（约 5~9 人）　　3 只有几个人

（约 2~4 人） 4 几乎没有

D1 前前后后算起来，外出打工大约已经有几年几个月：_____年_____个月

D2 现在这份工作已经干了多久：_____年_____个月

D3 平均算下来，每个月大约需要工作几天：_____天

D4 平均算下来，每天大约需要工作多长时间：_____小时

D5 外出务工以来，是否换过工作：1 没有换过 2 如换过工作，次数是_____次

D6 如没有换过工作，为什么不换（可多选，不超过 3 项）：1 工资满意 2 不拖欠工资 3 工作环境好 4 工作不累 5 劳动时间长短合适 6 工作简单 7 学到东西 8 管理宽松 9 有前途 10 人际关系融洽 11 亲朋好友多 12 周围没人辞职 13 无奈 14 其他（请写出）_____

D7 如换过工作，为什么换（可多选，不超过 3 项）：1 工资差 2 拖欠工资 3 工作环境差 4 工作累 5 劳动时间长 6 家庭原因 7 学不到东西 8 管理太严 9 没前途 10 人际关系不好处 11 亲朋好友少 12 周围辞职者多 13 被解雇、单位破产等 14 其他（请写出）_____

D8 目前从事的行业（单选）：1 建筑业 2 制造业 3 住宿餐饮业 4 服务业 5 零售业 6 批发业 7 交通运输业 8 农林水产加工业 9 其他_____

D9 目前的工作岗位（单选）：

1 生产等一般作业员工 2 公司职员 3 商业员工 4 技工等技术岗位 5 管理人员 6 司机 7 保安 8 其他_____

D10 目前务工单位的性质（单选）：1 国有 2 乡镇所有 3 民营 4 个体所有 5 个体承包 6 外资或合资 9 其他_____

D11 目前务工单位大约有多少员工：_____人

D12 最常用的求职途径（单选）：1 学校介绍 2 政府介绍 3 亲友介绍 4 中介市场或劳务市场介绍 5 网络应聘 6 新闻媒体广告应聘 7 用工单位直接招聘 8 偶然 9 其他_____

E1 前年（2013 年），平均 1 个月的收入是_____元

E2 去年（2014 年），平均 1 个月的收入是_____元

E3 去年，收入最高的那个月，收入是_____元；

最低的那个月，收入是_____元

E4 收入的主要来源（可多选，不超过 3 项）：1 固定性工作的工资性收入　2 临时性工作（例如短工）的工资性收入　3 经营性收入（做生意赚的钱）　4 财产性收入（例如收利息、收房租赚的钱）　5 他人资助　6 农业收入　7 其他_____

E5 你认为增加自己收入最可行的途径（可多选，不超过 3 项）：

1 用工单位涨工资　2 跳槽（更换工作）　3 多加班　4 做兼职

5 自己创业　6 多掌握知识和技能　7 多交朋友　8 多利用各种社会关系

9 依靠政府　10 其他_____

F1 要在城市中永久定居，你有这种想法吗？（单选）1 完全没有 2 没有　3 不好说　4 有　5 强烈

F2 对自己目前城市中的生活、工作等总体生存状况的满意程度（单选）：

1 非常不满意　2 不满意　3 不好说　4 满意　5 非常满意

F3 总起来说，对自己目前的收入水平的满意程度（单选）：1 非常不满意　2 不满意　3 不好说　4 满意　5 非常满意

G 部分：请选出符合自己的实际情况或实际想法的一个数字，并画上圈。

每问有 5 个选项：

1 = 完全不同意，2 = 不同意，3 = 不好说（不确定），4 = 同意，5 = 完全同意。

问题	完全 不同意	不同意	不好说	同意	完全 同意
举例：与上辈务工的人比，学历较高	1	2	3	4	5
G1 与上辈务工的人比，学历较高	1	2	3	4	5
G2 与上辈务工的人比，有知识、技能	1	2	3	4	5
G3 与上辈务工的人比，获得信息的途径较多	1	2	3	4	5
G4 与上辈务工的人比，学东西较快	1	2	3	4	5
G5 与上辈务工的人比，家庭负担较轻	1	2	3	4	5
G6 与上辈务工的人比，比较敢想敢干	1	2	3	4	5
G7 与上辈务工的人比，务工条件有较大改善	1	2	3	4	5
G8 与上辈务工的人之间几乎没有代沟	1	2	3	4	5
G9 与上辈务工的人比，工作经历较丰富	1	2	3	4	5
G10 与上辈务工的人比，比较任性	1	2	3	4	5
G11 与上辈务工的人比，能吃苦	1	2	3	4	5
G12 与上辈务工的人比，做事情有长性	1	2	3	4	5
G13 与上辈务工的人比，比较勤俭	1	2	3	4	5
G14 与上辈务工的人比，交往能力较强	1	2	3	4	5
G15 工作遇到困难、麻烦时，会有人帮我	1	2	3	4	5
G16 生活遇到困难、麻烦时，会有人帮我	1	2	3	4	5
G17 城市务工时，与当地人交往最多	1	2	3	4	5
G18 城市务工时，与老乡、同学交往最多	1	2	3	4	5
G19 我已经结识了一些城市当地的朋友	1	2	3	4	5
G20 我会参加城市当地组织的一些社会活动	1	2	3	4	5
G21 找工作主要依靠家人、亲戚的介绍	1	2	3	4	5
G22 找工作主要依靠朋友的介绍	1	2	3	4	5
G23 找工作主要依靠公开的信息，自己去找	1	2	3	4	5
G24 平时与家人、亲戚经常来往	1	2	3	4	5
G25 平时与老乡经常来往	1	2	3	4	5
G26 务工过程增长了我的社会经历	1	2	3	4	5
G27 务工过程增长了我的交往能力	1	2	3	4	5

问题	完全不同意	不同意	不好说	同意	完全同意
G28 务工过程增长了我的思考能力	1	2	3	4	5
G29 外出务工的主要目的是赚钱	1	2	3	4	5
G30 外出务工的主要目的是向往城市生活	1	2	3	4	5
G31 外出务工的主要目的是增长见识	1	2	3	4	5
G32 只要自己努力，完全可以融入城市	1	2	3	4	5
G33 自己能较好地适应城市的工作	1	2	3	4	5
G34 自己能较好地适应城市的生活	1	2	3	4	5
G35 城市中，并不在意自己从事什么职业	1	2	3	4	5
G36 城市中，并不在意对自己是什么身份	1	2	3	4	5
G37 综合看，拥有一个城市居民的身份很重要	1	2	3	4	5
G38 我大致理解市民化的含义	1	2	3	4	5
G39 在城市，没有感觉到有什么不公平	1	2	3	4	5
G40 在城市，没有感觉到孤独	1	2	3	4	5
G41 在城市，感觉生活很有意思	1	2	3	4	5
G42 在城市，感觉比农村有前途	1	2	3	4	5
G43 在租房、购房方面没有感觉有什么限制	1	2	3	4	5
G44 农村户口基本不影响现在的工作	1	2	3	4	5
G45 农村户口基本不影响现在的生活	1	2	3	4	5
G46 加入医疗保险没有什么难度	1	2	3	4	5
G47 加入养老保险没有什么难度	1	2	3	4	5
G48 加入失业保险没有什么难度	1	2	3	4	5
G49 加入工伤保险没有什么难度	1	2	3	4	5
G50 与城市居民比，不存在同工不同酬	1	2	3	4	5
G51 与城市居民比，不存在招工歧视	1	2	3	4	5
G52 外出务工前，接受过相应的职业培训	1	2	3	4	5
G53 进入务工岗位前，接受过相应的技能培训	1	2	3	4	5
G54 务工过程中，提高自己技能的途径较多	1	2	3	4	5
G55 进入务工单位时，都会签订劳动合同	1	2	3	4	5
G56 如决定城市定居，一定要有政府帮助才行	1	2	3	4	5

问卷到此结束。再次衷心感谢您的合作，祝工作顺利！

主要参考文献

1. 艾小青：《我国农民工的总量变化及流动特征》，载于《中国统计》2015 年第 10 期。

2. 蔡昉：《人口转变、人口红利与刘易斯转折点》，载于《经济研究》2010 年第 4 期。

3. 曾湘泉主编：《劳动经济学》，复旦大学出版社 2013 年版。

4. 杜志雄、肖卫东、詹琳：《包容性增长理论的脉络、要义与政策内涵》，载于《中国农村经济》2010 年第 11 期。

5. 段成荣、杨舸：《我国流动人口的流入地分布变动趋势研究》，载于《人口研究》2009 年第 6 期。

6. 傅晨：《广东统筹城乡化解"三农问题"研究》，中国农业出版社 2008 年版。

7. 高健、张东辉：《个体迁移、家庭迁移与定居城市：农民工迁移模式的影响因素分析》，载于《统计与决策》2016 年第 4 期。

8. 龚斌磊、郭红东：《影响农民工务工收入的因素分析——基于浙江省杭州市部分农民工的调查》，载于《中国农村经济》2010 年第 9 期。

9. 龚文海：《新生代农民工职业农民意愿研究：基于个人特征、外出务工特征的分析》，载于《农业经济问题》2015 年第 11 期。

10. 国家卫计委：《中国流动人口发展报告（2012）》，中国人口出版社 2012 年版。

11. 国家卫计委：《中国流动人口发展报告（2017）》，中国人口出版社 2017 年版。

12. 国家统计局：《2009 年农民工监测报告》，中国统计出版社 2010 年版。

13. 国家统计局：《2010 年农民工监测报告》，中国统计出版社 2011 年版。

14. 国家统计局：《中国 2010 年人口普查资料》，中国统计出版社 2011 年版。

15. 国家统计局：《2016 年全国农民工调查监测报告》，http：// www. stats. gov. cn/tjsj/zxfb/201704/t20170428_1489334. html，2017 年 10 月 12 日访问。

16. 国家统计局：《2013 年全国农民工调查监测报告》，http：// www. stats. gov. cn/tjsj/zxfb/201405/t20140512_551585. html，2016 年 7 月 2 日访问。

17. 国家统计局：《2010 年新生代农民工专项调查：新生代农民工的数量、结构和特点》，http：//www. stats. gov. cn/ztjc/ztfx/fxbg/201103/t2011031016148. html，2016 年 1 月 10 日访问。

18. 国家统计局：《2011 年全国农民工调查监测报告》，http：// www. stats. gov. cn/ztjc/ztfx/fxbg/201204/t20120427_16154. html，2016 年 4 月 20 日访问。

19. 国家统计局：《2012 年全国农民工调查监测报告》，http：// www. stats. gov. cn/tjsj/zxfb/201305/t20130527_12978. html，2016 年 4 月 20 日访问。

20. 国家统计局：《2014 年全国农民工调查监测报告》，http：// www. stats. gov. cn/tjsj/zxfb/201504/t20150429_797821. html，2016 年 4 月 20 日访问。

21. 国家统计局：《2015 年全国农民工调查监测报告》，http：// www. stats. gov. cn/tjsj/zxfb/201604/t20160428_1349713. html，2016 年 5 月 2 日访问。

22. 国家统计局：《2015 年全国 1% 人口抽样调查资料》，中国统计出版社 2016 年版。

23. 国务院发展研究中心《中国农民工战略问题研究》课题组：《中国农民工现状及其发展趋势总报告》，载于《改革》2009 年第 2 期。

24. 国务院发展研究中心课题组：《农民工市民化：制度创新与顶层设计》，中国发展出版社 2012 版。

25. 国务院研究发展中心：《农民工市民化的成本测算》，http：// www. drcnet. com. cn/www/integrated/，2016 年 8 月 12 日访问。

26. 韩俊：《农民工市民化与公共服务制度创新》，载于《行政管理

《改革》2012 年第 11 期。

27. 韩俊：《中国农民工战略问题研究》，上海远东出版社 2009 年版。

28. 黄磊：《对农民工问题的思考》，载于《改革与开放》2015 年第 6 期。

29. 黄乾：《工作转换对城市农民工收入增长的影响》，载于《中国农村经济》2010 年第 9 期。

30. 黄莹：《新生代农民工收入影响因素的统计研究》，南京财经大学 2015 年硕士论文。

31. 黄侦、黄小兵、包力：《群体异质性视角下农民工社会融合比较研究》，载于《宏观经济研究》2015 年第 5 期。

32. 季陶达：《资产阶级庸俗政治经济学选集》，商务印书馆 1978 年版。

33. 简新华、黄锟：《中国农民工最新情况调查报告》，载于《中国人口·资源与环境》2007 年第 6 期。

34. 金三林：《农业转移人口市民化制度创新与对策》，载于《东方早报》2013 年 4 月 2 日。

35. 金中夏、熊鹭：《农业转移人口市民化道路怎么走》，载于《经济日报》2013 年 1 月 3 日。

36. 康芒斯：《制度经济学》，赵睿译，华夏出版社 2013 年版。

37. 李刚：《"包容性增长"的学源基础、理论框架及其政策指向》，载于《经济学家》2011 年第 7 期。

38. 李浩：《社会流动与新生代农民工的城市融入》，沈阳师范大学 2014 年硕士论文。

39. 李慧敏：《新生代农民工融入城市问题及对策研究》，山西财经大学 2014 年博士论文。

40. 李景治、熊光清：《中国城市中农民工群体的社会排斥问题》，载于《江苏行政学院学报》2006 年第 6 期。

41. 李培林：《流动民工的社会网络和社会地位》，载于《社会学研究》1996 年第 4 期。

42. 李强、龙文进：《农民工进城与返乡意愿的影响因素分析》，载于《中国农村经济》2009 年第 2 期。

43. 李实：《中国收入分配格局的变化与改革》，载于《北京工商大学学报》2015 年第 7 期。

44. 李永友、徐楠:《个体特征、制度性因素与失地农民市民化——基于浙江省富阳等地调查数据的实证考察》,载于《管理世界》2011 年第 1 期。

45. 李哲君:《农民工就业稳定性影响因素及其工资收入效应》,华南农业大学 2016 年博士论文。

46. 林李月、朱宇:《流动人口职业流动的收入效应及其性别差异——基于福建的实证》,载于《人口与经济》2014 年第 2 期。

47. 林毅夫、庄巨忠、汤敏和林暾:《以共享式增长促进社会和谐》,中国计划出版社 2008 年版。

48. 刘波、李金昌:《中国外出农民工发展趋势》,载于《中国统计》2014 年第 10 期。

49. 刘传江、程建林:《第二代农民工市民化:现状分析与进程测度》,载于《人口研究》2008 年第 9 期。

50. 刘传江、徐建玲:《中国农民工市民化进程研究》,人民出版社 2008 年版。

51. 刘传江:《中国农民工市民化研究》,载于《理论月刊》2006 年第 10 期。

52. 刘林平、张春泥:《农民工工资:人力资本、社会资本、企业制度还是社会环境?——珠江三角洲农民工工资的决定模型》,载于《社会学研究》2007 年第 6 期。

53. 刘林平、王茁:《新生代农民工特征及其形成机制——80 后农民工与 80 前农民工之比较》,载于《中山大学学报(社会科学版)》2013 年第 5 期。

54. 刘琳娜:《科学发展中的包容性增长研究》,华中师范大学 2013 年博士论文。

55. 刘楠:《基于微观数据的人力资本对新生代农民工工资收入影响研究》,云南财经大学 2016 年硕士论文。

56. 刘士杰:《人力资本、职业搜寻渠道、职业流动对农民工工资的影响——基于分位数回归和 OLS 回归的实证分析》,载于《人口学刊》2014 年第 9 期。

57. 刘小年:《适应性市民化:农民工市民化的新思路》,载于《农村经济》2009 年第 11 期。

58. 刘养卉、龚大鑫：《新生代农民工收入状况及影响因素分析——基于兰州市的调查》，载于《西北人口》2015 年第 3 期。

59. 卢海阳、梁海兵、钱文荣：《农民工的城市融入：现状与政策启示》，载于《农业经济问题》2015 年第 7 期。

60. 鲁友章、李宗正：《经济学说史》，人民出版社 1979 年版。

61. 罗锋：《人力资本因素对新生代农民工非农收入水平的影响——来自珠江三角洲的经验证据》，载于《中国农村观察》2011 年第 1 期。

62. 罗明忠、罗琦：《农村转移劳动力就业能力对其非农就业稳定影响的实证分析》，载于《贵州社会科学》2015 年第 6 期。

63. 罗娜：《新生代农民工城市融入的障碍及对策探究》，华中师范大学 2015 年博士论文。

64. 罗正月：《劳动收入的最优化——农民工工资增长的新思路》，载于《西北农林科技大学学报（社会科学版）》2013 年第 13 期。

65. 马克继：《日本经验与我国农村劳动力的转移途径》，载于《农村经济》2009 年第 6 期。

66. 马强、孙剑平：《西方收入分配的主要思想理论述评》，载于《现代管理科学》2011 年第 1 期。

67. 马歇尔：《经济学原理》，陈良璧译，商务印书馆 1964 年版。

68. 迈克尔·P. 托达罗，斯蒂芬·C. 斯密斯：《发展经济学》，聂巧达等译，机械工业出版社 2014 年版。

69. 茅于轼：《"三农"问题的出路在于减少农民》，载于《江苏社会科学》2003 年第 2 期。

70. 宁夏、叶敬忠：《改革开放以来的农民工流动——一个政治经济学的国内研究综述》，载于《政治经济学评论》2016 年第 1 期。

71. 欧阳力胜：《新型城镇化进程中农民工市民化研究》，财政部财政科学研究所 2013 年博士论文。

72. 潘家华、魏后凯：《中国城市发展报告》，社会科学文献出版社 2013 年版。

73. 裴小革：《共同富裕与中国特色社会主义》，载于《重庆社会科学》2011 年第 8 期。

74. 裴小革：《资本主义经济危机相关理论若干学派评析》，载于

《经济学动态》2014 年第 3 期。

75. 邱鹏旭：《对"农业转移人口市民化"的认识和理解》，载于《人民网理论频道》2016 年 3 月 13 日。

76. 全国总工会：《关于新生代农民工问题的研究报告》，载于《工人日报》2010 年 6 月 21 日。

77. 申兵：《我国农民工市民化的内涵、难点及对策》，载于《中国软科学》2011 年第 2 期。

78. 世界银行：《2006 年世界发展报告：公平与发展》，清华大学出版社 2006 年版。

79. 苏毅清、王志刚：《刘易斯拐点还是伊斯特林人口波谷？——用工荒问题成因的检验与再评》，载于《华东经济管理》2016 年第 3 期。

80. 孙旷怡：《中国经济增长的动力之农民工》，载于《中国统计》2012 年第 1 期。

81. 孙祥栋、王涵：《2000 年以来中国流动人口分布特征演变》，载于《人口与发展》2016 年第 1 期。

82. 孙晓芳：《劳动力流动理论的思路变迁与路径探索》，载于《中国人口·资源与环境》2012 年第 11 期。

83. 田敬杰：《新生代农民工消费结构实证研究》，东华大学 2014 年博士论文。

84. 田新朝、张建武：《农民工工资收入不平等与影响因素研究——基于广东问卷调查》，载于《财经论丛》2014 年第 3 期。

85. 田新朝、张建武：《农民工工资收入不平等与影响因素研究——基于广东问卷调查》，载于《财经论丛》2014 年第 3 期。

86. 万福玲：《农民工市民化的障碍分析与对策建议》，载于《理论学习》2014 年第 11 期。

87. 王春超、周先波：《社会资本影响农民工收入吗？——基于有序响应收入模型的估计和检验》，载于《管理世界》2013 年第 9 期。

88. 王春光：《农村流动人口"半城市化"问题》，载于《社会学研究》2006 年第 5 期。

89. 陈丰：《从"虚城市化"到市民化：农民工城市化的现实路径》，载于《社会科学》2007 年第 2 期。

90. 王春光：《新生代农村流动人口的社会认同与城乡融合的关

系》，载于《社会学研究》2013 年第 3 期。

91. 王小章：《从"生存"到"承认"：公民权视野下的农民工问题》，载于《社会学研究》2009 年第 1 期。

92. 魏后凯：《构建多元化的农民市民化成本分担机制》，载于《中国社会科学报》2013 年 3 月 1 日。

93. 魏后凯：《走中国特色的新型城镇化道路研究》，社会科学文献出版社 2013 年版。

94. 翁杰、周必残、韩翼祥：《发达国家就业稳定性的变迁：原因和问题》，载于《浙江工业大学（社会科学版）》2008 年第 6 期。

95. 吴敬琏：《农村剩余劳动力转移与"三农"问题》，载于《宏观经济研究》2002 年第 6 期。

96. 夏静雷、张娟：《新时期我国农民工若干基本特点探析》，载于《河北工业大学学报（社会科学版）》2014 年第 2 期。

97. 咸星兰：《中国新生代农民工就业歧视与收入不平等问题研究》，东北师范大学 2016 年博士论文。

98. 向国成、曾小明、韩绍凤：《农村家庭异质性、转移就业与收入回报——基于匹配估计量的经验分析》，载于《中国农村经济》2013 年第 11 期。

99. 肖红梅：《新型城镇化背景下新生代农民工就业稳定性研究》，首都经济贸易大学 2015 年博士论文。

100. 谢嗣胜：《劳动力市场歧视研究：西方理论和中国问题》，浙江大学 2015 年博士论文。

101. 邢华：《中国农民工的社会流动问题研究综述》，载于《经济研究导刊》2016 年第 1 期。

102. 邢千岩：《北京郊区新生代农民工身份认同研究》，首都经济贸易大学 2015 年硕士论文。

103. 徐建玲、刘传江：《中间选民理论在农民工——市民化政策制定中的运用》，载于《管理世界》2007 年第 4 期。

104. 徐锬：《新生代农民工的城市融入问题研究》，安徽农业大学 2013 年博士论文。

105. 杨春学：《和谐社会的政治经济学基础》，载于《经济研究》2009 年第 1 期。

106. 杨聪敏：《改革开放以来农民工流动规模考察》，载于《探索》2009 年第 4 期。

107. 杨萍萍：《农民工市民化意愿的影响因素实证研究》，载于《经营与管理》2012 年第 7 期。

108. 杨廷钫、凌文辁：《新生代农民工工作嵌入内容结构及相关研究——以珠江三角洲为例》，载于《农业技术经济》2013 年第 1 期。

109. 杨英杰：《包容性增长与中国经济发展方式转变》，中共中央党校出版社 2014 年版。

110. 杨云善：《农民工市民化的制度冲突探析》，载于《信阳师范学院学报（哲学社会科学版）》2012 年第 2 期。

111. 姚俊：《流动就业类型与农民工工资收入来自长三角制造业的经验数据》，载于《中国农村经济》2010 年第 11 期。

112. 叶静怡、周晔馨：《社会资本转换与农民工收入》，载于《管理世界》2010 年第 10 期。

113. 于敏、王小林：《中国经济的包容性增长测量与评价》，载于《经济评论》2012 年第 3 期。

114. 张波、袁永根：《系统思考和系统动力学的理论与实践——科学决策的思想、方法和工具》，中国环境出版社 2010 年版。

115. 张桂文：《农业转移人口市民化的困境与出路》，载于《光明日报》2013 年 2 月 22 日。

116. 张俊：《新生代农民工在职培训的工资效应》，载于《农业经济与管理》2015 年第 5 期。

117. 张蕾、王燕：《新生代农民工城市融入水平及类型分析——以杭州市为例》，载于《农村经济问题》2013 年第 4 期。

118. 张玉鹏：《新生代农民工"半市民化"的困境分析》，载于《农业经济》2014 年第 12 期。

119. 章元、陆铭：《社会网络是否有助于提高农民工的工资水平？》，载于《管理世界》2009 年第 3 期。

120. 钟水映、李魁：《农民工"半市民化"与"后市民化"衔接机制研究》，载于《中国农业大学学报（社会科学版）》2007 年第 3 期。

121. 朱信凯：《农民市民化的国际经验及对我国农民工问题的启示》，载于《中国软科学》2005 年第 5 期。

122. 宗成峰、李茜：《农民工收入影响因素的计量分析——以北京市建筑业为例》，载于《中国农业大学学报（社会科学版）》2008年第4期。

123. 厳善平，中国の人口移動と民工．東京：勁草書房，2005.

124. 原洋之介，開発経済学（第2版）．東京：岩波書店，2002.

125. 森島通夫，ケインズ経済学．東京：岩波書店，2004.

126. ADB，Eminent Persons Group Report，Asian Development Bank，Manila，2007.

127. Alon Sigal，Donahoe Debra and Marta Tienda. The Effects of Early Work Experience on Young Women's Labor Force Attachment，Social Forces，Vol. 79，No. 3，2001，pp. 1005 – 1034.

128. Anderson Nels，Urbanism and Urbanization. American Journal of Sociology，No. 1，1959，pp. 71 – 78.

129. Arrow K. J. Some，Mathematical Models of Race Discrimination in the Labor Market in A. Pascal（ed.），Racia – Discrimination in Economics Life. Lexington：DC Heath，1972，pp. 187 – 203.

130. Arrow R.，The Economic Implication of Learning by Doing. Review of Economic Study，No. 29，1962，pp. 155 – 173.

131. Beals Ralph L. Urbanism，Urbanization and Acculturation. American Anthropologist New Series，No. 1，1951，pp. 145 – 156.

132. Becker G. S.，The Economics of Discrimination. Chicago：University of Chicago Press，1957.

133. Becker G. S.，Human Capital，The University of Chicago Press，1975.

134. Benjamin Dwayn、Loren – Brandt and Pail – Glewwe，Markets Human Capital and Inequality：Evidence from Rural China. Working Paper Number 298，Department of Economics，University of Toronto，2000.

135. Boeke J. H.，The Structure of Netherlands Indian Economy. Institute of Pacific Relation，1942.

136. Brauw Huang and Rozelle，The evolution of China's rural labor markets during the reform. Journal of Comparative Economics，No. 30，2002，pp. 234 – 355.

137. Doeringer P. and Piore M.，Internal Labour Markets and Manpow-

er Analysis. Heath Lexington: Lexington Books, 1971.

138. Doringer P. and Piore M. , Internal Labour Markets and Manpower Analysis. Lexington, Mass: D, C. Heath. 1971.

139. Elena Ianchovichina and Susanna Lundstrom, Inclusive Growth Analytics: Frame work and Application, World Bank Policy Research Working Paper, Vol. 49, No. 193, 2009, pp. 14 – 33.

140. Fei J. C. and Ranis G. , Development of the Labor Surplus Economy: Theory and Policy. Homewood, 1964.

141. Frideman M. , A Theory of the Consumption unction, Princeton University Press, 1957, pp. 65 – 72.

142. Hall R. , The stochastic implications of lifecycle-permanent income hypothesis: Theory and evidence, Journal of Political Economy, Vol. 86, No. 10, 1978, pp. 971 – 987.

143. Harrod R. F. , An Essay in Dynamic Theory. The Economic Journal, Vol. 49, No. 193, 1939, pp. 14 – 33.

144. Ibrahim Saad E. M. , Over – Urbanization and Under – Urbanismne Case of the Arab World. International Joumal of Middle East Studies, No. 1, 1975, pp. 68 – 75.

145. Ifzal Ali and Hyun H. Son, Defining and Measuring inclusive growth: application to the Philippines. ERD Working Paper, No. 98, 2007, pp. 87 – 94.

146. Ifzal, Pro – Poor to Inclusive Growth: Asian Prescriptions, ERD Policy Brief May, No. 48, 2007, pp. 112 – 123.

147. Jorgenson D. W. , The Development of a Dual Economy. Econ, Jour. , Vol. 72, No. 2, 1961, pp. 309 – 334.

148. Kenneth J. McLaughlin, Rent Sharing in an Equilibrium Model of Matching and Turnover, Journal of Labor Economics, Vol. 12, Oct. 1994. , pp. 499 – 523.

149. Kruges A. O. , The Economics of Discrimination. Journal of Political Economy, LXXI (5), October, 1963, pp. 481 – 486.

150. Lee Everett S. , A Theory of Migration. Population Studies Center Series in Studies of Human Resources, 1965.

151. Lewis W. A. , Economic Development with Unlimited Supplies of Laborp. Manchester School of Economic and Social Studies, Vol. 22 May, 1954, pp. 139 – 149.

152. Meng X. and Zhang J. , The Two – Tier Labor Market in Urban China Occupational Segregation and Wage Differentials between Urban Residents and Rural Migrants in Shanghai. China Economic Review, No. 113, 1999, pp. 112 – 119.

153. Mincer Jacob, Schooling Experience and Earnings, Columbia University Press, 1974.

154. Phelps E. S. The Statistical Theory of Racism and sexism. American Economic Review, LXII, September, 1972, pp. 659 – 661.

155. Stark O. and Taylor J. E. , Migration Incentives, Migration Types: The Role of Relative Deprivation. Economic Journal, No. 1, 1991, pp. 1163 – 1178.

156. Steger T. M. , Productive consumption, the intertemporal consumption trade-off and growth, Journal of Economic Dynamics & Control, No. 22, 2002, pp. 1053 – 1068.

157. Solow Robert M. , A contribution to the Theory of Economic Growth. The Quarterly Journal of Economics, Vol. 70, No. 1, 1956, pp. 65 – 94.

158. Tanaka, Effects of Human Capital on Farm and Non – Farm Productivity and Occupational Stratification in Rural Pakistan. US: Yale university, 2001.

159. Thurow, L. Discrimination and Theories of Income Determination. in Generating Inequality: Mechanisms of Discrimination in the U. S. Economy. New York: Basic Books. 1975.

160. Thurow, Poverty and Discrimination. Washington DC: Brookings, 1969, pp. 48 – 57, 111 – 138.

161. Todaro M. P. , Economic Development. Longman, 1997.

162. Torado and Mecheal, A Model of Labor Migration and Urban Unemployment in Less Developed Countries. America Economic Review, 1969, pp. 138 – 148.

163. Uzawa H. , Technical Change in an Aggregate Modelof Economic

Growth. International Economic Review, No. 6, 1965, pp. 18 – 31.

164. William Arthur Lewis, Economic Development with Unlimited Supply of Labour. The Manchester School, 1954, pp. 76 – 84.

165. Wirth Louis, Urbanism as a Way of Life. American Journal of Sociology, No. 1, 1938, pp. 121 – 129.

166. Zhang X. and Li G. , Does guanxi matter to nonfarm employment? . Journal of Comparative Economics, No. 31, 2003, pp. 65 – 72.

167. Zhao, Labor migration and earnings differences: the case of rural China. Economic Development and Cultural Change, No. 47, 1999, pp. 451 – 469.

168. Zhou Ping, Actual state of human migration in China and its regional deciding factor—from the study of Chinese population extraction investigation material. Journal of East Asian Studies, Vol. 8, 2010, pp. 97 – 108.